Helena Fried

Frau van den Broek umarmt das Chaos

PIPER

Zu diesem Buch

»›Wir haben eine Geisel!‹, schrie der Bankräuber, als er mich zur automatischen Schiebetür der Bank schob, wobei ein gewisser Stolz in seiner Stimme aufblitzte, solch eine filmreife Lösung für ihr Fluchtproblem gefunden zu haben. Ich nahm mir vor, ihn keinesfalls zu reizen, da er eindeutig der Gefährlichere der beiden zu sein schien …«

Eine Frau auf der dringenden Suche nach Entschleunigung. Ihr auf den Fersen: zwei Bankräuber auf der Suche nach ihrem Geld – da ist Chaos vorprogrammiert!

Helena Fried wuchs am Rande des Schwarzwaldes auf und verbrachte einige Jahre im Norden, bevor es sie wieder nach Südbaden zog. Sie arbeitete nach ihrem Studium der Literatur- und Kunstwissenschaften in verschiedenen Kultureinrichtungen und als freie Autorin von Hörproduktionen und Romanen.

Helena Fried

Frau van den Broek umarmt das Chaos

Roman

PIPER

Mehr über unsere Autorinnen, Autoren und Bücher:
www.piper.de

Wenn Ihnen dieser Roman gefallen hat, schreiben Sie uns unter Nennung des Titels »Frau van den Broek umarmt das Chaos« an *empfehlungen@piper.de*, und wir empfehlen Ihnen gerne vergleichbare Bücher.

Unser Versprechen für mehr Nachhaltigkeit
- Klimaneutrales Produkt
- FSC®-zertifiziertes Papier
- Hergestellt in Europa

FSC www.fsc.org
MIX
Papier | Fördert gute Waldnutzung
FSC® C021394

Originalausgabe
ISBN 978-3-492-31835-8
August 2023

Die Autorin wird vertreten von Agentur Brauer.
Redaktion: Annika Krummacher
Umschlaggestaltung: FAVORITBUERO, München
Umschlagabbildung: Bilder unter Lizenzierung von Shutterstock.com genutzt
Satz: Fotosatz Amann, Memmingen
Gesetzt aus der Calluna
Gedruckt von ScandBook in Litauen
Printed in the EU

»Das werden Sie bereuen«, hatte die Kunstkritikerin mir ins Gesicht gezischt, nachdem sie sich an jenem verhängnisvollen Abend vom Boden aufgerappelt hatte.

Natürlich war mir in diesem Moment nicht bewusst, dass diese unbedachte Tat mein ganzes bisheriges Dasein buchstäblich auf einen Schlag verändern sollte. Der Ort des Geschehens war meine Galerie, in der gerade eine Ausstellung des Bildhauers Franz Aschenbrenner eröffnet wurde, dessen Skulpturen sich trotz seines nicht einmal durchschnittlichen Talents sehr gut verkauften. Er hatte sich zu Beginn seiner Karriere den Künstlernamen Elvis Esposito verliehen, der mir nur mit viel Mühe über die Lippen kam, bei unserer kleinstädtischen Kunstszene jedoch einen Hauch von Weltläufigkeit verströmte. Obschon die Objekte, fünfzehn aufblasbare Riesenkraken, in ihrer grellen Farbigkeit und Dominanz den Ausstellungsraum meiner Galerie vollkommen beherrschten, wurden sie von der Arroganz ihres Erschaffers noch überstrahlt. Denn die Kraken stellten allesamt verflossene Liebschaften von Esposito alias Aschenbrenner dar und trugen Titel, die zugleich verdeutlichten, wo er schon überall sein Unwesen getrieben hatte: von *Silvana – Minsk* und *Pilar – Barcelona* bis hin zu *Debbie – Chicago*.

Als meine Hand sich wie von selbst in Bewegung setzte, standen wir gerade vor einer Krake namens *Gisèle – Paris*, und ich versuchte, das Kunstwerk einem wichtigen Sammler nahe zu bringen, indem ich von seiner »brutalen Authentizität« schwärmte, wofür ich mich im gleichen Augenblick selbst verachtete.

Auch dies mochte ausschlaggebend dafür gewesen sein, dass ich keine drei Minuten später den Verlauf des Abends empfindlich störte, indem ich Elvis Esposito ein Glas Champagner, meiner Meinung nach übrigens eine vollkommen überschätzte Vernissagenbrause, ins Gesicht goss. Ich werde nie vergessen, wie er mich ungläubig ansah, während das Getränk im Kragen seines teuren Hemdes versickerte. Doch bevor sich seine Sprachlosigkeit in Wut verwandeln konnte, erhob sich wie ferngesteuert meine Hand, bewegte sich zielstrebig auf Esposito zu und stieß ihn mit einer erstaunlichen Heftigkeit in besagtes Machwerk.

Gisèle – Paris umschlang seinen verdutzten Erschaffer mit einem ergebenen Seufzen und spuckte ihn danach voller Ekel wieder aus. Dabei prallte er auf die vor ihm stehende Kunstkritikerin, riss sie mit sich zu Boden und verwickelte sich dort mit ihr zu einem absurden Knäuel.

Dabei hatte Esposito an jenem Abend, an dem die ganze städtische Prominenz in meiner Galerie versammelt war, keineswegs etwas besonders Unverschämtes von sich gegeben, was meine Tat in der Rückschau hätte entschuldigen können. Zumindest nichts, was über sein normales Maß an Unverschämtheiten hinausging, zu denen unter anderem der Titel der Ausstellung zählte: *Alle Frauen, die mich abgöttisch liebten, ohne die geringste Chance zu haben, von mir zurückgeliebt zu werden.* Abgesehen von der Überheblichkeit, die diesem Titel zu eigen war, hatte seine Länge dazu geführt, dass ich größere und somit teurere Einladungskarten drucken lassen musste.

Letztlich aber führte die Gesamtheit der Begegnungen

mit den vielen egomanischen und aufgeblasenen Künstlern und Künstlerinnen in den über zwanzig Jahren meiner Galerietätigkeit dazu, dass es an jenem Abend nur noch einer Winzigkeit bedurfte, um das berühmte Fass zum Überlaufen zu bringen. Dabei will ich nicht bestreiten, dass es durchaus auch bescheidene und anständige Künstler geben mag. Ganz bestimmt. Nur bin ich ihnen einfach nicht begegnet.

Ohne jegliche Vorstellung davon, was mich erwarten würde, hatte ich die Galerie übernommen, als sich nach einem Praktikum eine günstige Gelegenheit ergab. Ich hätte schlichtweg nicht gewusst, was ich ansonsten mit einem Kunstgeschichtsstudium anfangen konnte, das ich allein nach meinem schulischen Lieblingsfach ausgewählt hatte.

Warum nur hatte ich nicht wie viele meiner Kommilitonen eine Tätigkeit in einem Museum angestrebt, wo man sich nur mit Kunst, weniger aber mit deren Erschaffern beschäftigen musste? Denn diese waren, wenn ihre Werke endlich den Weg ins Museum fanden, meist selbst schon Geschichte. Zumindest, wenn man als Kurator nicht den unverzeihlichen Fehler machte, sich auf Werke der Gegenwart zu spezialisieren.

Nein, ich hatte diese Galerie naiv in dem Glauben übernommen, begabte Künstler fördern zu können, indem ich sie in ihrer künstlerischen Entwicklung unterstützte. Ich hatte ja keine Ahnung, *wie* selbstbewusst die Schöpfer der von mir verehrten Werke bereits waren. Als ich es merkte, musste ich längst einen Schuldenberg an den vorherigen Besitzer der Galerie abzahlen und konnte nicht mehr zurück.

Ein Kunstgeschichtsstudium kann jeder absolvieren, ohne

jemals einem einzigen lebenden Künstler begegnet zu sein. Was ungefähr das Gleiche ist, als würde ein Medizinstudent während seiner Ausbildung keinerlei Kontakt zu Patienten haben.

Es ist hinreichend bekannt, dass manche Künstler wie zum Beispiel Pablo Picasso charakterlich nicht gerade mit der Größe ihrer Werke mithalten können. Ich weiß, ich bin ungerecht. Sicherlich habe ich mit meiner jahrelangen Duldsamkeit ebenfalls dazu beigetragen, dass meine Klientel ihre schlechtesten Eigenschaften ungehindert ausleben konnten. Vermutlich aus der Furcht heraus, dass mir ausgerechnet der eine zukünftige Star durch die Lappen gehen könnte, der am Ende berühmt werden würde. Ja, auch ich habe meine Seele für ein gutes Geschäft verkauft, das ist schon wahr.

Doch nicht nur die Künstler raubten mir den Verstand, sondern auch die Kunden meiner Galerie: Überraschend zu Wohlstand gekommene, kunstbeflissene Ehepaare, die ihren Kauf nach endlosen Beratungen lieber doch noch einmal überdenken wollten, weil das entsprechende Bild nicht zu ihrer Einrichtung passte. Einfältige Influencerinnen, denen es auf der Vernissage nur um einen guten Fotobackground ging und die sofort wieder verschwanden, sobald sie sich den kostenlosen Champagner einverleibt hatten. Und auch die Sammler raubten mir den letzten Nerv, da sie meist versuchten, die Preise für ein Kunstwerk herunterzuhandeln, als ob sie sich auf einem orientalischen Basar befinden würden.

Und letzten Endes, auch das ist ein Teil der Wahrheit, ertrug ich mich selbst nicht mehr, wie ich auf den Vernissagen verkrampft lächelnd all diese Zumutungen ertrug, um die drei verhängnisvollen Ks des Galeriewesens – Künstler, Käufer und Kritiker – bei Laune zu halten, obwohl ich für die Kunst der Verstellung überhaupt nicht geeignet war.

Als ich nach einigen Jahren den Irrtum meiner Berufswahl bemerkte, war es bereits zu spät: Ich hatte zwar meine Schulden beglichen, dafür aber mittlerweile einen anspruchsvollen Sohn, Kosten für die Seniorenresidenz meiner Mutter und einen Kredit für ein Haus abzubezahlen.

Jenem Abend in der Vernissage waren ermüdende Diskussionen mit Esposito über die richtige Platzierung seiner Krakenskulpturen in meinen Ausstellungsräumen vorausgegangen. Jede einzelne Figur wurde vom Künstler höchstpersönlich unzählige Male um wenige Millimeter nach rechts oder links, vorn oder hinten verrückt, bis sie schließlich so »im Licht« standen, dass ihre überwältigende Pracht perfekt zur Geltung kam. Meist hatten die Skulpturen nach diesem enervierenden Prozess wieder genau die Position inne, an der ich sie anfangs platziert hatte, was Esposito natürlich nicht zugeben wollte.

Ich bin mir sicher, dass keine der armen Frauen, die ihren Namen für die Kraken hergeben mussten, von ihm jemals so pfleglich behandelt worden ist wie ihre unsäglichen Abbilder.

Darüber hinaus hatte Esposito mich in der Vorbereitung seiner Ausstellung zu jeder Tages- und Nachtzeit angerufen, egal, ob ich gerade schlief, Geburtstag hatte oder mit der Familie unterm Weihnachtsbaum saß. Und das nur, um mir Bedeutungslosigkeiten wie ein seiner Meinung nach fehlendes Komma auf den Einladungskarten mitzuteilen. Ein einziges Mal unter hundertsiebenunddreißig Anrufen hatte ich es gewagt, nicht an mein Mobiltelefon zu gehen, da ich vollkommen erledigt in der Badewanne lag und das Handy absichtlich auf lautlos gestellt hatte.

Keine halbe Stunde später hatte Esposito persönlich an der Tür meines Hauses Sturm geläutet und war, von meinem überlisteten Sohn hereingebeten, bis in mein Badezimmer vorgedrungen. Dort teilte er mir vollkommen ungerührt auf dem Wannenrand mit, dass er die Vernissage am nächsten Tag lieber eine Stunde früher beginnen wolle, um noch die Abendmaschine nach New York zu erreichen, da ein »wirklich wichtiger« Galerist ihn am nächsten Morgen kennenlernen wolle.

Also hatte ich, die nicht wirklich wichtige Galeristin, die Nacht und den ganzen nächsten Tag mit Unterstützung meiner Assistentin damit zugebracht, allen Eingeladenen mitzuteilen, dass die Vernissage vorgezogen wurde. Die rettende Idee dabei war, den Gästen weiszumachen, es würde vor dem eigentlichen Ausstellungsbeginn ein außergewöhnliches Pre-Opening geben, zu dem nur ein ganz exklusiver Kreis eingeladen sei, nämlich sie.

Und dann hatte Esposito sich auch noch bestätigt gefühlt, da mehr Besucher denn je in die Galerie geströmt waren, um seine lachhaften Frauenkraken bevorzugt sehen zu können. Keinem fiel auf, dass diese Exklusivität allein aufgrund der Masse an Galeriegästen eine gewisse Beliebigkeit hatte. Es genügte wohl, Menschen das Gefühl zu geben, sie wären aus irgendeinem nicht weiter benannten Grund Auserwählte, um sie vollkommen leichtgläubig werden zu lassen.

Derart in seiner Großartigkeit bestätigt, hatte mir Esposito, als ich gerade meine verlogene Eröffnungsrede beendet hatte, mit selbstsicherem Grinsen zugeflüstert: »Bei diesem Erfolg müssen wir noch mal über deine Provision reden, Darling.«

Allein dieses selbstzufriedene Grinsen einen Moment lang

auszuschalten und seine verdutzte, mit Champagner begossene Mimik genießen zu können, war es wert, mich vor der ganzen Kunstszene der Stadt unmöglich zu machen.

Die mit zu Boden gerissene Kunstkritikerin war eine Art Kollateralschaden, den ich natürlich nicht beabsichtigt hatte. Doch aufgrund ihrer jahrelangen Schmähartikel, die oft genug nichts anderem als der Unterstreichung ihrer eigenen kulturellen Überlegenheit dienten, bedauerte ich dies auch nicht weiter.

Ein paar Galeriebesucher, mit allen Wassern des Kunstkennertums gewaschen, witterten sofort eine gezielte Kunstaktion, eine Art Performance, für die sie eigens vorab eingeladen worden waren. Der eine oder andere hob schon die Hände, um Beifall zu klatschen, um zu zeigen, dass er oder sie den Kunstgriff schneller verstanden hatte. Alle anderen warteten, wie ich diese Performance letztlich auflösen würde.

Die Kunstkritikerin verstand jedoch sofort. Sie schob den vor Schreck wie gelähmten Künstlerballast von sich herunter, klopfte den Staub der Straßenschuhe von ihrem sicher sehr teuren Kleid und zischte mir besagte Worte zu, dass ich meine Tat schon noch bereuen werde.

Ich war selbst am meisten überrascht von meiner Kühnheit. Daher nickte ich nur, stellte mein leeres Glas nachdenklich auf einer Vitrine ab und blickte die Kunstkritikerin und den immer noch wie ein lahmes Insekt am Boden liegenden Künstler gleichgültig an.

Die Galeriegesellschaft stand wie erstarrt da und wartete auf eine Erklärung für das ungeheuerliche Geschehen. Doch die hatte ich ja selbst nicht.

Ich sah mich noch einmal im Raum um, diesem Ort, an dem ich zwanzig Jahre lang meinen Rücken und meine

Seele verbogen hatte, räusperte mich und ging gemächlichen Schrittes zur Garderobe. Ohne Hast nahm ich meinen Mantel vom Haken, drückte meiner konsternierten Assistentin Konstanze den Schlüssel für die Galerie in die Hand und sagte: »Schließen Sie dann bitte ab, wenn das hier ...« – ich zeigte auf den sich gerade vom Boden aufrappelnden Esposito – »... vorbei ist.«

Dann nickte ich den Besuchern noch ein letztes Mal zu und verließ festen Schrittes die Galerie.

Und auf einmal wusste ich: Nein, bereuen würde ich meine Tat ganz sicher nicht.

Auf der Straße schlug mir der klamme Hauch eines Januarabends entgegen, der mir auf einen Schlag verdeutlichte, dass ich gerade in wenigen Sekunden meine über zwanzig Jahre lang mühsam aufgebaute Existenz vernichtet hatte.

Es war großartig! Schon lange hatte ich mich nicht mehr so wahrhaftig gefühlt. Dieser unüberlegte Stoß war die Erlösung aus all der Falschheit und Erstarrung in meiner Arbeit als Galeristin.

Ich stellte den Kragen meines Mantels hoch und lenkte meine Schritte rasch weg von der Galerie, bevor womöglich jemand auf die Idee kam, mich zurückzuholen. Oder bevor ich feststellen konnte, dass niemand mich zurückholen wollte. Ich wusste nicht, was schlimmer war.

Kein Mensch war um diese Uhrzeit draußen, wenn es nicht unbedingt notwendig war. Vor ein paar Tagen hatte es heftig geschneit, und noch immer lagen am Straßenrand die Reste der Schneeberge, die vom Freischippen der Gehsteige übrig geblieben waren. Fröstelnd ging ich in völlig ungeeignetem Schuhwerk über den eisverkrusteten Asphalt. Meine Atemluft formte kleine Eiswolken in der klirrenden

Nachtkälte, und meine Beine fühlten sich in den dünnen Strümpfen schon bald steif an. Ich musste schnell ins Warme, wenn ich mich nicht erkälten wollte.

Doch wohin konnte ich in diesem gloriosen Moment gehen?

Es gab niemanden, mit dem ich meine Befreiung teilen wollte. Mein Ex-Mann, von dem ich immerhin den wohlklingenden Namen van den Broek übernommen hatte, lebte längst wieder in Groningen und hatte mit seiner neuen Frau eine neue Familie mit einem neuen Kind gegründet.

Unser Sohn, der aus der Verbindung mit ihm entstanden war, hatte vor einiger Zeit verkündet, dass er nun endlich seinen künftigen Traumjob gefunden habe, und war unter großem Getöse zu einem Studium der Angewandten Freizeitwissenschaften in den Norden gezogen. Ich hatte gleich geahnt, dass die Studieninhalte nicht mit seiner Wunschvorstellung vom lebenslangen Nichtstun übereinstimmen würden, aber ich war froh gewesen, dass er überhaupt mit irgendetwas anfing, nachdem er monatelang nur auf der Wohnzimmercouch herumgelegen und erklärt hatte, dass er sich Zeit lassen wolle, das wirklich Richtige zu finden, und ich mich doch auch mal entspannen solle. Meine ketzerische Frage, woher dann das Geld für die Unmengen an Pizza und Cola kommen würde, die er verzehrte, hatte er nur mit einem gleichgültigen Schulterzucken beantwortet.

Meine wenigen Freundinnen würden ohnehin nicht verstehen, was mich zu diesem schonungslosen Schritt bewogen hatte, beneideten sie mich doch seit Jahren unbeirrt um meine scheinbar so großartige Arbeit, ganz gleich, welche Horrorgeschichten ich ihnen darüber erzählte.

In mein großes, kaltes, dunkles und mir jetzt sehr leer erscheinendes Haus zurückzukehren, war ebenfalls keine

Option. Ich befürchtete, dass mein Triumphgefühl sich dort sehr schnell in nagende Zweifel verwandeln würde. Dies galt es unter allen Umständen zu verhindern. Ich wollte meinen Sieg möglichst lange auskosten. Die Reue würde schon noch früh genug kommen, wenn ich am nächsten Morgen alles im kalten Licht der Vernunft betrachtete.

Allerdings konnte ich jetzt keinesfalls in die mir bekannten Bars und Restaurants einkehren, da die konkrete Gefahr bestand, dort jemanden zu treffen. Womöglich würden sogar Galeriebesucher ihren außergewöhnlichen Abend in den entsprechenden Lokalen ausklingen lassen, um noch ein wenig über die offenbar verrückt gewordene Galeristin herzuziehen. Ich musste also unbedingt an einen mir vollkommen unbekannten Ort flüchten.

Die Straßen waren immer noch menschenleer und glänzten. Nur die Laternen spiegelten sich schief in den kleinen halb gefrorenen Pfützen. Ich fror erbärmlich, obwohl ich rasche Schritte machte. Bei der Wahl meiner Kleidung hatte ich nicht voraussehen können, dass sie der Flucht durch eine eisige Winternacht würde standhalten müssen.

Also enterte ich einfach das nächstbeste Lokal, ohne mir genauer anzusehen, was für eine Art von Kneipe es war.

Alle Gespräche verstummten, als ich den schummrigen Gastraum betrat. Drei Augenpaare musterten mich feindlich. Die dazugehörigen Gestalten hafteten derart unlöslich auf ihren Barhockern, dass sie bei einer hier stattfindenden Inventur zweifellos mitgezählt werden würden.

Der Geruch von abgestandenem Zigarettenrauch, Bier und seltsamerweise auch Schuhcreme kroch mir in die Nase. An der Wand hinter der Theke war ein altes Steuerrad aus Holz angebracht, während die rauchgeschwärzte Holzdecke wohl seit Menschengedenken ein verstaubtes Fischernetz zierte, in dem traurige Plastikfische und Seesterne gefangen waren. Das nur spärlich erleuchtete Lokal hätte eine Hafenkneipe sein können, nur war hier weit und breit kein Meer. Wahrscheinlich stammte der Wirt, der missmutig vom Zapfhahn zu mir herblickte, aus einer Hafenstadt und hatte sich hier sein persönliches Stück Heimat erschaffen. Die drei Gestalten an der Theke wirkten in dieser Umgebung wie verlorene Seemänner, deren Schiff längst ohne sie weitergefahren war.

So etwas wie mich, eine komplett in teures Schwarz gekleidete Endvierzigerin mit dunkel umrandeter, das halbe Gesicht bedeckender Künstlerbrille, hatte dieser Ort zweifellos noch nie gesehen. Entsprechend groß war die Bereitschaft, das störende Subjekt möglichst schnell wieder auszuspucken. Ich war mir noch nie so fehl am Platz vorgekommen.

Das Beste wäre nun gewesen, auf dem Absatz kehrtzumachen, um das Lokal schnellstmöglich zu verlassen. Doch hier drinnen war es wenigstens warm, und die Aussicht, wieder in den frostigen Winter hinauszutreten, war nicht gerade verlockend.

Also nahm ich meinen ganzen Mut zusammen, atmete tief durch, durchschritt das Lokal mit festen Schritten und stellte mich wie selbstverständlich neben die drei an die Theke. Der Wirt, ein beleibter Mann Mitte sechzig mit dünn gewordenem Pferdeschwanz und einer zu eng sitzenden Lederweste, sah mich wenig begeistert an.

Ich war ein Fremdkörper. Also musste ich jetzt schnell etwas bestellen, um diesen Eindruck zu verwischen.

»Ein Moët & Chandon, bitte«, sagte ich.

Die Köpfe meiner ungewollten Thekennachbarn fuhren herum. Geballte Ablehnung schlug mir entgegen. Warum ich ausgerechnet an diesem Ort die verhasste Galeristenbrause bestellte, war mir selbst unerklärlich. Nicht, dass ich körperlich von den schwächlichen Gestalten an der Theke etwas zu befürchten hatte. Doch auch mit emotionaler Ablehnung konnte ich schon immer schlecht umgehen.

Der Wirt blickte dumpf vor sich hin und überhörte meine Bestellung einfach.

Mir schoss die Schamröte ins Gesicht. Es war vollkommen klar, dass es hier allenfalls einen billigen Wein für eine Schorle geben würde. Rotwein, wie ich ihn früher selbst aus Kanistern an einem einsamen Strand in Südfrankreich getrunken hatte, damals, als ich die Welt hatte umkrempeln wollen, dabei aber glücklich gewesen war. Heute trank ich Moët & Chandon und hasste mein Leben.

Ich wollte mir an diesem Abend keinesfalls weiteren Ärger einhandeln. Das Einzige, was ich wollte, war, hier im Stillen meine Befreiung von anderen Champagnertrinkern zu feiern. Prompt fing ich an zu stottern wie ein Teenager.

»Also, ich … äh … Ein Bier … und einen Schnaps, bitte.«

Aus etwas weniger schmalen Lidschlitzen musterte der Wirt mich nun prüfend, schien mir die plötzliche Wandlung jedoch abzunehmen, nickte also kaum merklich, ging gemächlich zum Zapfhahn und begann, in aller Ruhe ein Bierglas zu befüllen. Ich warf einen bangen Seitenblick auf die drei Stammgäste und stellte fest, dass ihre Augen mich fast noch feindlicher musterten als zuvor. Alle drei waren bemerkenswert blass, was sicher nicht nur dem häufigen Aufenthalt in geschlossenen Räumen geschuldet war. Ihre abgetragene Kleidung ließ erahnen, dass das Leben es mit ihnen nicht immer gut gemeint hatte. Sie hatten sicher ganz andere Probleme, als gerade die städtische Kunstszene verprellt zu haben. Ich schämte mich nun fast noch mehr.

»Und drei Schnäpse für die Herren«, fügte ich hastig hinzu.

Das verschaffte mir immerhin ein Lächeln aus einer schlecht gepflegten Zahnreihe, ein anerkennendes, knappes Nicken und einen zumindest neutralen Gesichtsausdruck.

Ich verspürte ein leises Aufatmen neben mir. Diese

Fremde war doch keine von denen, die sich für etwas Besonderes hielt. Und wenn, dann war sie wenigstens spendabel. Immerhin ein Anfang.

Der Wirt, plötzlich wieder ungeahnt agil, wischte sich beflissen die Hände an der Weste ab, die an dieser Stelle schon ziemlich abgenutzt aussah, ließ das Bier einen Augenblick lang stehen und befüllte vier Schnapsgläser bis knapp an den Rand. Diese schob er mit einem jahrelang eingeübten Schwung über die Theke, wo sie mit erstaunlicher Bereitwilligkeit in Empfang genommen wurden. Zum ersten Mal an diesem Abend war so etwas wie Leben in die Bewohner dieser Trinkerhöhle gekommen.

Ich nahm mein Schnapsglas ebenfalls entgegen, prostete den blassen Seemännern beflissen zu, doch sie hatten schneller ausgetrunken, als ich das Glas erheben konnte, und musterten mich neugierig.

Mit einer entschlossenen Armbewegung leerte ich das Glas in einem Zug und stellte es danach hart auf der Theke ab. Das Zeug schmeckte wie der Schwarzbrand eines sibirischen Bauern, der längst von seinem eigenen Erzeugnis erblindet ist und trotzdem stetig weitertrinkt.

Ich versuchte, mir nichts anmerken zu lassen, blickte betont gleichmütig auf die Gläserreihe in der Vitrine hinter der Theke und schloss die Lider. Dennoch konnte ich nicht verhindern, dass mir die Tränen in die Augen schossen. Die drei bemerkten es natürlich, stießen sich gegenseitig an und begannen schadenfroh zu grunzen.

»Möjeh Eh Schang … Schang …« Die Zahnlücke bekam vor Lachen das Wort nicht zu Ende.

Vor einer halben Stunde war ich noch die hochgeschätzte Inhaberin einer angesehenen Galerie für Gegenwartskunst gewesen, jetzt machten sich drei rettungslose Trinker ganz unverhohlen über mich lustig. Das war ein rasanter Abstieg, der aber alles in allem recht komisch war. Ich musste selbst lachen, so lange, bis meine Tränen nichts mehr mit der Schärfe des Schnapses zu tun hatten.

Durch den karg eingerichteten Gastraum schwang eine leise Sinfonie der alkoholisierten Eintracht. Selbst der Wirt rang sich ein kleines Grinsen ab. Ich wollte ihm ebenfalls einen Schnaps spendieren, was er aber vehement ausschlug. Er kannte offenbar die Qualität seiner Ware.

Nach vier weiteren Runden waren Locke, Adam, Francesco und ich nicht nur per Du, sondern im weiteren Verlauf des Abends auch so etwas wie schicksalhaft zusammengeführte Kameraden der schweren See.

Es stellte sich heraus, dass die drei tatsächlich früher einmal Matrosen gewesen waren und viele abenteuerliche Geschichten zu erzählen hatten. Und alle drei träumten davon, noch einmal auf große Fahrt zu gehen. Aber das erfuhr ich erst sehr viel später.

Eine ganze Brigade arbeitswütiger Zwerge war im Bergwerk meines Gehirns mit Hacken und Eisen zugange und verrichtete zermürbende Abbauarbeiten. Was konnte ich ihnen anbieten, um sie davon zu überzeugen, ihre Tätigkeit unverzüglich einzustellen? Ich stöhnte auf, ohne mich zu bewegen, da auch die kleinste Positionsänderung das ganze System ins Wanken gebracht hätte.

Was war am Vorabend passiert? Schlaglichtartig blitzten Erinnerungen durch mein Gehirn. Vier volle Schnapsgläser, ich schwankend auf dem Nachhauseweg, während ich mich immer wieder an Laternen festklammerte ... Und war nicht etwas Einschneidendes bei dieser Vernissage geschehen?

Schlagartig wurde ich wach, hob die schweren Lider und ließ sie sofort wieder zufallen, denn das grelle Licht der Morgensonne gleißte wie eine Signalrakete durch die Schlitze der Jalousie. Meine Finger krallten sich Halt suchend in die Matratze. SOS. Ich war zwar nicht in Seenot, aber es war doch eindeutig ein Notfall. Sobald ich versuchte, mich aufzurichten, schaukelte mein Bett wie eine Jolle auf schwerer See. Ich beschloss, vollkommen ruhig liegen zu bleiben. Leider konnte ich nicht verhindern, dass sich die Erinnerungen an den gestrigen Abend allmählich präzisierten.

Hatte ich tatsächlich meinem nervigsten, aber eben auch erfolgreichsten Künstler ein Glas Champagner ins Gesicht gegossen und ihn danach in sein Kunstwerk geschubst?

War ich aus meiner eigenen Galerie geflüchtet wie eine

Diebin und hatte die entgeisterte Kulturprominenz einfach stehen lassen?

Und war ich anschließend in eine miese Spelunke eingekehrt und hatte drei wildfremden Männern diverse Lokalrunden spendiert?

Ja, ja und nochmals ja.

Ich musste unbedingt herausfinden, was für eine Resonanz mein Auftritt in der Öffentlichkeit hervorgerufen hatte und wie der weitere Abend in der Galerie ohne mich verlaufen war. Dafür musste ich allerdings zuerst das Bett verlassen, unten im Erdgeschoss die Zeitung aus dem Briefkasten ziehen und schließlich das Telefon finden, um meine Assistentin anzurufen.

Nachdem drei Versuche, direkt in die Vertikale zu gelangen, gescheitert waren, bewältigte ich diese erste Hürde, indem ich mich zunächst aus dem Bett auf den Boden fallen ließ, der zum Glück von einem hochflorigen Teppich bedeckt war. Dort blieb ich eine Weile liegen und studierte das Teppichmuster, um das nicht enden wollende Kreisen im Kopf in den Griff zu bekommen, woraufhin ich schließlich auf allen vieren in Richtung Badezimmer kroch.

Nachdem ich mich meines Mageninhalts entledigt hatte, kletterte ich völlig entkräftet in die Duschkabine, schaffte es, mich mithilfe eines vorausschauend für das Alter angebrachten Haltegriffs einigermaßen aufzurichten, und stellte die Armatur todesmutig auf kalt.

Ich war nicht darauf vorbereitet, was für eine Wirkung das eisige Wasser auf meinen alkoholgeschwächten Körper haben würde. Einer Ohnmacht nahe klammerte ich mich an der Duschstange fest und nahm mir vor, zumindest so lange durchzuhalten, bis ich mich im Kopf ein wenig klarer fühlte.

Fünf Sekunden später sah ich ein, dass dies in meiner derzeitigen Verfassung ein zu hoch gestecktes Ziel war, und stellte den Wasserstrahl ab. Zitternd kletterte ich aus der Duschkabine und langte nach einem Handtuch für die Haare und meinem Frotteebademantel, der mir zumindest ein Gefühl des Aufgehobenseins vermittelte.

So traute ich mir den Weg nach unten, wo mit der Kaffeemaschine eine weitere Stärkungsmaßnahme auf mich wartete, schon eher zu.

Die Treppe ins Erdgeschoss meines Hauses war gepflastert mit Kleidungsstücken, derer ich mich wohl in der Nacht Stück für Stück entledigt hatte. Leider war es dem Architekten beim Bau des Hauses gelungen, mich zu überreden, kein Geländer an der schwebenden Holztreppe anzubringen, da dies den optischen Gesamteindruck empfindlich stören würde.

Nun störte es den optischen Gesamteindruck jedoch weit empfindlicher, als ich aufgrund des fehlenden Geländers nur nach unten kam, indem ich mich hinsetzte, um die Treppe Stufe für Stufe auf dem Hintern hinunterzurutschen. Zum Glück musste ich mir über die optische Wirkung keinerlei Gedanken machen, da außer mir niemand da war. Ein Vorteil des Alleinlebens ist, dass einen niemand bei derart peinlichen Handlungen beobachten kann.

Nach einer großen Tasse schwarzen Kaffees fühlte ich mich stark genug, mich nach draußen zum Briefkasten zu begeben. In meinem desolaten Zustand kam ich seltsamerweise überhaupt nicht auf die Idee, auf meinem Handy nachzusehen, was in der Onlineausgabe der Zeitung stand, sondern war offenbar über Nacht technisch auf den Stand der Neunzigerjahre zurückkatapultiert worden.

Unglücklicherweise hatten wir es einmal für eine gute Idee gehalten, die Zeitungsbox nicht am Haus anzubringen, sondern vorne am Gartentor, um gleich morgens eine kleine Frischlufteinheit genießen zu können. Der Gang zum Briefkasten verschaffte mir einen derart starken Restalkoholeinschuss, dass ich mich zunächst Rettung suchend an das hässliche schmiedeeiserne Tor klammern musste, auf das mein Ex-Mann beim Hausbau bestanden und wofür er sich zusätzlich verschuldet hatte. Natürlich kam genau in diesem Moment Frau Dr. Klingenberg zu ihrer morgendlichen Joggingrunde an meinem Haus vorbei, eine Ärztin für Ästhetische Zahnheilkunde, die mit ihrer Familie auf der anderen Straßenseite wohnte und eine der niederträchtigsten Personen war, die diese Stadt zu bieten hatte.

»Ach, Frau van den Broek! Sind Sie gar nicht bei der Arbeit heute?«

Frau Dr. Klingenberg vermutete aufgrund meines Nachnamens, dass ich adliger Herkunft war, und versuchte daher hartnäckig, mich in den illustren Kreis ihrer Bridgedamen aufzunehmen. Es wurde wirklich Zeit, dass ich wieder meinen eigenen Nachnamen annahm.

Die Nachbarin war auf der Stelle joggend stehen geblieben, präsentierte mir ihre gebleichte Zahnreihe und verlangte eine Erklärung für meine morgendliche Anwesenheit.

Für gewöhnlich hätte ich nun geantwortet, dass ich mich etwas unwohl fühle und daher erst später zur Galerie fahren würde, doch für irgendetwas musste der gestrige Abend ja gut gewesen sein. Außerdem würde sie es vermutlich ohnehin bald aus der Zeitung erfahren.

»Nein, ich habe gestern meinen erfolgreichsten, aber auch nervigsten Künstler mit Champagner übergossen, ihn dann in seine grässliche und zutiefst frauenfeindliche Krakenkunst gestoßen und mich danach bis zur Besinnungslosigkeit betrunken.«

Ich prüfte die Wirkung meiner Worte in ihrem Gesicht, doch Frau Dr. Klingenberg lächelte mich vollkommen unbeirrt an. »Ach, Sie Arme, das tut mir leid. Dann gute Besserung.« Während sie weiterjoggte, winkte sie mir fröhlich zu und rief: »Sie müssen unbedingt mal in unsere Bridgerunde kommen, Frau van den Broek!«

Ich sah ihr verdutzt nach und bewunderte ihre Fähigkeit, unliebsame Wahrheiten einfach an sich abperlen zu lassen. Umso mehr reizte es mich, auszuprobieren, wie stabil der Wall ihrer Wirklichkeitsverleugnung an diesem Morgen tatsächlich war.

»Übrigens«, rief ich ihr nach, »was ich Ihnen schon längst mal sagen wollte: Mein Nachname ist überhaupt nicht adlig! Das van den verweist einzig und allein auf eine geografische Herkunft. Ich heiße also lediglich Frau vom Sumpf. Blöd, was?«

Meine Nachbarin bremste so abrupt, dass sie beinahe über ihre eigenen Joggingschuhe gestolpert wäre. Eine Zeit lang blieb sie wie angewurzelt stehen und dachte vermutlich darüber nach, was sie mit dieser neuen, bedauerlichen Information anfangen sollte. Ganz offensichtlich hatten meine Worte dieses Mal ihren Verdrängungswall überwunden, doch sie hatte noch nicht entschieden, wie sie angemessen darauf reagieren sollte. Würde sie mich aus dem illustren Kreis ihrer potenziellen Bridgepartnerinnen entfernen wie einen in Ungnade gefallenen Verwandten, den man fortan totschweigt?

Wie in Zeitlupe drehte Frau Dr. Klingenberg ihren Kopf zu mir, musterte mich kühl, zuckte leicht mit dem rechten

Mundwinkel und zischte: »Pink steht Ihnen gar nicht. Es macht Sie blass.«

Dann joggte sie überambitioniert zu ihrer Hofeinfahrt und verschwand hinter einem ähnlich imposant-geschmacklosen Eingangstor.

»Danke, da haben Sie völlig recht«, rief ich ihr nach. »Toll, dass es jemand mal ausspricht.« Aber ich war nicht sicher, ob sie es noch gehört hatte. Jedenfalls würde sie mich in Zukunft in Ruhe lassen.

Langsam begann es mir Spaß zu machen, auf nichts mehr Rücksicht zu nehmen und mit allem Unliebsamen in meinem Leben aufzuräumen. Ich sah an mir herunter. Der pinke Bademantel war ein Geschenk meines Mannes gewesen, der sich nie die Mühe gemacht hatte, darüber nachzudenken, was mir gefallen könnte oder zumindest einigermaßen gut an mir aussah. Und Pink stand mir definitiv nicht.

Stattdessen hatte Bart versucht, mich zu der Frau zu machen, die in einen pinkfarbenen Bademantel mit Rüschenkante passte. Irgendwann hatte er jedoch einsehen müssen, dass das ein vergebliches Unterfangen war, und sich lieber gleich das perfekte Rüschenkanten-Model gesucht. Es wurde Zeit, auch diese Altlast auf die Deponie der endgelagerten Irrtümer zu bringen.

Die Straße war vollkommen leer. Aber bestimmt beobachtete Frau Dr. Klingenberg mich durch das Küchenfenster. Mit diebischer Freude streifte ich den scheußlichen Bademantel ab, stopfte ihn in die Mülltonne, nahm noch rasch die Zeitung aus dem Briefkasten, winkte dem Küchenfenster meiner Nachbarin zu und ging mit nichts weniger als meiner wiedergewonnenen Würde wieder ins Haus zurück.

Drinnen schlüpfte ich in Hochstimmung in einen gelben Arbeitsoverall, den ich mir für Gartenarbeiten gekauft, aber nie benutzt hatte und der seitdem geduldig wartend im Flur hing. Jetzt schien er die passende Uniform für meine weiteren Kamikazetaten zu sein.

Dann bereitete ich mir in der überdimensionierten Küche, die ebenfalls dem großspurigen Charakter meines Ex-Mannes geschuldet und mit allerlei teurem, aber unsinnigem Schnickschnack ausgestattet war, einen weiteren Kaffee zu. Auch mein körperliches Befinden hatte sich durch die Reduktion meiner Altlasten erheblich gesteigert. Ich fühlte mich nun sogar stark genug, mich dem Artikel der Kunstkritikerin zu stellen.

Hastig arbeitete ich mich durch die Zeitung zum dünnen Kulturteil vor.

GALERISTIN ZERSTÖRT IHR LEBENSWERK

lautete die theatralische Überschrift. Ich atmete tief durch, nahm einen Schluck von meinem Kaffee und las weiter.

> Ein Eklat der besonderen Art ereignete sich gestern Abend in der Galerie von Vera van den Broek, als der bis nach New York in der Kunstwelt hoch angesehene Künstler Elvis Esposito mit einem Glas Champagner übergossen und in eines seiner feinnervigen Kunstwerke gestoßen wurde, das dabei erheblichen Schaden nahm. Und dies von niemand Geringerem als der Galeristin selbst! Was Laien zunächst wie eine gezielte Kunstaktion erscheinen mochte, enttarnten Eingeweihte sofort als massiven Affront gegen den renommierten Künstler. Über die Gründe dazu schwieg die Galeristin sich am Abend aus. Mehr dazu heute in der Onlineausgabe.

Ich legte die Zeitung wieder zurück auf die Küchentheke und schnaubte. Diese blöde Ziege! Noch bei der letzten Ausstellung hatte sie Esposito als »stark überschätzten Schwimmtierhersteller« deklassiert, und jetzt das!

Nüchtern betrachtet konnte ich der kurzen Notiz jedoch vier wichtige Informationen entnehmen.

Erstens: Die Verfasserin alias Kunstkritikerin war wütend. Sehr, sehr wütend.

Zweitens: Sie hatte sich sofort mit Esposito verbündet und den restlichen Abend mit ihm über mich gelästert (bis seine Abendmaschine nach New York ging).

Drittens: Mein Handy war voller Anrufe, die ich aber nicht gehört hatte, weil ich es noch vor der Vernissage ausgestellt hatte.

Viertens: Die Krake war kaputt. Das würde teuer werden. Ziemlich teuer.

Ich sah nach draußen in den noch von Bart entworfenen japanischen Garten. Der Landschaftsarchitekt hatte damals behauptet, man komme allein durch das Betrachten der harmonisch angelegten Landschaft mit Pflanzen, Steinen und einem Seerosenteich zur Ruhe und finde sein inneres Gleichgewicht. Ich aber hasste diesen Garten, und zwar nicht erst, seitdem klar war, dass der Auftraggeber noch vor Fertigstellung des Werks mit seiner Golflehrerin durchgebrannt war.

Vermutlich hatten die meisten Leute, die über das Geld verfügten, sich solch einen teuren Garten gestalten zu lassen, ohnehin nicht die Zeit, ihn danach auch zu genießen. Stattdessen musste man jemanden bezahlen, der den Garten pflegte, da man selbst dafür keine Energie mehr übrig hatte. Innere Ausgeglichenheit gab es also nur für den Gärtner, der womöglich die entspannende Wirkung genießen konnte, während er die Büsche stutzte.

Ich stand auf und kramte aus dem Medikamentenschrank eine Brausetablette gegen die Kopfschmerzen hervor und löste sie in einem Glas Wasser auf. Dann machte ich mich auf die Suche nach meinem Handy, entdeckte es in meiner auf der Treppe abgelegten Jacke, atmete tief durch und stellte es an.

Auf der Mailbox waren sieben Nachrichten von meiner Assistentin. Dreiundzwanzig von Esposito, die letzte vor einer Viertelstunde. Eine von meinem Sohn, vier von der Kunstkritikerin und ein paar von unbekannten Rufnummern. Die Versuchung war groß, sie mir alle der Reihe nach anzuhören, doch eine innere Stimme sagte mir, dass es für meine seelische Gesundheit besser war, dies nicht zu tun.

Aber wenigstens wollte ich wissen, wie mein Sohn die Nachricht von meiner Existenzvernichtung aufgenommen hatte, die offenbar schon bis zu ihm in den Norden vorgedrungen war.

»Hi Mom! Kannst du mir noch was überweisen? Ich bin total klamm diesen Monat, du weißt doch, die Mieterhöhung, und die Mensa hier geht gar nicht, also, danke, du bist ein Schatz! Ciao!«

In der Welt meines Sohnes existierte die Möglichkeit, dass ich Nein sagte, anscheinend genauso wenig wie die, dass er sich selbst durch echte Arbeit etwas dazuverdiente. Die Mieterhöhung für sein WG-Zimmer war, das hatte er mir schon mehrfach vorgejammert, ein angesichts seiner üppigen Zuwendungen lächerlicher Betrag von zwanzig Euro im Monat.

Anscheinend wusste er noch nichts von meiner Existenzvernichtung. Ich freute mich jetzt schon auf sein Gesicht, wenn ich ihm davon erzählte. Denn zu einem gewissen Teil würde es auch seine eigene sein, zumindest die Vernichtung seiner Existenz in der überwiegend liegenden Erscheinungsform.

Ohne mir ihre Nachrichten vorher anzuhören, wählte ich die Nummer meiner Assistentin Konstanze.

»Frau van den Broek! Wie geht es Ihnen?« Der geheuchelt therapeutische Ton, den Konstanze anschlug, deutete darauf hin, dass sie eine nervlich bedingte Ursache für mein unerklärliches vorabendliches Verhalten vermutete.

»Danke, es geht mir ausgezeichnet.«

»Wirklich? Kann ich irgendetwas für Sie tun?« Sie glaubte mir offenbar nicht.

»Ja, Sie können aufhören, mich wie eine Irre zu behandeln.«

Sicherlich bemühte sie sich, betroffen auszusehen, wie immer, wenn sie eine innere Erschütterung vortäuschen wollte. In Wahrheit war Konstanze eine verwöhnte und erstaunlich gefühlsarme Oberschichtgöre. Ich hatte sie in der Hoffnung eingestellt, mir neue Kundenkreise erschließen zu können, was eine teuer erkaufte Fehlentscheidung gewesen war, da wir überhaupt nicht miteinander harmonierten.

»Gut«, schaltete sie sofort um. »Herr Esposito hat schon zigmal angerufen, er verlangt eine Erklärung. Und Schadensersatz!«

»Sagen Sie ihm, er soll mir eine Rechnung schicken.«

»Okay – oder wollen Sie nicht lieber erst mit ihm sprechen?«

Ich dachte kurz nach. Da offenbar alle eine nervliche Überlastung als Grund für mein Verhalten vermuteten, wäre mir der Weg zurück in die Galerie weiter offen, wenn ich gewisse, sicherlich sehr schmerzhafte Zugeständnisse machen würde.

»Nein, Sie machen das schon«, wiegelte ich ab. »Übrigens haben Sie vollkommen recht. Es geht mir in der Tat nicht gut, weshalb ich eine Auszeit brauche und mich für ein Jahr aus der Galerie zurückziehen werde. In dieser Zeit werde ich Ihnen die Leitung anvertrauen.«

Die Entscheidung hatte ich erst in diesem Moment getroffen und war selbst überrascht, dass sie sich genau richtig anfühlte.

Konstanze schnappte nach Luft. Sie wollte sich offenbar nicht allzu sehr anmerken lassen, wie sehr sie sich über ihren Karrieresprung freute. Ob es richtig war, ihr so viel Macht zu überlassen, war mir in diesem Moment reichlich egal. Letzten Endes gehörte die Galerie immer noch mir.

Nach einiger Zeit fand meine Assistentin ihre Sprache wieder. »Damit habe ich jetzt nicht gerechnet. Das freut mich. Ich habe schon lange … also, ich werde Sie nicht enttäuschen.«

»Davon bin ich überzeugt«, antwortete ich zweideutig. »Ich komme dann morgen in die Galerie, und wir besprechen die Modalitäten. Den heutigen Tag brauche ich noch für meine Rekonvaleszenz.«

»Aber natürlich! Ruhen Sie sich schön aus. Ich regle alles. Wie gehen wir mit der Presse um?« Konstanze überschlug sich fast vor lauter Eifer.

»Die lassen wir erst mal zappeln. Inzwischen verfasse ich eine schriftliche Erklärung. Das ist alles. Nichts ist uninteressanter als die Wahrheit.«

»Da haben Sie natürlich völlig recht, Frau van den Broek! Dann bis morgen.«

Wir verabschiedeten uns und beendeten das Gespräch. Warum war mir nie aufgefallen, was für eine hinterhältige Schlange diese Person war?

Doch jetzt musste ich mich erst einmal von den Ereignissen des Abends und vor allem der Nacht erholen. Mit letzter Kraft, aber frohen Gemüts schleppte ich mich wieder die Treppe hinauf, vorbei an meiner Stück für Stück abgestreiften Galeristenhaut, und ließ mich, oben angekommen, wieder zurück ins Bett fallen.

Am nächsten Morgen fühlte ich mich nach einem Schlaf, an dessen Träume ich mich gnädigerweise nicht erinnerte, schon deutlich erholter. Es beruhigte mich sehr, dass ich selbst mit klarem Kopf kein bisschen bereute, was ich zwei Tage zuvor getan hatte.

Es war vollkommen richtig, dass es so nicht weitergehen konnte. In meinem Leben gab es zu wenige Dinge, die ich mochte, und zu viele Menschen, die mir nicht guttaten. Ich brauchte dringend einen Plan für meine weitere Zukunft.

Nach dem Frühstück schnappte ich mir einen großen Schreibblock und einen Stift und setzte mich an den Tisch vor dem Fenster, um meine Lage zu analysieren und darüber nachzudenken, was ich wirklich tun wollte.

Draußen hatte es angefangen zu schneien, wodurch die Spitzen der Büsche und Bäume sich nach und nach weiß färbten. Eine friedvolle Stille legte sich über die ganze Szenerie, die sich auch auf meine Stimmung übertrug.

Mein Job war, obwohl er mit Kunst zu tun hatte, völlig unkreativ. Ich ermöglichte es anderen, das Ergebnis ihrer Kreativität zu verkaufen. Demnach war ich nichts weiter als eine Verkäuferin mit kulturellem Anstrich. Genauso gut hätte ich Teppiche verkaufen können oder Großgebinde an Ölsardinen.

Wo war mein anfängliches Brennen für die Kunst geblieben? Meine Begeisterung für immer neue Ideen und künstlerische Ausdrucksmöglichkeiten? Ich sah einfach keinen Sinn mehr in meiner Arbeit.

Wann hatte ich zum letzten Mal bei einem Kunstwerk gespürt, dass es mir etwas bedeutete, und nicht nur daran gedacht, ob es sich gut verkaufen ließ?

Doch nun konnte ich nicht ohne Weiteres in mein altes Kunstleben zurück. Konstanze hatte ich, ohne groß zu überlegen, angekündigt, dass ich mir ein Jahr freinehmen wollte. Und ich war wild entschlossen, dieses Jahr sinnvoll zu nutzen.

Mein Herz begann freudig zu klopfen, als ich mir diese Auszeit ausmalte. Sofort fielen mir einige Dinge ein, die ich immer schon gewollt, aber nie in die Tat umgesetzt hatte, und ich erstellte eine Liste.

Selbst kreativ sein und beispielsweise ein Malseminar besuchen, anstatt nur die künstlerischen Fähigkeiten anderer zu fördern.

Einen Hund aus dem Tierheim holen (retten!) und zu einem glücklichen Lebewesen erziehen.

Mich mehr um meine Mutter in der Seniorenresidenz kümmern. Sie würde sich sehr darüber freuen, denn sie beklagte sich immer, dass ich zu wenig Zeit für sie habe.

Endlich richtig gut Spanisch lernen. (In einem spanischsprachigen Land?)

Neue Menschen kennenlernen, die mich nur als Freundin sehen und nicht als Steigbügelhalter für ihre Karriere.

Eine fernöstliche Entspannungslehre für mich entdecken.

Und: Ich werde alles an meinem Haus entfernen, was protzig und großspurig ist.

Zufrieden lehnte ich mich zurück und betrachtete meine Liste. Es würde eine großartige Zeit werden!

In diesem Moment klingelte mein Handy. Noch ehe ich registriert hatte, dass der Name *Esposito* auf dem Display stand, hatte ich reflexartig das Gespräch angenommen.

»Hallo Franz!« Ich wusste, dass es ihn maßlos ärgerte, wenn man ihn mit seinem wahren Namen ansprach, den er als bieder und provinziell empfand. »Was kann ich für dich tun?«

»Was du für mich tun kannst? Du bist gut! Du kannst mir zehntausend Euro überweisen für das Objekt, das du mutwillig zerstört hast! Was sollte das Ganze überhaupt?«

Ich konnte mir ein höhnisches Lachen nicht verkneifen. »Zehntausend Euro? Wir haben die Krake in der Galerie doch nur für fünftausend angeboten. Und davon hätten dreißg Prozent mir gehört. Ich meine, das bisschen Plastik, das kann man doch wieder zusammenkleben.«

»Nun, deine kleine Aktion vorgestern hat meinen Marktwert noch mal kräftig gesteigert. Eigentlich müsste ich dir ja fast dankbar sein. Aber das mit dem Champagner hättest du dir sparen können. Mein teurer Anzug war komplett ruiniert. Ganz abgesehen von den Schmerzen vom Aufprall auf dem Boden.«

Fast glaubte ich, ihn schluchzen zu hören. Ich war schon kurz davor, Mitleid mit ihm zu empfinden, da fuhr er fort: »Außerdem bin ich gerade bei meinem Galeristen in New York.«

Es ging ihm wie immer nur um Geld.

»Schick mir für alles eine Rechnung, meine Assistentin kümmert sich dann darum«, antwortete ich kraftlos. Kaum hatte ich einen Künstler am Telefon, fühlte ich mich schon wieder vollkommen meiner Energie beraubt. Ich musste aufpassen, dass er mir nicht den ganzen Schwung für die Planung meiner Auszeit nahm.

Esposito stutzte kurz, fand dann aber schnell wieder zu seiner alten Form zurück. »So einfach stellst du dir das also vor? Eine Entschuldigung hätte ich schon erwartet, nach all den Jahren, in denen wir so freundschaftlich zusammengearbeitet haben.«

Beleidigt war er also auch noch. Ich musste aufpassen, dass ich nicht laut losprustete. Freundschaftlich war die Zusammenarbeit ja wohl nur für ihn gewesen.

»Entschuldigung«, presste ich lapidar hervor.

»Das war ja klar, dass du nicht in der Lage ... was?« Esposito hielt irritiert inne. Es brachte ihn völlig aus dem Konzept, dass ich einfach alles zugab.

»Ich sagte: Entschuldigung«, wiederholte ich gelassen. »Und jetzt muss ich auflegen, ich muss noch einen wirklich wichtigen Anruf tätigen.«

Ohne seine Antwort abzuwarten, beendete ich das Gespräch. Ich hatte eine Idee, die ich sofort in die Tat umsetzen wollte. Daher wählte ich gleich darauf die Nummer meiner Assistentin.

»Frau van den Broek? Kann ich was für Sie tun?«, flötete es am anderen Ende.

»Schon gut, Konstanze, wie viel ist vorgestern Abend noch verkauft worden?«

»Nichts, es waren ja alle ... etwas geschockt. Aber es gab heute Morgen schon eine Menge Anfragen.«

»Das ist gut! Nehmen Sie sofort alle Preisschilder ab, und kleben Sie Schildchen mit dem doppelten Wert neben die Kraken. Und an das Corpus Delicti den dreifachen. Danke, bis später!«

Ich legte auf, ohne ihre Antwort abzuwarten. Auf diese Art hatte ich das Problem von Espositos Schadensersatzforderungen auf elegante Weise gelöst. Mit ihm würde ich natürlich nur den ursprünglich vereinbarten Preis abrechnen.

Meine Laune stieg sofort. Warum war ich früher bloß immer so nett gewesen? Es machte doch deutlich mehr Spaß, Schmarotzer wie Esposito am eigenen Nasenring durch ihre selbst errichtete Arena zu führen.

Um mich vor weiteren unliebsamen Anrufen zu verschonen, machte ich mein Handy aus und widmete mich zufrieden der Vollendung meiner Jahresplanung.

In der Galerie hatte ich mich stets nach freier Natur und frischer Luft gesehnt. Als ich einmal nach der Hängung einer Ausstellung Atemprobleme bekam, forschte ich nach, welche Materialien Künstler eigentlich für ihre Werke verwenden, und stieß dabei auf eine erschreckende Auswahl. Von Lacken und Lösungsmitteln über Blei, Kadmium und Quecksilber bis hin zu Fiberglas und Polyester benutzen sie alles, was teuer und giftig ist. Eigentlich müsste manche Kunst als Sondermüll entsorgt werden, wenn sie nicht in Museen hinge. Der frühe Tod mancher Künstler lässt sich wohl ebenfalls auf diese Gifte zurückführen, auch wenn die Rezeption diesen wider besseres Wissen als Zeichen ihrer früh verlöschenden Genialität oder ihres wilden Lebensstils missdeutet.

Der französische Maler und Bildhauer Yves Klein ist zum Beispiel bereits mit vierunddreißig Jahren gestorben, vermutlich, weil er seinem berühmten monochromen Ultramarinblau ein giftiges Bindemittel beifügte und mit den bloßen Händen in dieser Mischung rührte.

Sigmar Polke experimentierte nicht nur mit verbotenen Farben, sondern auch mit radioaktiven Partikeln und fabulierte ganz rücksichtslos von Familien, denen die Haare ausfielen, wenn sie im Museum vor seinen Bildern standen.

Die Malerin und Bildhauerin Eva Hesse starb ebenfalls jung, wozu wohl auch ihr unbedachter Umgang mit hochgiftigen Materialien beigetragen hat.

Sicherlich hatte ich in meiner Galerie jahrelang eine schädliche Mixtur aus verschiedenen ungesunden Stoffen eingeatmet. Ich setzte also einen Entgiftungsmonat auf einem Bauernhof, möglichst hoch oben in den Bergen, wo die Luft klar und rein ist, auf meinen Plan. Als krönenden Abschluss meiner Auszeit würde ich mir zur ganzheitlichen Reinigung noch einen Aufenthalt in einem Ayurveda-Resort in Indien oder Sri Lanka gönnen, bevor ich mich dann wieder mit klarem Geist und frischem Körper neuen Substanzen und vor allem auch Begegnungen aussetzen konnte.

Ich lehnte mich zurück und blickte zufrieden auf meine Liste. Bewusst hatte ich Raum gelassen für ungeplante Entwicklungen, denn auch Spontaneität gehörte nicht gerade zu meinen Kernkompetenzen. Meine Zeit war durchgetaktet, und nur selten wich ich von einmal vereinbarten Terminen ab. Dadurch hatte ich mir ein starres Zeitkorsett geschaffen, das keinen Raum für spontane Ideen, Nachdenklichkeit oder Zweifel ließ. Kein Wunder, dass ich aus diesen Fesseln regelrecht ausbrechen musste.

Ich stand auf und ging zur Terrassentür, um die frische Winterluft hereinzulassen. Es hatte aufgehört zu schneien, doch die feine Schneedecke war diesmal liegen geblieben und glitzerte in der Sonne. Ich atmete tief ein und wieder aus.

Leider war es nicht zu leugnen, dass es bei meinen Planungen einen klitzekleinen, aber recht entscheidenden Haken gab. All meine Vorhaben würden Geld kosten. Zudem musste ich die Miete für die Galerie und die Seniorenresidenz meiner Mutter weiterbezahlen, auf dem Haus lasteten immer noch Kredite, mein Sohn studierte (oder tat das, was er dafür hielt), und letzten Endes waren auch mein Lebensunterhalt sowie die geplanten Reisen, Kurse und Hotels zu finanzieren. Selbst die Anschaffung eines Hundes kostete Geld.

Ich überschlug grob die Summe, bei der ich einberechnete, dass ich weiter Einnahmen durch die Galerie haben würde, wenn Konstanze es nicht vermasselte, und kam auf etwa fünfundvierzigtausend Euro, die ich mindestens aufbringen musste, um damit in einem Jahr halbwegs über die Runden zu kommen. Das war eine Menge Geld.

Aus diesem Grund planten andere Leute ihre Auszeit mit einem Vorlauf von mindestens einem Jahr und legten sich vorab genügend Reserven beiseite. Ich hingegen war den deutlich heikleren Weg gegangen, indem ich mir erst freigenommen hatte und dann sehen musste, wie ich mein Sabbatical finanzierte.

Daher würde ich nicht umhinkommen, ein Gespräch mit meiner Bank zu führen, was aber sicherlich kein Problem darstellte. Denn zum einen genoss ich bei meiner Hausbank einen sehr guten Ruf, und zum anderen hatte ich ja immer noch das Haus als Sicherheit.

Ich stellte das Handy wieder an und telefonierte gleich mit meinem Bankberater, Herrn Andresen. Dieser hatte mich schon mehrfach gut beraten und würde es sicherlich auch dieses Mal wieder tun. Tatsächlich konnte ich schon eine Stunde später zu ihm kommen. Das hob meine Laune beträchtlich, da es mich meinem Ziel schneller näher bringen würde. Ich ging beschwingt nach oben zu meinem Kleiderschrank, um die passende Garderobe für das Gespräch auszuwählen.

Um überzeugend zu wirken, wollte ich nicht wie eine

graue Maus auftreten. Die Farben mussten Macht und Seriosität zugleich ausstrahlen, das hatte ich immerhin aus meinem Umgang mit Kunst gelernt.

Das Problem war, dass in meinem Schrank hauptsächlich raffiniert geschnittene schwarze Oberteile und ebenso raffiniert geschnittene schwarze Röcke und Hosen hingen, die weltweit anerkannte Kleidung aller Kulturschaffenden von Hamburg über Paris bis nach New York. Und Schwarz war nicht gerade die Farbe, mit der sich Aufbruch und Stärke demonstrieren ließ. Außerdem strebte ich auch optisch einen klaren Bruch mit meiner Vergangenheit an.

Ich hatte einmal gehört, dass Gelb die Farbe der Macht war. Nur hatte ich absolut nichts derartiges in meinem Kleiderschrank. Aus Mangel an Alternativen entschied ich mich für den gelben Gartenoverall, der inzwischen zu einer Art Kampfanzug geworden war. Dazu kombinierte ich einen seriösen grünen Blazer und meine bunten bequemen Sneaker. Und ich setzte meine schwarze Intellektuellenbrille mit Fensterglas ab, die ich ohnehin nur aus beruflichen Gründen getragen hatte.

Vor dem Spiegel war ich überrascht, wie verändert ich aussah. Eine für ein Bankgespräch gewagte, aber durchaus machtvolle Kombination, wie ich fand. Zumindest würde man mich nicht sofort einordnen können, und das gefiel mir. Allerdings hatte ich zu diesem Zeitpunkt keine Ahnung, dass mir an diesem Tag ausgerechnet meine auffällige Farbigkeit zum Verhängnis werden würde.

Meine Unterlagen packte ich in einen Stoffbeutel von der Genossenschaftsbank, um dem Berater gleich zu verdeutlichen, dass ich eine loyale Kundin war. Da der Schnee mittlerweile in Schneeregen übergegangen war, legte ich noch einen Regenschirm in den Stoffbeutel. Gut gelaunt verließ ich dann das Haus, stieg in meinen Wagen und stand eine halbe Stunde später siegessicher vor meinem Berater.

In der Bank hielten sich an diesem späten Vormittag nicht sehr viele Menschen auf. Eine junge Mutter mit einem quengelnden, etwa fünfjährigen Kind, eine ältere Frau im Lodenmantel, die offenbar ihr Erspartes einzahlen wollte, und zwei Handwerker auf einer Leiter, die sich an der Deckenbeleuchtung zu schaffen machten.

Den Blicken von Herrn Andresen nach zu urteilen, hatte auch er bemerkt, dass ich ein anderer Mensch geworden war. Das löste aber nicht die von mir erhoffte Respektsbezeugung aus. Er bat mich nicht einmal an einen Tisch in den hinteren Bereich der Bank, sondern blieb mit mir am Schalter stehen, was mich eigentlich hätte stutzig machen müssen. Doch aufgrund meiner triumphalen Grundstimmung blieben mir an diesem Morgen derartige Feinheiten verborgen.

»Ich brauche Geld«, eröffnete ich ohne Umschweife das Gespräch und zog meinen Ordner aus der Tasche. »Wie vermutlich die meisten Leute, die zu ihnen kommen. Fünfundvierzigtausend in etwa.«

»Ja, das kann ich mir denken«, antwortete Herr Andresen, ein schmächtiger Mann Ende fünfzig. »Ich habe die …« Er räusperte sich. »Ich habe den Artikel in der Zeitung gelesen.«

Ich fühlte mich ertappt und errötete sogar ein wenig. Gedanklich war ich schon so weit von der Galerie entfernt, dass ich an den Zeitungsartikel überhaupt nicht mehr gedacht hatte.

»Es ist aber nicht so, wie Sie denken«, versuchte ich zu erklären.

Der Bankberater lachte kurz auf, wobei er den Kopf zurückwarf, was in dieser Situation schon einem Affront gleichkam. »Sagen diesen Satz nicht meistens Leute, die exakt bei dem erwischt worden sind, was eben doch ganz genau das ist, was der andere gerade denkt?«

Überrascht blickte ich Herrn Andresen an. All die Jahre war er der verschwiegene Bankberater gewesen, der außer ein paar Floskeln nichts anderes geliefert hatte als überprüfbare Zahlen und Fakten. Ein überkorrekter Mann vom alten Schlag im karierten Jackett, wie es ihn im Heer der gewissenlosen Bankjungspunde eigentlich gar nicht mehr geben durfte. Und nun war er fast zum Philosophen geworden und gab mit zynischem Unterton unangemessene Kommentare von sich? Ich war mir nicht sicher, ob mir dieser neue charakterliche Zug an ihm gefiel. Mich ergriff ein unbehagliches Gefühl, dass dieses Gespräch keinen guten Verlauf nehmen würde.

Der Artikel der Kunstkritikerin musste etwas in Herrn Andresen freigesetzt haben, das es ihm erlaubte, neuerdings derart schonungslos mit mir zu sprechen. Ich sah prüfend in seine Augen und stellte erschrocken fest, dass dieses Etwas Geringschätzung war.

»Es ist wirklich nicht so, wie Sie denken«, verteidigte ich mich. »Ich bin weder gescheitert noch verrückt geworden. Ich möchte einfach nur ein Jahr aus meiner Galerie aussteigen und mich in dieser Zeit ausprobieren.« Mir fiel auf, dass mein Bankberater der erste Mensch war, demgegenüber ich das aussprach, und dass ich klang wie eine dieser Frauen, die die Esoterik für sich entdeckt hatten, nachdem die Kinder aus dem Haus waren. Ob diese Selbstfindungsworte mich in den Ohren eines nüchternen Zahlenmenschen nicht noch fragwürdiger erscheinen ließen?

»Sie wollen ein Sabbatjahr machen? Wie schön«, entgegnete Herr Andresen ohne große Begeisterung. »Das wollen viele. Leider scheitern sie oft an den finanziellen Möglichkeiten.« Täuschte ich mich, oder war in diesem Moment ein machtvolles Glitzern in seinen Augen aufgeblitzt?

»Ich habe Sicherheiten«, beteuerte ich. »Das Haus ...«

»Das gehört zur Hälfte noch ihrem Mann. Außerdem ist es mit einer Hypothek belastet«, eröffnete Herr Andresen mir schonungslos. Als ich ihn wie vom Donner gerührt anstarrte, lenkte er den Blick kurz auf seine erstaunlich schmutzumrandeten Fingernägel. Vermutlich war er am Wochenende in seinem Kleingarten gewesen, von dem er mir einmal im Rahmen der gesprächseinleitenden Floskeln zu einem sachlichen Gespräch erzählt hatte. Davon waren wir dieses Mal weit entfernt. Früher hatte ich mich dabei oft gelangweilt, doch jetzt wünschte ich mir die Eintönigkeit dieser Gespräche zurück.

»Hypothek?«, wiederholte ich fassungslos.

»Ja, Ihr Mann brauchte Geld für seine neue Familie. Sie haben das doch selbst unterschrieben.«

Er öffnete beflissen einen Ordner, den er vorsorglich vor sich hingelegt hatte, nahm einen Bogen heraus und deutete auf meinen Namen. Tatsächlich war Bart vor einigen Monaten kurz bei mir in der Galerie gewesen und hatte sich eine Unterschrift für »eine Lappalie« geholt. Um ihn schnell wieder loszuwerden, hatte ich nicht genau hingesehen und gleich unterschrieben. Ich Trottel!

»Das war mein Ex-Mann«, sagte ich tonlos. »Aber ich habe eine gut gehende Galerie, die das wohl locker ausgleicht.«

Herr Andresen schnaubte. »Die spätestens seit ihrer ... nun ja ... Aktion erheblich im Wert gesunken sein dürfte. Es tut mir ja sehr leid, dass es Ihnen so schlecht geht, aber wir müssen uns hier nun mal an die Fakten halten.«

»Es geht mir gut, sogar sehr gut«, beteuerte ich.

»Mag sein, aber die Zahlen sprechen nun mal leider gegen Sie.«

»Ich bin langjährige Kundin«, versuchte ich es noch einmal und schwenkte wie zum Beweis den Stoffbeutel der Bank.

»Ich muss mich an meine Vorgaben halten«, erklärte Herr Andresen knapp.

Die Macht der Zahlen hatte ich unterschätzt, das musste ich leider zugeben. Dagegen kamen nicht einmal die sorgsam ausgewählten Farben meiner Kleidung an.

Vor meinem inneren Auge erschienen schreckliche Bilder, wie ich mich am nächsten Morgen wieder kleinlaut in die Galerie schlich, um Abbitte zu leisten bei den Künstlern und Sammlern und bei der Kunstkritikerin zu Kreuze zu kriechen. Eine enorme Verzweiflung stieg in mir auf, die mir augenblicklich die Luft abschnürte. Ich faltete innerlich die Hände und betete, dass dies auf keinen Fall passieren möge. Koste es, was es wolle.

Heute weiß ich, dass man sich vor unbedachten Wünschen hüten oder sie zumindest etwas sorgfältiger formulieren sollte. Denn was mir stattdessen von einer wie auch immer gearteten höheren Macht in die Bank geliefert wurde, war nicht unbedingt die bessere Alternative.

Während ich mich nämlich noch wütend an den Schalter lehnte – bereit, darüberzuspringen und Herrn Andresen an seiner klein gepunkteten Krawatte zu packen –, stürmten plötzlich zwei Männer die Bank. Beide waren, nebenbei bemerkt, in schlichtes Schwarz gekleidet, erweckten aber dennoch einen sehr machtvollen Eindruck, weil sie Sturmhauben trugen und eine Waffe in der Hand hielten, die sie nun auf den fassungslosen Herrn Andresen richteten.

Unter Verzicht auf die gesprächseinleitenden Floskeln, die Herr Andresen zu benutzen pflegte, forderten sie ihn dann dazu auf, sich ohne Umschweife zum Tresor zu begeben.

Wenn eine berufliche Auszeit damit beginnt, dass man mit drei anderen Kunden und zwei Handwerkern auf dem Teppichboden der Genossenschaftsbank kniet, eine Waffe auf sich gerichtet sieht und einer der beiden Bankräuber gerade dabei ist, einem die Hände mit Kabelbindern auf den Rücken zu fesseln, dann ist das wohl kein besonders gutes Omen für den Verlauf des weiteren Jahres.

Zumal die Bewilligung meines Kredits damit noch weiter in die Ferne rückte.

»Wird's bald, du Schießbudenfigur?«, wandte sich der eine Bankräuber an Herrn Andresen, der kalkweiß an seinem Schalter verharrte. Er hatte sich nicht gerührt, seit die beiden Männer die Bank gestürmt hatten, und ich befürchtete schon, dass er eine Art inneren Zusammenbruch erlitten hatte, ausgelöst durch einen stillen Herzinfarkt oder einen lautlosen Schlaganfall, der ihn daran hinderte, sich zu bewegen.

Das Kind begann verängstigt zu heulen, was die Mutter sofort zu unterbinden wusste, um bloß nicht die Aufmerksamkeit des Bankräubers auf sich zu ziehen, der in diesem Moment den Kabelbinder so fest um meine Handgelenke zurrte, dass ich einen Schrei nur mühsam unterdrücken konnte.

Der zweite Bankräuber, offenbar der Impulsivere der beiden, ging unterdessen auf Herrn Andresen zu, hielt ihm die Pistole unter die Nase und meinte wenig einfühlsam: »Zum Tresor, oder ich blase dir dein Hirn weg!«

Obwohl Herr Andresen in den letzten Minuten nicht gerade nett zu mir gewesen war, machte ich mir aus alter Verbundenheit nun doch Sorgen, dass der Bankräuber seine Worte in die Tat umsetzen würde, wenn mein Berater nicht aus seinem katatonischen Zustand herausfinden sollte. Ich drehte mich zur Seite und flehte ihn an: »Herr Andresen, tun Sie, was der Mann sagt. Es ist nur Geld!«

Mir war durchaus bewusst, dass man mit Geld eine ganze Menge anstellen konnte, zum Beispiel ein Jahr Urlaub von einer ungeliebten Tätigkeit, doch es schien mir enorm wichtig, dass Herrn Andresen begriff, wofür er gerade sein Leben riskierte.

Wundersamerweise schienen meine Worte eine geradezu erlösende Wirkung auf ihn zu haben, denn seine Verkrampfung lockerte sich augenblicklich, und sogar eine Art Lächeln schien über sein Gesicht zu huschen. Ich hatte keine Ahnung, dass er in Wahrheit die ganze Zeit betont unangestrengt nach dem Alarmknopf unter dem Bankschalter getastet hatte, den er genau in diesem Moment gefunden und gedrückt hatte.

Erleichtert beobachtete ich, wie er den ihn bedrohenden Bankräuber nun bereitwillig durch eine Sicherheitstür in den hinteren Bereich eintreten ließ, wo sich vermutlich der Tresor befand. Da meine Bank nur eine kleine Stadtteilfiliale war und die einzige Kollegin von Herrn Andresen sich offenbar noch im Winterurlaub befand, gab es niemanden, der ihm hätte zu Hilfe kommen können. Ich hoffte, dass er nicht den Helden spielen, sondern den Tresorinhalt ohne weitere Umstände herausgeben würde.

Bange Minuten vergingen, in denen der offenbar besonnenere der beiden Bankräuber uns mit Argusaugen beobachtete und gleichzeitig den Eingang im Blick behielt. Ich versuchte, mich möglichst wenig zu bewegen, was mit rücklings gefesselten Händen ohnehin schwierig war, um seine Aufmerksamkeit nicht auf mich zu ziehen. Doch meine Knie schmerzten zusehends, und allmählich wurden auch meine Füße taub.

Seltsamerweise verspürte ich keine Angst, sondern beobachtete das Geschehen mit dem kalten Interesse eines Insektenforschers. Nur, dass in diesem Insektenstaat im Moment nicht allzu viel passierte, außer dass die alte Frau, die gefesselt auf dem Boden lag, gelegentlich leise aufstöhnte. Sie tat mir leid, und ich versuchte, ihr ein aufmunterndes Lächeln zuzuwerfen.

Zum Glück betrat momentan kein weiterer Kunde die Bank. Nach einer mir unendlich erscheinenden Zeit stolperte Herr Andresen schließlich mit dem Bankräuber im Gefolge, einer Waffe im Rücken und zwei gut gefüllten Stoffbeuteln der Genossenschaftsbank zur Sicherheitstür zurück.

»Na also, geht doch«, kommentierte der andere Bankräuber zufrieden und griff nach den Taschen. Diese waren, wie ich aus den Augenwinkeln wahrnahm, im Gegensatz zu meiner, die neben mir auf dem Boden lag, neuerdings mit dem wenig originellen Bankslogan »Mit uns werden Träume wahr« bedruckt. Ich konnte nicht verhindern, dass mir ein höhnisches Schnauben entschlüpfte. Zum Glück waren die beiden Bankräuber davon abgelenkt, den Inhalt ihrer Beutel zu überprüfen.

Kurz darauf glaubte ich, ein geradezu dümmliches Grinsen auf Herrn Andresens Gesicht zu erkennen, das ich mir nur mit einem verständlichen Schockzustand erklären konnte. Bis ich selbst aus der Ferne die Martinshörner hörte – erst leise und dann immer deutlicher vernehmbar.

Die beiden Bankräuber sahen sich alarmiert durch die schmalen Schlitze ihrer Sturmhauben an.

»Nichts wie weg hier«, befand der Besonnene. »Wir haben ja, was wir wollten.«

Doch sein Kollege nahm diesen offensichtlichen Verrat persönlich und bewies noch einmal seine fehlende Impulskontrolle, indem er auf Herrn Andresen zuging, »Vollidiot« zischte und ihm roh mit der Waffe ins Gesicht schlug.

Der Bankberater stöhnte auf. Eine Menge Blut quoll sogleich aus seiner Nase und tropfte auf den taubenblauen Teppich. Vorwurfsvoll starrte Herr Andresen den Bankräuber an. Vermutlich fand er seine eigene Verletzung weit weniger schlimm als die Tatsache, dass nun der Fußboden seiner geheiligten Arbeitsstätte verunreinigt worden war.

»Los, komm jetzt«, herrschte der andere Bankräuber seinen triumphierend verharrenden Kollegen an. Als dieser sich nicht sofort in Bewegung setzte, sondern den Anblick des blutenden Bankberaters weiter genoss, riss er ihn entnervt mit sich. Doch genau diese Sekunden kosteten die beiden die Zeit, die sie gebraucht hätten, um noch unbehelligt aus der Bank herauszukommen. Als sie endlich durch den Haupteingang fliehen wollten, blitzte schon das Blaulicht zweier Einsatzwagen auf, die mit quietschenden Reifen vorfuhren.

Die Bankräuber sahen sich hektisch um und verschanzten sich schnell hinter ihren Geiseln. Denn das waren wir auf einen Schlag geworden, da die zwei Gangster ohne uns nicht mehr aus der Bank herauskommen würden.

»Was machen wir denn jetzt?«, jammerte der Choleriker, während draußen ein mobiles Einsatzkommando aus den Seitentüren der beiden Transporter sprang und mit seinen auf die Tür gerichteten Maschinenpistolen vor dem Eingangsbereich Stellung bezog.

»Du Blitzbirne! Kannst du dich nicht einmal etwas unter Kontrolle haben?«, zischte sein Kollege.

»Wenn der Irre auch den Alarmknopf drücken muss!«, maulte der offenbar auch weniger intelligente Bankräuber unter völliger Verkennung der tatsächlichen Kausalzusammenhänge.

Sein Komplize verdrehte die Augen, sah sich um, zeigte mit der Waffe auf mich und sagte: »Los, Zitronenfalter, aufstehen.«

»Komisch, ich habe auch gerade an Insekten gedacht«, sagte ich, ohne groß nachzudenken.

Die Blitzbirne hob die Hand mit der Waffe. »Willst du uns verar…«

»Stopp!«, bremste ihn glücklicherweise sein Kompagnon. »Wir haben jetzt keine Zeit für so was. Überleg dir lieber, wie wir heil hier rauskommen!«

Er zeigte mit der Waffe auf mich. »Und du, wird's bald?«

Vermutlich wäre es wohl doch besser gewesen, die internationale Galeristenfarbe Schwarz zu wählen, da sie deutlich weniger Aufmerksamkeit auf sich gezogen hätte als mein Overall. In einem unsinnigen Reflex griff ich nach meinem Beutel, obwohl nur noch der Schirm darin war, und beeilte mich, aufzustehen. Das Blut schoss in meine Unterschenkel, doch ich versuchte, mir den Schmerz nicht anmerken zu lassen.

Ausgerechnet der Impulsive zerrte mich nun vor seinen Körper, presste mir den Lauf der Waffe in den Rücken und schob mich in Richtung Tür. Der andere Bankräuber sicherte sich und seinen Komplizen mit der Pistole nach hinten ab, falls einer der beiden Handwerker, die bisher völlig stumm gewesen waren, auf die Idee kommen sollte, den Helden zu spielen. Dies war aber keineswegs der Fall, denn die beiden starrten weiter nur wie betäubt auf den Boden. Die junge Frau war hauptsächlich damit beschäftigt, ihr Kind ruhig zu halten, während die alte Frau in stille Resignation verfallen war. Herr Andresen schied als Held ohnehin aus, da er inzwischen den Bankschalter hinabgerutscht war und bleich und blutverkrustet daran lehnte.

Ich selbst betrachtete das Geschehen, obwohl ich nun unmittelbar darin verwickelt war, noch immer aus einer Art wissenschaftlicher Distanz heraus, was wohl eine Schutzreaktion meines Unterbewusstseins war, um die Tatsache nicht allzu nah an mich heranzulassen, dass ich mich gerade in akuter Lebensgefahr befand.

»Wir haben eine Geisel!«, schrie der cholerische Bankräuber, als er mich zur automatischen Schiebetür schob, wobei ein gewisser Stolz in seiner Stimme aufblitzte, solch eine filmreife Lösung für ihr Fluchtproblem gefunden zu haben. Ich nahm mir vor, ihn keinesfalls zu reizen, da er eindeutig der Gefährlichere der beiden zu sein schien.

»Ziehen Sie Ihre Leute ab, sonst ist die Frau tot!«, fügte der andere ebenso dramatisch hinzu. Wen er damit ansprach, war allerdings unklar, denn außer dem bewaffneten Kommando war niemand draußen zu sehen. Doch tatsächlich waren kurz darauf Stimmen über Funk zu hören, und die vier vermummten Polizisten wichen langsam vom Eingang zurück und bezogen stattdessen hinter einigen Betonblumenkübeln Stellung.

»Frau tot, Frau tot, Frau tot«, skandierte ein innerer Bankräuber in meinem Kopf, doch auch die Bedeutung dieses bedrohlichen Wortpaares kam nicht bei mir an.

Alles, was gerade geschah, hatte nichts mit mir zu tun.

Ich war lediglich hier, um einen Kredit für meine Auszeit zu bekommen. Was darüber hinaus in diesem Insektenstaat passierte, ging mich nichts an.

Während ich mir dies einredete, schob der Bankräuber mich immer weiter, während sein Kollege ihm folgte und dabei bedrohlich die Waffe zu den anderen Geiseln in der Bank schwenkte.

»Wo steht deine Karre?«, wollte mein ungebetener Begleiter wissen.

Ich schnappte nach Luft. »Wie bitte? Ihr habt noch nicht mal ein Fluchtauto dabei?«

»Halt die Klappe!«, lautete die Antwort, wobei der Lauf der Pistole noch tiefer in meinen Rücken gebohrt wurde.

Wir standen inzwischen draußen vor der Bank. Wenigstens hatte der Schneeregen aufgehört. Aus den Augenwinkeln bemerkte ich, dass ein mir aus der Galerie bekannter Fotograf sich aus seiner Deckung wagte und schnell ein paar Fotos von uns dreien schoss.

So würde ich also innerhalb weniger Tage zum zweiten Mal ungewollt in der Zeitung erscheinen. Dieses Mal allerdings auch noch mit einem wenig vorteilhaften Foto.

Immerhin würde damit das Ereignis in der Galerie ein wenig in den Hintergrund rücken. Ich war gespannt, welchen Zusammenhang zwischen den beiden Vorfällen die Kunstkritikerin herzustellen versuchen würde.

»Also, wo ist jetzt deine Karre?«, wiederholte der Bankräuber.

Ich wies auf meinen anthrazitfarbenen Kombi, der mir die letzten Jahre, auch beim Transport von Kunstwerken, immer treue Dienste geleistet hatte und nun auf einem der Parkplätze vor dem Geldhaus stand. Der Bankräuber bugsierte mich dorthin, immer darauf bedacht, dass ich ihn zum Sonderkommando hin mit meinem Körper gut abschirmte.

»Schlüssel«, verlangte die Blitzbirne, als wir bei meinem Wagen angekommen waren, und fügte hinzu, da ich nicht gleich reagierte: »Wird's bald?«

»Das würde ich ja gerne tun, aber mir wurden die Hände auf den Rücken gefesselt«, antwortete ich, wobei sich ein deutlich spöttischer Unterton in meine Worte schlich.

Das hätte ich mir lieber verkneifen sollen, denn nun bekam ich einen solch heftigen Stoß in die Seite, dass ich auf mein Auto geworfen wurde.

»Du bist wohl eine ganz Schlaue, was?«

»Der Schlüssel ist in meiner Jackentasche«, stieß ich zwischen zusammengebissenen Zähnen hervor, um mir nicht anmerken zu lassen, wie schmerzhaft dieser Stoß gewesen war. Womöglich war der Kerl gar ein Sadist und genoss es, wenn andere Schmerzen verspürten.

Der Bankräuber griff in meine Tasche, angelte nach dem Schlüssel und meinte: »Du fährst.«

Dieses Mal sah ich ihn nur bedeutungsvoll an, aber auch das schien für ihn eine Provokation zu sein, denn er war erneut kurz davor, zu explodieren.

»Mach ihr halt endlich das Band ab, Mann«, tadelte ihn der andere Bankräuber, der sich in der Zwischenzeit immer wieder nervös nach dem Einsatzkommando umgedreht hatte.

»Mach ihr das Band ab, mach ihr das Band ab. Womit denn, bitte schön?«, regte sein Kompagnon sich auf. »Du weißt ja immer alles besser. Dann sag mir doch bitte, womit ich jetzt einen Kabelbinder durchtrennen soll, hm?«

Wenn die beiden nun aufeinander losgingen, würde es wirklich gefährlich werden.

»Ich habe Werkzeug im Kofferraum«, warf ich hastig ein.

Die Blitzbirne schob mich vor sich her in Richtung Kofferraum, öffnete den Deckel, wühlte hektisch in der Werkzeugtasche, warf das eine oder andere Werkzeug in hohem Bogen auf die Straße und fischte endlich triumphierend einen Seitenschneider heraus. Dabei diente er, ohne es zu bemerken, ebenfalls als lebende Zielscheibe. Ich betete innerlich, dass die Polizei sich dennoch besonnen verhalten würde.

Während ich meine befreiten Handgelenke rieb, kletterte der cholerische Bankräuber als Erster über die Fahrerseite in meinen Wagen und robbte umständlich auf den Beifahrersitz.

Ich warf noch einen Blick auf den Platz vor der Bank, wo nun ein paar weitere Autos standen, vermutlich Polizei und Presse, und beeilte mich dann, auf den Fahrersitz zu gelangen. Meinen Stoffbeutel legte ich rasch im Fußraum des Beifahrersitzes ab, was mir einen vorwurfsvollen Augenaufschlag durch die Sturmhaubenschlitze einbrachte, den ich zu ignorieren versuchte. Der zweite Bankräuber nahm im Fond meines Wagens Platz, nicht ohne der Umgebung vorher noch einmal meinen Tod anzudrohen für den Fall, dass uns ein Polizeiauto folgen sollte. Ich fühlte mich dennoch deutlich sicherer, als wir endlich alle drei im Auto saßen.

»Gib mir meine Beute«, verlangte die Blitzbirne sofort und sah, die Waffe im Anschlag, auffordernd nach hinten.

Es wäre mir lieber gewesen, wenn sein Komplize neben mir Platz genommen hätte.

»Warum denn ausgerechnet jetzt?«, sträubte sich dieser. »Wir sollten lieber sehen, dass wir von hier wegkommen.«

»Wenn sie dich kriegen, dann hab ich wenigstens mein Geld«, erklärte der andere wenig logisch.

Seltsamerweise ließ der Besonnene sich auf diese löchrige Argumentation ein und reichte augenrollend einen der beiden Beutel nach vorn, den die Blitzbirne zufrieden zwischen seinen Beinen verstaute.

»Nichts wie weg hier«, meinte er dann.

Ich ließ mir leise seufzend den Schlüssel geben, startete den Wagen und sah fragend nach hinten. »Wohin soll's denn gehen?«

An den ratlosen Blicken der beiden konnte ich ablesen, dass sie sich auch darüber vorab keine Gedanken gemacht hatten. Ich hätte gern gefragt, ob sie sich vielleicht spontan bei einem winterlichen Spaziergang zu dieser Tat entschlossen, Löcher in ihre Wintermützen geschnitten und die nächstbeste Bank gestürmt hatten, doch ich wollte meinen Beifahrer nicht noch mehr provozieren.

»Fahr einfach los, wir sagen dir dann schon, wohin es geht«, wies der hintere Bankräuber mich extra herrisch an, wohl um die Hoheit im Wageninnern wieder zurückzugewinnen.

Ich parkte aus, fuhr unter den lauernden Blicken des Polizeikommandos auf die Straße und lenkte meinen Kombi in Richtung Ringstraße. Notfalls würde ich eben dreimal um die Stadt herumfahren, bis die beiden wussten, was sie wollten. Im Rückspiegel sah ich, dass die Polizisten tatsächlich keinerlei Anstalten machten, uns zu folgen. Das war sehr rücksichtsvoll von ihnen, schließlich hing mein Leben von ihrer Zurückhaltung ab.

Ich fädelte mich in den Verkehr ein und atmete tief durch. Vorgestern war ich noch eine erfolgreiche, aber zugegebenermaßen unzufriedene Galeristin gewesen, heute steuerte ich ein Fluchtfahrzeug. Ich war neugierig, wie sich meine Auszeit noch entwickeln würde, wenn sie schon derart abenteuerlich anfing. Denn ein bisschen genoss ich den Nervenkitzel auch, das musste ich zugeben.

»Mach mal das Radio an«, verlangte die Blitzbirne nach einer Weile. »Vielleicht sind wir schon in den Nachrichten.«

Gefallsüchtig war dieser Mann also auch noch. Eine gefährliche Mischung in Kombination mit geistiger Beschränktheit. Ich nahm mir vor, auf ihn wirklich ganz besonders achtzugeben.

Da ich nicht sofort reagierte, drehte er selbst so lange am Knopf, bis die gewünschte Sendung gefunden war – eine Zusammenstellung der »besten Hits« aus dem vergangenen Jahrhundert. Ich fragte mich, ob Radiomacher dachten, man habe im Alter von zwanzig seinen Musikgeschmack fertig ausgebildet und wolle deshalb den Rest seines Lebens immer die gleichen Songs hören.

»Never ending stooory«, jaulte ein gewisser Limahl, den ich mit schlimmer Achtzigerjahre-Vokuhilafrisur in Erinnerung hatte. Ich hoffte, dass diese »Story« bald vorbei sein würde, doch das sollte sich vorerst als Trugschluss erweisen.

Nach einer quälenden halben Stunde Stadtumfahrung bemerkte ich im Rückspiegel, dass uns seit geraumer Zeit eine dunkle Limousine folgte. Mein Herz rutschte eine Etage tiefer, doch ich versuchte, mir nichts anmerken zu lassen. Der Bankräuber auf dem Rücksitz war meinem besorgten Blick jedoch gefolgt, hatte sich misstrauisch nach hinten umgedreht und die Zivilstreife ebenfalls entdeckt.

»Eigentlich müsste ich dich jetzt erschießen«, sagte er folgerichtig und hob kaltblütig die Waffe.

»Wenn ihr keine Geisel mehr habt, erschießen sie euch aber auch«, sagte ich panisch und drückte aufs Gaspedal. »Ich häng sie lieber ab!«

»Super, eine Verfolgungsjagd«, freute sich die Blitzbirne

wie ein Kind und sah Beifall heischend nach hinten. Dabei erntete er einmal mehr einen vernichtenden Blick, und ich fragte mich, wie die beiden ungleichen Gesellen wohl zusammengefunden hatten.

Erstaunlicherweise gelang es mir durch waghalsige Überholmanöver und das massive Überschreiten des Tempolimits tatsächlich, eine gewisse Distanz zu dem dunklen Wagen aufzubauen. Aber lange würde ich den Vorsprung nicht halten können.

»Fahr zur Autobahn«, forderte die Blitzbirne euphorisch, offenbar angestachelt durch die wilde Fahrt. »Wir brettern nach Amsterdam und machen uns mit Koks und Nutten einen geilen Abend!«

Dies würde bedeuten, dass ich die beiden noch stundenlang am Hals haben würde. Mein Herz rutschte noch eine Etage tiefer.

»Ganz toll, Amsterdam«, schnaubte der andere zum Glück von hinten. »Da kommen die Bullen ja sofort drauf, das macht doch jeder!«

»Dann schlag du doch mal was vor, wenn du immer alles besser weißt«, regte sich mein Beifahrer auf. »Du sitzt dahinten und machst den dicken Larry. Aber sonst kommt nichts!«

Wenn es noch lange so weiterging, würden sich die beiden vor meinen Augen zerfleischen. Und ich wusste nicht, ob das gut oder schlecht für mich war.

»Ich habe eine bessere ... oder vielleicht ... andere Idee«, korrigierte ich schnell. Zu spät.

»So, so, der Zitronenfalter hat eine *bessere* Idee! Ich werd dir zeigen, was eine bessere Idee ...« Schon wieder hatte die Blitzbirne die Hand gehoben, um mir mit der Waffe ins Gesicht zu schlagen. Dies schien in Diskussionen sein stärkstes Argument zu sein. Sein seltsames Tattoo auf dem Unterarm lenkte mich ein wenig von der Gefahr ab, in der ich mich gerade befand. Bevor er mir jedoch ernsthaft gefährlich werden konnte, fiel ihm sein Kompagnon von hinten in den Arm und ermahnte ihn: »Nun lass sie doch mal ausreden, vielleicht ist ihr Vorschlag ja gar nicht so dumm.«

Ich warf ihm über den Rückspiegel einen dankbaren Blick zu. Mir fiel zum ersten Mal auf, dass er zwei verschiedene Augenfarben hatte. Wenn das hier noch lange weiterging, würde ich mich womöglich noch in einer Art Stockholmsyndrom mit dem besonneneren Bankräuber verbünden.

»Mein Vorschlag lautet: Ich bringe euch schnellstmöglich zum Bahnhof, und ihr hüpft in den nächsten Intercity nach Castrop-Rauxel oder in irgendein anderes Kaff, damit rechnet nämlich keiner. Ich fahre allein weiter zur Autobahn und lenke so die … äh … Bullen ab.«

»Gar nicht mal so schlecht, Zitronenfalter«, befand der hintere Bankräuber, ohne die Zustimmung seines wirren Komplizen abzuwarten. »Darauf kommen die Bullen doch nie, dass wir unsere Geisel allein zurücklassen. Gib Gas, so machen wir es.«

»Ja, aber …« Der andere überlegte eine Weile, ob er nun beleidigt sein oder aus Prinzip widersprechen sollte, doch nach angestrengtem, aber offenbar fruchtlosem »Nachdenken« über einen Gegenvorschlag bedeutete er seinem Partner durch gnädiges Nicken, dass er ebenfalls mit diesem Plan einverstanden war.

Ich atmete tief durch, drückte noch mehr aufs Gas, heizte mit neunzig Stundenkilometern über den Stadtring, und keine fünf Minuten später standen wir wie vereinbart am Hauptbahnhof. Die beiden rissen abrupt die Türen auf, sprangen grußlos aus dem Wagen und hasteten in Richtung

Bahnhofshalle, ohne sich weiter um mich, ihre Geisel, zu kümmern.

Ich hörte noch, wie die Blitzbirne »Warte, Ronnie!« rief. Dann beobachtete ich, wie beide sich vor dem Betreten der Halle die Masken vom Kopf rissen. Leider konnte ich aber nur noch von hinten sehen, dass der Choleriker ein dünnes blondes Zöpfchen trug, während Ronnie dunkle Haare hatte. Dann waren die beiden auch schon in der Masse der Bahnreisenden verschwunden.

Ich freute mich diebisch, dass mein Plan zu meiner eigenen Befreiung so gut funktioniert hatte, gönnte mir ein kurzes Durchatmen und lenkte den Wagen wie vereinbart gleich wieder zurück auf den Ring in Richtung Autobahnzubringer. Womöglich überlegten die zwei Bankräuber es sich sonst noch anders und kehrten zurück. Im Radio wurde der Banküberfall kurz gemeldet und das Modell des Fluchtautos genannt, mein Modell, genauer gesagt. Auf einmal wurde mir klar, dass ich nun also eine Gejagte war. Ich gab Gas und bretterte auf die Autobahn.

Leider stellte ich nach einiger Zeit fest, dass der Tank durch die sinnlose Umherfahrerei fast leer war. Also steuerte ich die nächste Raststätte mit einer Tankstelle an, befüllte ihn bis obenhin, zahlte mit meiner Karte und stieg wieder in den Wagen. Als ich den Zündschlüssel ins Schloss steckte, bemerkte ich, dass meine Hände leicht zitterten.

Meine Auszeit würde ich nach dieser Begebenheit nun noch viel dringender brauchen als zuvor. Wahrscheinlich war es sinnvoll, als Erstes ein Entspannungsseminar zu belegen, um meine sogenannte innere Mitte wiederzufinden.

Während ich mich halbwegs beruhigte, indem ich langsam ein- und ausatmete, fiel mein Blick beiläufig auf den Fußraum des Vordersitzes.

Dort lag zwar ein heller Stoffbeutel, aber er sah anders aus als meiner. Ich konnte einen Teil des neuen blauen Slogans der Bank erkennen, »Träume wahr«.

Der Choleriker hatte in seiner Panik tatsächlich die beiden Stoffbeutel verwechselt und statt der Beute meinen Regenschirm mitgenommen.

Und ehe mir klar geworden war, was das für mich bedeutete, geschah alles gleichzeitig. Von überallher schienen plötzlich Polizeiwagen mit Blaulicht auf das Gelände der Raststätte zu fahren, vermummte SEK-Beamte sprangen aus dem Wagen, brüllten »Zugriff!« und rannten mit gezogener Waffe auf mein Auto zu, während ich in einem Reflex nach dem Beutel griff, um ihn schnell unter meinem Gartenoverall verschwinden zu lassen. Mein Anzug leuchtete im Schein der Sonne, die gerade in den Fond meines Autos fiel, tatsächlich wie ein zitronengelber Schmetterling.

In diesem Moment erreichte der erste Polizist meinen Wagen, riss die Fahrertür auf und befahl mir, die Waffe unmissverständlich auf mich gerichtet, mit erhobenen Händen auszusteigen.

Was, um Himmels willen, hatte ich bloß getan?

Der Stoffbeutel unter meinem Overall schien im Rhythmus meines aufgeregten Herzens mitzupochen, während ich versuchte, mir die Aufregung nicht anmerken zu lassen. Die junge Beamtin, der ich im Polizeibus gegenübersaß, deutete meine Anspannung zum Glück als normale Reaktion nach einer Geiselnahme und bot mir mitfühlend einen Kaffee aus ihrer Thermoskanne an, den ich dankbar entgegennahm. Was ich allerdings bereits nach dem ersten Schluck bereute, da er schon geraume Zeit in der Thermoskanne ausgeharrt haben musste und daher reichlich bitter schmeckte.

Das Kaffeetrinken verschaffte mir immerhin etwas Zeit, darüber nachzudenken, in welcher Lage ich mich eigentlich gerade befand. Wie ich es auch drehte und wendete, war ich durch meinen Griff nach der Tasche vom unschuldigen Opfer in die Kategorie der aktiven Täterin übergegangen. Und wenn ich ehrlich war, das war der überraschendste Teil meiner Erkenntnis, gefiel mir diese Rolle sogar ganz gut, versprach sie doch immerhin ein gewisses Abenteuer.

»Sie haben also die beiden Täter nur noch von hinten gesehen«, unterbrach die Polizistin meine Gedanken.

»Ja, es ging alles ganz schnell. Kaum am Bahnhof angekommen, waren sie auch schon verschwunden.« Ich trank noch einen Schluck lauwarmen Kaffee.

»Der eine hatte ein mittelblondes Zöpfchen, der andere dunkle Locken.«

Die Polizistin nickte und machte sich Notizen. »Ist Ihnen sonst noch etwas aufgefallen? Eine Narbe, eine Tätowierung? Hinkte einer der beiden ein wenig?«

Der Gang beider Bankräuber war mir vollkommen normal erschienen. Doch tatsächlich hatte ich ja, als die Blitzbirne den Arm gegen mich erhoben hatte, ein seltsames Tattoo auf dem Unterarm entdeckt. Ein blasses kleines Krabbentattoo, genauer gesagt. Dies teilte ich meinem Gegenüber bereitwillig mit.

»Wie sah die aus? Farbig, mit Scheren?«, wollte die Polizeibeamtin genauer wissen.

Ich musste lachen. »Nein. Seltsamerweise war es eine ausgepulte Krabbe in verblasstem Rosa. Da ist vermutlich beim Tätowieren etwas schiefgegangen. Vielleicht ein Missverständnis mit dem Tätowierer? Deshalb hat er wohl auch versucht, sie beseitigen zu lassen, was aber nicht gut gelungen ist.«

Die junge Polizistin konnte sich ein Schmunzeln nicht verkneifen, wurde sich dann aber wieder ihrer Rolle bewusst und versuchte, sich zu fangen.

»Dieser Täter war nicht sehr intelligent, noch dazu aufbrausend. Das konnte man an seinen Worten und unüberlegten Handlungen ablesen. Der andere war eindeutig der Boss, wenn die Blitzbirne das auch nicht gern akzeptieren wollte. So hat der andere ihn genannt«, fügte ich erklärend hinzu.

Erneut lächelte die Polizistin und notierte meine Aussage auf ihrem Schreibblock. Mir fiel auf, dass sie sehr kleine Hände hatte, die ich mir kaum im Polizeigriff um das Handgelenk eines Verbrechers vorstellen konnte. Aber wahrscheinlich war es, wie so vieles im Leben, nur eine Frage der Technik und nicht der Kraft.

Sie sah auf. »Gibt es sonst noch irgendetwas, was für uns wichtig sein könnte?«

Ich dachte darüber nach, dass die Blitzbirne den anderen beim Weglaufen »Ronnie« gerufen hatte. Aber aus Gründen, die mir selbst unerklärlich waren, schüttelte ich den Kopf.

Im Nachhinein denke ich, dass ich damit verhindern wollte, dass die beiden der Polizei allzu schnell in die Fänge gerieten. Möglicherweise wäre dann nämlich das Fehlen der zweiten Beutehälfte aufgefallen.

»Gut, dann ist die Befragung für heute erst mal beendet, und Sie können nach Hause gehen«, meinte die junge Beamtin zu meiner Erleichterung.

Auf einmal wurde mir bewusst, dass ich nun vor den Augen der Polizistin wieder aufstehen musste, möglichst ohne dabei den Stoffbeutel in meinem Overall nach unten rutschen zu lassen. Ich sah vor meinen Augen schon einzelne Geldscheine aus den Hosenbeinen flattern, bei deren Anblick sich das freundliche Gesicht der Polizistin in pures Misstrauen verwandeln würde.

»Und was machen Sie jetzt?«, fragte ich, um Zeit zu gewinnen.

»Wir haben den Bahnhof abgesperrt und versuchen herauszufinden, in welchem Zug sie sind«, antwortete die junge Polizistin.

»Was ist mit meinem Auto?« Irgendwie musste ich ja nach Hause kommen.

»Das brauchen wir noch für die Spurensicherung«, antwortete mein Gegenüber mit bedauerndem Lächeln. Sie stand auf und öffnete die Schiebetür des Polizeiwagens.

Ich nutzte die Gelegenheit und erhob mich schnell. Dabei presste ich unauffällig meine Hand auf den Bauch, damit die Beute blieb, wo sie war. Zum Glück war der Overall sehr weit geschnitten, sodass der Stoffbeutel sich wenigstens nicht darunter abzeichnete.

So unauffällig konnte es aber doch nicht gewesen sein, denn die junge Polizistin sah auf meine Hand und fragte mitfühlend: »Haben Sie Schmerzen?«

Damit bot sie mir unverhofft eine passende Ausflucht an. Ich nickte und verzog wie zum Beweis das Gesicht. Allerdings war es wohl etwas zu viel des Guten, denn nun nahm die Polizistin mich am Arm und führte mich so fürsorglich aus dem Bus, als ob ich eine gebrechliche alte Frau wäre.

»Ich lasse Sie nach Hause bringen«, beschloss sie, während sie nach einem Kollegen winkte. Ich ärgerte mich, dass ich es mit meinem Schmerzgebaren so übertrieben hatte.

»Nein, nein, das ist nicht nötig«, widersprach ich schnell. »Ich kann mir doch ein Taxi nehmen.« Ich wollte auf keinen Fall noch mehr Zeit in Gesellschaft der Polizei verbringen.

»Unterschätzen Sie das nicht«, meinte die junge Frau in einem Ton, der keinen Widerspruch duldete. »Das ist ein ziemlicher Schock, wenn man plötzlich zur Geisel gemacht wird. Manche kämpfen jahrelang damit. Und Sie haben ja schon psychosomatische Beschwerden.« Sie zeigte auf meinen Bauch.

Alles war besser, als in Verdacht zu geraten, an dem Banküberfall beteiligt zu sein. Dann hatte ich eben psychosomatische Beschwerden.

Also nickte ich ergeben, fügte mich in mein Schicksal und verabschiedete mich schnell von der Beamtin, bevor sie noch auf die Idee kam, mich am Arm bis zum Auto zu führen.

Im Streifenwagen setzte ich mich direkt hinter den Fahrer, damit dieser mich möglichst wenig sehen konnte, und nannte ihm meine Adresse. Als wir vom Gelände der Raststätte hinunterfuhren, drehte ich mich noch einmal nach meinem Auto, dem Fluchtfahrzeug, um. Der Mitarbeiter eines Abschleppunternehmens war gerade dabei, es auf die Ladefläche seines Lkw zu fahren.

Wie lange es wohl dauern würde, alle Spuren zu untersuchen? Vermutlich würde man im vorderen Fußraum Fasern des Stoffbeutels finden, aber das war ja ganz leicht damit zu erklären, dass die Blitzbirne ihn dort abgelegt hatte.

Die Fahrt nach Hause verbrachte ich nahezu schweigend. Der Polizist, ein gestandener Beamter mittleren Alters, versuchte gelegentlich, mich in ein Gespräch zu verwickeln, doch ich gab mich so wortkarg, dass er schließlich aufgab und den Wagen die restliche Zeit in aller Stille über die Autobahn in die Stadt zurücksteuerte.

Ich fand, dass ich mir als Geisel eine gewisse Eigenartigkeit durchaus leisten konnte, ohne damit das Misstrauen des Beamten zu erregen. Und tatsächlich schien der Mann dies zu akzeptieren, denn er warf durch den Rückspiegel immer wieder aufbauend gemeinte Blicke nach hinten. Mir wäre es lieber gewesen, er hätte nur auf die Straße gesehen.

Als der Polizeiwagen endlich in meine Wohnstraße einbog, stand natürlich niemand Geringeres als Frau Dr. Klingenberg stehjoggend am Zaun eines Nachbarn. Es war ein ebenfalls nicht ganz standesgemäßer Sonderpädagoge, den sie stets spüren ließ, dass sie in ihrer persönlichen Rangordnung über ihm stand. Mit einer Mischung aus Neugier und Verwunderung stierte sie in den vorbeifahrenden Polizeiwagen. Ich hob meine Hand und winkte den beiden königlich zu. Frau Dr. Klingenberg zuckte zurück und wandte schnell ihren Kopf ab, als ob sie mich nicht kennen würde. Gesellschaftlich war ich mit der Tatsache, in einem Polizeifahrzeug nach Hause gebracht zu werden, nun wohl endgültig erledigt. Belustigt lachte ich auf.

Der Polizist sah im Rückspiegel zu mir nach hinten und musterte mich fragend. Eines seiner Augenlider zuckte. Ich wusste nicht, ob es ein Tick war oder ob er durch mein Lachen misstrauisch geworden war. Schnell nahm ich ein Taschentuch aus meiner Handtasche und tat so, als ob ich Schnupfen hätte. Dann sagte ich mit matter Stimme: »Sie können mich da vorne rauslassen.«

Mein Fahrer nickte und stoppte das Fahrzeug direkt vor meinem Haus. Die rechte Hand fest auf den Bauch gepresst, kletterte ich eilig aus dem Wagen, bevor er womöglich noch auf die Idee kam, mich zur Tür zu begleiten.

Tatsächlich wollte er sich gerade abschnallen. Rasch teilte ich dem Polizeibeamten durch das geöffnete Fenster mit, dass ich allein zurechtkäme, bedankte mich für die Heimfahrt und drehte ab in Richtung Haus.

Als ich mich an der Tür noch einmal nach ihm umdrehte, stellte ich fest, dass der Polizeibeamte mich den ganzen Weg mit den Blicken verfolgt hatte.

Oder erschien einem plötzlich alles zweifelhaft, wenn man glaubte, eine Straftat begangen zu haben? Allerdings glaubte ich das nicht nur, sondern es war tatsächlich so. Einen Teil der Beute aus einem Bankraub einfach an sich zu nehmen, war ganz eindeutig eine kriminelle Handlung. Welchen Straftatbestand ich damit erfüllte, konnte ich allerdings nicht beurteilen. Gab es so etwas wie Diebstahl im Affekt? Bekam ich vielleicht mildernde Umstände, weil ich im Schockzustand gehandelt hatte? Oder würde mir eventuell sogar eine Komplizenschaft unterstellt werden, wenn die Sache mit der Beute ans Licht kam?

Mir wurde schlecht. Am liebsten hätte ich auf dem Absatz kehrtgemacht und dem Beamten das Geld durch das Autofenster in den Streifenwagen geschleudert. Doch ich war mir nicht sicher, ob das wirklich eine gute Idee war.

Also winkte ich dem Polizisten kurz zu, steckte den Schlüssel ins Schloss und betrat das Haus.

Als die schwere Holztür hinter mir ins Schloss fiel, ließ ich mich erschöpft auf den Fliesenboden sinken. Jetzt erst merkte ich, wie groß meine Anspannung die ganze Zeit über gewesen war. Ich lehnte meinen Kopf gegen die Haustür, atmete tief durch und öffnete den Reißverschluss. Die Beute quoll mahnend aus meinem Overall hervor und beseitigte die letzten Zweifel daran, dass aus mir tatsächlich eine Diebin geworden war.

Gerade, als ich darüber nachdachte, dass das Geld schnellstens irgendwo versteckt werden musste, wo garantiert niemand danach suchen würde, schrillte die Türklingel. Ich zuckte zusammen und rappelte mich auf. Durch den Spion erkannte ich den Polizisten, der mich hergebracht hatte. Der Schreck fuhr mir in die Glieder. Hatte der Mann tatsächlich Verdacht geschöpft?

Panisch sah ich mich um und suchte im Flur nach einer Möglichkeit, den Beutel zu verstecken. Mein Blick fiel auf eine alte Truhe, in der ich Schirme und Kissen verstaute.

»Frau van den Broek, sind Sie noch da?«, rief der Polizist von draußen.

Das war nicht ganz logisch, denn wo sollte ich schon sein? Doch ich hatte in diesem Moment nicht die Muße, über die semantische Korrektheit von Fragen nachzudenken, die ein besorgter Polizist vor meiner Tür stellte.

Fieberhaft öffnete ich die Truhe, stopfte den Beutel hinein und knallte den Deckel wieder zu. Es schrillte erneut. Ohne hinzusehen, hastete ich zur Tür und riss sie auf.

Der Polizist schwenkte einen Gegenstand vor meinem Gesicht hin und her und lächelte mich freundlich an. »Ihre Sonnenbrille, die haben Sie in der Eile auf dem Rücksitz vergessen.«

Ich schnappte nach der Brille, bedankte mich knapp und wollte die Tür sofort wieder zuwerfen. Offenbar machte ich aber einen derart aufgelösten Eindruck, dass er schnell seinen Oberkörper gegen die Tür drückte. »Wir können Ihnen psychologische Hilfe über ein polizeiliches Kriseninterventionsteam anbieten.«

»Vielen Dank, das ist nicht nötig, es geht mir prima«, sagte ich schnell und lachte wie zum Gegenbeweis hysterisch auf. »Ich brauche nur etwas Ruhe!«

Der Polizist musterte mich durchdringend, sein Blick fiel dabei prüfend an mir vorbei in den Flur, dann nickte er und trat einen Schritt zurück.

Bevor er endgültig ging, steckte er mir eine Visitenkarte zu. »Falls Sie doch noch Unterstützung brauchen, können Sie sich jederzeit an diese Stelle wenden.«

Nun drehte er sich endlich um und ging betont langsam zum Tor, als ob er mir noch die Gelegenheit geben wollte, mich Hilfe suchend an ihn zu wenden. Erleichtert ließ ich die Tür ins Schloss fallen und stieß einen kleinen Schrei aus.

Wenn das so weiterging, konnte ich mich tatsächlich bald in psychiatrische Behandlung begeben, anstatt in aller Ruhe meine Auszeit zu genießen. Ganz eindeutig war ich nicht zur Verbrecherin geboren. Mein Blick fiel beiläufig auf die Truhe. Ein Teil des Beutels hing heraus, und man konnte deutlich die blaue Schrift des Bankslogans »Mit uns …« erkennen.

Mein Herz machte einen Aussetzer. Hatte der Polizeibeamte den Beutel gesehen, als er an mir vorbei in den Flur geblickt hatte? War seine Fürsorge nur vorgetäuscht gewesen, um mich in Sicherheit zu wiegen, während er in Wirklichkeit gerade meine Verhaftung vorbereitete?

Gehetzt beobachtete ich durch den Türspion, dass der Polizeibeamte zwar ins Einsatzfahrzeug stieg, nicht aber den Motor startete.

Beruhige dich, Vera, sagte ich zu mir, die Polizei weiß doch gar nicht, dass ein Teil der Beute verschwunden ist. Sie halten dich für eine Geisel und schöpfen ansonsten keinerlei Verdacht. Du bist in Sicherheit. Zumindest so lange, bis der zweite Bankräuber verhaftet worden ist und vom Verlust seiner Beute berichtet.

Endlich ließ der Polizist den Motor an und fuhr los. Ich wartete noch ein bisschen ab. Als eine ganze Weile lang nichts Auffälliges geschah, ging ich zur Truhe, um den Beutel wieder herauszunehmen. Dann brachte ich ihn ins Wohnzimmer, da der Raum keine Fenster zur Straße hatte. Vorsichtshalber zog ich dennoch die Vorhänge zu, knipste das Licht an und schüttete erst danach den Inhalt der Stofftasche auf den Tisch. Den verräterischen Beutel würde ich später im Garten verbrennen oder in einen Fluss werfen.

Obwohl ich innerlich darauf vorbereitet gewesen war, war es ein Schock, so viel Geld auf einem Haufen zu sehen. Seltsamerweise waren mit diesem Anblick jedoch auf einen Schlag alle Ängste und jegliches Schuldgefühl aus meinem Bewusstsein gewichen. Die Macht, die von diesem Geld ausging, war so eindringlich, dass sie alle anderen Gefühle verdrängte.

Wie verzaubert schob ich meine Hände in den Haufen, hob einige Scheine hoch und ließ sie wieder auf den Tisch hinabrieseln. Dann begann ich zu zählen. Ich musste zwei Mal von vorn anfangen, weil ich durcheinanderkam, teilte die Scheine schließlich in Zehntausender-Päckchen auf und kam am Ende auf rund zweiundvierzigtausend Euro. Das war fast das, was ich für meine Auszeit brauchte. Dieser Fund würde mühelos meine Probleme beseitigen oder zumindest die, die mit Geld zu lösen waren.

Ich überlegte, was ein gutes Versteck für die Beute wäre. Ein Versteck, auf das niemand so leicht kommen würde, weil es unwahrscheinlich war, dass dort so ein Haufen Geld versteckt sein würde. Ich holte eine stabile Plastiktüte aus der Küche und legte die Scheine akkurat aufeinandergeschichtet hinein. Dann sah ich mich suchend um. Mein Blick fiel auf den Azaleenbusch in meinem japanischen Garten. Im Frühjahr würde er über und über von einem rosa Blütenmeer überzogen sein, das die Laubblätter des Busches komplett bedecken würde. Im japanischen Garten war der Busch ein Symbol für Reichtum und Üppigkeit, hatte der Landschaftsarchitekt mir erzählt. Wo sonst war die Beute aus einem unfreiwilligen Bankraub besser aufgehoben als dort? Es war nicht davon auszugehen, dass die Polizei sich in Feng-Shui auskannte.

Allerdings war die Erde jetzt trotz des Tauwetters der letzten Tage noch sehr hart und würde sich nicht so leicht ausheben lassen. Ich beschloss daher, das Graben auf den nächsten Tag zu verschieben und mich zunächst um die Beseitigung des Beutels zu kümmern. Ihn im Garten zu verbrennen, war ausgeschlossen. Ein Feuer am helllichten Tag würde zweifellos die Aufmerksamkeit meiner Nachbarn erregen. Außerdem würde ein kleiner Spaziergang mir guttun, um wieder einen klaren Kopf zu bekommen.

Ich holte ein paar Steine aus meinem Garten und steckte

sie in den Stoffbeutel. Der so entstandene Steinsack würde problemlos untergehen, wenn ich ihn irgendwo ins Wasser warf.

Die Plastiktüte mit dem Geld klebte ich im Backofen mit Doppelklebeband unter das Blech. In einem Kinofilm würde die Frau anschließend nach oben gehen und heiß duschen, während der Mann nach Hause kommen, sich nichts ahnend eine Tiefkühlpizza warm machen und erst dann wieder in den Ofen schauen würde, nachdem sich ein unangenehm stechender Geruch im Haus ausgebreitet hatte. Er würde das unwiederbringlich mit dem Plastik verschmolzene Geld unter dem Blech vorfinden und seiner herbeigeeilten Frau den seltsamen Klumpen zeigen, woraufhin diese einen Schrei ausstoßen und wahlweise in Ohnmacht fallen oder ihren Mann einen Idioten schimpfen und ihn im Affekt die Treppe hinabstoßen würde. Am Ende des Films würde sie als Mörderin verhaftet werden, obwohl sie eigentlich nichts weiter gewollt hatte, als sich mit dem zufällig in ihr Leben getretenen Geld eine schöne Zeit zu machen.

All das konnte mir zum Glück nicht passieren, denn ich hatte keinen Mann. So war es auf einmal wieder ein Vorteil, verlassen worden zu sein. Gut gelaunt schlüpfte ich in meinen warmen Wintermantel, steckte den Steinsack in eine der großen aufgenähten Taschen und verließ pfeifend das Haus.

Draußen dämmerte es inzwischen, und es war im Vergleich zu den Tagen davor nicht mehr ganz so kalt. Das leichte Tauwetter würde meinen Grabungsarbeiten am nächsten Tag sehr entgegenkommen. Mein Körper fühlte sich beim Gehen zugleich leicht und schwer an. Leicht, weil eine wunderbare Zeit voller Abenteuer vor mir lag, für die mir ein gnädiges Schicksal ausreichend Geld zur Verfügung gestellt hatte, schwer, weil ich nicht abschätzen konnte, wie die Bankräuber und eventuell auch die Polizei den Verlust der Beute einordnen würden. Umso wichtiger war es, den Stoffbeutel mit dem Aufdruck der Bank möglichst schnell loszuwerden.

Vorsichtshalber sah ich mich in der Straße um, konnte aber keinen auffälligen Wagen entdecken. Ich überlegte, ob ich meine Schritte einfach in den kleinen Park neben meinem Wohngebiet lenken sollte, wo es einen Ententeich gab, verwarf die Idee aber schnell wieder, da dieser vermutlich nicht tief genug sein würde, um den Steinsack dauerhaft zu versenken. Ich hatte außerdem bei Spaziergängen beobachtet, wie die Stockenten im Teich gründelten, den Boden aufwühlten und Gräser und Äste zutage förderten. Dabei würden sie früher oder später auch den Beutel vom Teichgrund holen.

Also wandte ich mich in Richtung des kleinen Flusses, der unsere Stadt in zwei Hälften teilte. Auf dem Weg dorthin begegnete ich nur vereinzelt Leuten, was mir ganz recht war. Der Fluss war durch das Tauwetter schon deutlich angeschwollen. Ich ging über eine Brücke, blieb an einer Stelle stehen, wo das Wasser besonders tief war, und sah mich lauernd um. Niemand interessierte sich für eine einzelne Frau auf der Brücke. Außerdem war es mittlerweile dämmerig geworden, und die Stelle lag weit entfernt von der nächsten Straßenlaterne. Ideal, um einen verdächtigen Gegenstand loszuwerden.

Ich griff in meine Tasche, hielt den Beutel kurz über das Wasser und ließ ihn schnell in den wild strudelnden Strom fallen. Mit Genugtuung beobachtete ich, wie er augenblicklich in dem braunen, aufgewühlten Tauwasser unterging. Ich wartete noch eine Weile, ob er nicht wieder auftauchte, was aber nicht der Fall war. Dann ging ich erleichtert den gleichen Weg zurück, den ich beim Hinweg genommen hatte.

Als ich wieder zu Hause angekommen war, sah ich noch einmal im Backofen nach, ob das Geld noch da war, fand zu meiner Zufriedenheit alles an seinem Platz vor und legte mich dann deutlich beruhigter aufs Sofa, wo mir sofort die Augen zufielen.

Als ich am nächsten Morgen erwachte, wunderte ich mich, dass ich im Wohnzimmer lag, und dachte zunächst, ich hätte den Banküberfall und meinen plötzlichen Reichtum nur geträumt. Doch nach einem erneuten Kontrollblick in den Backofen war ich mir wieder sicher, dass ich tatsächlich alles genau so erlebt hatte.

Ich machte mir einen schön starken Kaffee und ging damit vor die Tür, um die Zeitung zu holen. Draußen war es feucht und neblig, aber die Temperaturen lagen immer noch über dem Gefrierpunkt.

Auf den ersten Blick sah ich, dass mein Foto die Titelseite der Zeitung schmückte. Ich war nicht zu übersehen in meinem zitronengelben Overall. Hinter mir stand die Blitzbirne in gefährlich dümmlicher Pose, während ich eher einen genervten Gesichtsausdruck hatte, etwa so, als fühlte ich mich von einem lästigen Insekt gestört. Ich nahm schnell die Zeitung mit nach drinnen, bevor wieder irgendwelche joggenden Nachbarinnen vorbeikamen.

Der Artikel beschrieb in aller Ausführlichkeit, was am Vortag in der Bank vorgefallen war. Herr Andresen wurde wie ein Held gefeiert, fälschlicherweise meiner Meinung nach. Immerhin hatte er nur den Alarmknopf gedrückt und ansonsten durch sein bockiges Verhalten den Zorn der Täter entfacht, womit er auch die anderen Geiseln in Gefahr gebracht hatte. Also auch mich. Meine Rolle als Geisel wurde zum Glück aber nur kurz gestreift. Ich wollte keineswegs in der ganzen Stadt als Opfer bekannt werden. Über die Bankräuber oder einen möglicherweise verschwundenen Beuteanteil wurde kein Wort verloren.

Ob das ein gutes Zeichen war, konnte ich nicht einschätzen. Vermutlich würden die Bankräuber den Artikel ebenfalls lesen und entweder davon ausgehen, dass die Polizei den zurückgelassenen Stoffbeutel gesichert hatte, dieser Umstand aber aus »ermittlungstaktischen Gründen« nicht erwähnt wurde, oder sie würden sich fragen, *warum* der zurückgelassene Beutel nicht erwähnt wurde, und ganz schnell die richtigen Schlüsse daraus ziehen.

Mir wich vor Schreck das Blut aus dem Gesicht. Doch ich konnte nicht weiter über meine neue Bedrohungslage nachdenken, da mein Festnetztelefon klingelte. Auf dem Display sah ich, dass meine Freundin Nike am anderen Ende war. Nike und ich kannten uns seit der Grundschule und hatten nicht ein einziges Mal in unserer gemeinsamen Zeit Streit gehabt, was allerdings hauptsächlich ihrem harmonischen Wesen zu verdanken war. Nike war Designerin und entwarf wilde Tapetenmuster, wodurch die Wände ihrer Wohnung stets mit gewagt kombinierten psychedelischen Tier- und Urwaldmotiven versehen waren, die beim Betrachter eine komplette Reizüberflutung hervorriefen. Ihr hingegen wurden sämtliche Motive bald langweilig, weshalb sie ihre Wohnung immer wieder neu tapezierte, sodass man sich in ihrer Wohnung stets fremd fühlte. Dies hatte dazu geführt, dass ich mich inzwischen lieber in einem ruhigen Café mit ihr traf.

»Vera«, quietschte sie nun in mein Ohr. »Du kannst ja Farbe!« Ich konnte an ihrer Tonlage erkennen, dass sie auch schon die Zeitung gelesen hatte und ihr natürlich zuerst mein gelber Overall mit dem grünen Blazer ins Auge gestochen war. Ich murmelte als Erklärung etwas von »schief gegangenem Experiment«. Dann erst fragte sie, wie es mir nach diesem Schockerlebnis nun ginge.

»Gut, nein, sogar ausgezeichnet. Ich habe endlich die Galerie hingeschmissen.«

»Was? Ich dachte, du warst in einen Banküberfall verwickelt?«

Nike hatte offenbar nur an diesem Morgen die Zeitung gelesen. Ich fasste also kurz für sie zusammen, was seit unserem letzten Treffen passiert war. Natürlich ließ ich den Teil mit der Beute geflissentlich aus.

»O mein Gott, bist du nicht gestorben vor Angst? Ich komme gleich vorbei und kümmere mich um dich«, beschloss meine Freundin, ohne meine Zustimmung abzuwarten. »Das musst du mir alles noch mal haarklein erzählen.«

Ich sah auf den Azaleenbusch, dann zum Backofen und dachte an die bevorstehende Aufgabe, die Spuren meiner Tat zu vertuschen.

»Das ist lieb von dir, aber ich muss mich noch ein bisschen von dem Schock erholen.«

»Ich könnte Suppe kochen«, schlug Nike vor. Neben ihren Tapetenmustern waren allerdings auch ihre Kochversuche legendär. Tatsächlich wirkte sich ihre Experimentierfreudigkeit beim Essen nicht unbedingt positiv aus.

Ich sah auf meine Küchenuhr. »Es ist neun Uhr morgens. Außerdem habe ich noch nicht mal gefrühstückt. Nein, ich brauche auch keine Brötchen.«

»Nun gut, aber melde dich sofort, wenn es dir nicht gut geht! So was kommt oft erst mit Verzögerung.« Man konnte Nike anhören, dass sie ein wenig auf diesen verspäteten Schockeintritt lauerte. Am liebsten wäre sie vermutlich mit einem Berg Kuchen und einem eigenartigen Eintopf voller Zutaten, die nicht zusammenpassten, hier angekommen und hätte mich stundenlang bemuttert.

Seitdem ihre beiden Kinder aus dem Haus waren, wusste sie nicht richtig, wohin sie ihre verbliebene mütterliche Energie abgeben sollte, da schien ich im Moment ein dankbares Opfer zu sein. An sich wäre das auch sehr nett gewesen, aber ich hatte an diesem Tag nun mal etwas Wichtiges zu erledigen.

»Vielleicht morgen«, vertröstete ich sie, versprach, mich auf jeden Fall zu melden, und ließ eine unzufriedene Freundin zurück.

Kaum hatte ich das Telefon zur Seite gelegt, klingelte es schon wieder. Wenn das so weiterging, würde ich an diesem Tag nicht zum Graben kommen.

»Mom! Du bist überfallen worden«, stellte mein Sohn ohne Begrüßungsformel fest. Seine Stimme klang sogar etwas besorgt, was mich Trottel gleich ein wenig rührte. Aber das Gefühl sollte nicht sehr lange anhalten.

»Nicht ich, sondern die Bank«, korrigierte ich. »Keine Sorge, es geht mir gut.«

»Cool. Konntest du denn noch Geld überweisen?«

Verwirrt stammelte ich in den Hörer. »Wie ... Geld überweisen?«

Dann begriff ich ohne ein weiteres Wort von ihm. Ich hatte den Betrag noch nicht geschickt, den er bei unserem letzten Telefonat angefordert hatte, und nun befürchtete er, dass der Geldfluss womöglich ganz versiegen würde, weil mein Konto ebenfalls leer geräumt worden war. Diese Unverfrorenheit verschlug mir für einen Moment die Sprache.

»Bist du noch da?«, wollte er nach einer Weile wissen.

Nüchtern betrachtet kümmerte er sich nur um seinen Fortbestand als überwiegend liegendes Exemplar der Gattung Homo sapiens. Doch ich beschloss, anthropologische Gesetzmäßigkeiten nicht gelten zu lassen, sondern meinen Sohn endlich einem kleinen Realitätscheck zu unterziehen.

»Hör zu, Julian, es wird in der nächsten Zeit einige Änderungen geben. Ich habe die Galerie für ein Jahr abgegeben. Du wirst dir einen Nebenjob suchen müssen. Tut mir leid.«

Es tat mir überhaupt nicht leid, aber das musste er ja nicht wissen. Die Kunst war, es ihn nicht merken zu lassen, schließlich wollte ich mein Alter nicht einsam und ohne Verwandtenbesuche im Pflegeheim verbringen.

»Mom, das kannst du nicht machen! Ich schreibe in der nächsten Zeit drei Klausuren. Wie soll ich da denn noch zusätzlich arbeiten?«

»Ach, da fällt dir bestimmt was ein. Geh doch mal zur Jobvermittlung des Studierendenwerks. Die suchen immer Leute für Umzüge und so was.«

Seine Antwort war nur ein abgrundtiefes Stöhnen. Die bequeme Welt meines Sohnes war gerade wie ein Kartenhaus in sich zusammengebrochen. Und das Schlimmste war, ich war selbst schuld, dass er so ein verwöhntes Bürschchen war, schließlich hatte ich ihn nach der Scheidung vor lauter schlechtem Gewissen stellvertretend dafür, dass sein Vater sich kaum meldete, in Watte gepackt. Aber damit musste jetzt Schluss sein, wenn er ansatzweise ein lebensfähiges Geschöpf werden sollte. Falls es nicht ohnehin schon zu spät war.

»Du, ich muss jetzt aufhören. Du weißt, ich bin überfallen worden und muss mich jetzt schonen. So was kommt oft erst mit Verzögerung.«

Zum Glück konnte Julian nicht sehen, dass ich über das ganze Gesicht grinste, als ich meine Freundin Nike zitierte.

Er presste noch ein paar Worte des Mitgefühls hervor, doch er war nicht recht bei der Sache. Zu groß war der Schock, dass er sich auf einmal selbst um sein Leben kümmern musste. Ich spürte, dass ich langsam, aber sicher wütend wurde. Also legten wir, aus unterschiedlichen Gründen missgestimmt, bald auf. Wir befanden uns gerade auf völlig entgegengesetzten Seiten des Planeten. Nordpol und Südpol. Oder womöglich sogar auf zwei komplett verschiedenen Planeten im Universum.

Um meinen aufkeimenden Frust niederzudrücken, beschloss ich, jetzt eine Runde Gartenarbeit einzulegen. Ich schlüpfte, endlich einmal für den richtigen Anlass, in meinen gelben Gartenoverall, zog Mantel, Schal und Mütze darüber, holte mir einen Spaten und eine Schaufel aus der Garage, steckte eine Zange und ein paar Kabelbinder in die Tasche und ging damit in den Garten, der zum Glück nach allen Seiten von den Nachbarn uneinsehbar war.

Der japanische Azaleenbusch hatte sich im Lauf der Jahre sehr stark ausgebreitet. Es würde sein letztes Jahr in meinem Garten werden. Wenngleich sein Blütenmeer im Frühjahr durchaus schön anzusehen war, konnte es nicht darüber hinwegtäuschen, dass es Barts Lieblingspflanze gewesen war. Aber vorerst brauchte ich den Busch noch.

Ich band einige Zweige mit einem Kabelbinder hoch, damit der Busch die Aufbewahrungsstelle des Geldes später gut verbergen würde, und stach den Spaten beherzt in den Boden. Die Erde war noch ziemlich hart, und ich musste viel Kraft aufwenden, um mit dem Spatenblatt überhaupt in die Tiefe vorzudringen. Bald lief mir trotz der geringen Temperaturen der Schweiß über die Stirn.

Nach einer halben Stunde hatte ich endlich eine kleine Grube ausgehoben, die groß genug war, um die Beute darin verstecken zu können. Ich ging durch die Terrassentür ins Haus, holte das Geld aus dem Backofen, wickelte es zum Schutz vor Feuchtigkeit noch in zwei weitere Plastiktüten, sah mich draußen misstrauisch nach Beobachtern um, die ich zum Glück nicht entdecken konnte, und legte den Beutel schnell in das Erdloch. Dann schaufelte ich es mit Erde zu, deckte diese mit Brocken voller Grasnarben ab und löste nach getaner Arbeit den Kabelbinder mit einer Zange von den Zweigen. Sofort federten diese wieder nach unten.

Ich ging einige Schritte zurück und betrachtete mein Werk. Es war perfekt. Die Zweige überdeckten die Aushubstelle vollständig. Zur weiteren Tarnung holte ich noch etwas verwelktes Laub von anderen Büschen und streute es unter dem Busch aus. Danach war ich hochzufrieden mit meiner Arbeit.

Erleichtert verstaute ich das Werkzeug in der Garage, ging ins Haus zurück und machte mir ein richtiges Frühstück mit Obstsalat, aufgebackenem Croissant und einem weiteren Kaffee. Genüsslich verzehrte ich alles am Küchentisch und sah dabei in den Garten hinaus. Das Versteck war wirklich perfekt!

Als mein Blick erneut auf mein Bild in der Zeitung fiel, wurde mir auf einmal bewusst, dass meine fast achtzigjährige Mutter den Artikel vermutlich auch gelesen hatte. Bestimmt machte sie sich große Sorgen um mich. Ich beschloss, nach dem Frühstück direkt in ihre Seniorenresidenz zu fahren und sie mit dem Beweis meiner körperlichen Unversehrtheit zu beruhigen.

Bei dieser Gelegenheit konnte ich ihr auch gleich berichten, dass ich ab jetzt sehr viel mehr Zeit für sie haben würde. Sicherlich würde sie begeistert sein, hatte sie sich doch immer beklagt, dass ihre Tochter nie da war. Bestimmt würden wir gleich Pläne für gemeinsame Unternehmungen schmieden. Es war ein gutes Gefühl, einer gebrechlichen alten Dame, die zudem meine Mutter war, etwas Gutes tun zu können!

Da mein eigenes Auto noch bei der Spurensicherung war, buchte ich bei einer Autovermietung einen Wagen, der freundlicherweise direkt vor meine Tür gebracht wurde. Meine Mutter legte viel Wert auf das äußere Erscheinungsbild, also duschte ich ausgiebig, schlüpfte in Hose und Rollkragenpulli, tuschte mir die Wimpern und legte sogar etwas Lippenstift auf. Als das Auto geliefert worden war, verließ ich voller guter Absichten das Haus.

Die Seniorenresidenz »Am Rosengarten« war eines der besseren Häuser der Stadt. Alles war hell und geschmackvoll eingerichtet, im Eingangsbereich standen gepflegte Pflanzen, und eine Empfangsdame, die eher wie die Rezeptionistin eines Viersternehotels wirkte, begrüßte die Bewohner und Besucher so überschwänglich, als ob sie auf einer langen Reise gewesen wären.

Meine Mutter wohnte noch selbstständig in einer kleinen Zweizimmerwohnung und nahm mit Begeisterung an den zahlreichen Veranstaltungen im Haus teil. Da ich das einzige Kind war und sie nur halbtags als Modeberaterin in einem Kaufhaus gearbeitet hatte, kostete mich ihr Aufenthalt jeden Monat eine ziemliche Summe, doch das war mir ihr Altersglück bisher immer wert gewesen. Und dank meiner Beute konnte ich ihren Aufenthalt nun auch weiter finanzieren.

Meine Mutter öffnete mit einem auffällig strahlenden

Lächeln die Tür und schien gar nicht überrascht zu sein, mich zu solch einer ungewöhnlichen Tageszeit zu sehen.

Wir hatten uns einige Wochen nicht getroffen, da wir beide sehr eingespannt gewesen waren. Bei mir lag es am zeitraubenden Elvis Esposito, bei meiner Mutter wusste ich nicht so recht, welche Termine sie in dieser Zeit gehabt hatte. Das sollte sich allerdings bald ändern. Denn kaum hatte ich auf ihrem Sofa Platz genommen und einen Schwarztee und ein Stück Kuchen vor mir stehen, eröffnete mir meine Mutter, dass es Neuigkeiten gab.

»Du sollst es als Erste erfahren, meine Liebe. Es gibt einen neuen Mann in meinem Leben.«

Vor Schreck prustete ich meinen Schluck Tee über den halben Couchtisch.

»Da staunst du, was?« Meine Mutter sprang nachsichtig lächelnd auf, um einen Lappen aus der Küche zu holen. Erst da bemerkte ich, dass sie ein sehr jugendliches, tief ausgeschnittenes Kleid mit großen dunkelroten Blüten darauf trug, das ich noch nie an ihr gesehen hatte und das für die Jahreszeit nicht ganz passend war.

»Aber du bist doch achtundsiebzig?« Das war ein ziemlich dämlicher Einwand, schließlich war ich an sich sehr dafür, dass man sich auch im Alter noch einmal verlieben durfte. Nur eben nicht meine eigene Mutter.

»Na und? Darf man mit achtundsiebzig nicht noch mal glücklich sein? Das letzte Mal?« Meine Mutter kräuselte gekränkt ihre tiefrot geschminkten Lippen. Mit ihrem immer noch blondierten, heute besonders steif hochtoupierten Haar bot sie den Anblick eines alternden Hollywoodstars. Es war ihr stets unbegreiflich gewesen, wie ich, dunkelhaarig und eher schlicht gestylt, so aus der Art hatte schlagen können.

Ich atmete tief durch. »Doch, natürlich darfst du glücklich sein. Ein Heiratsschwindler wird es ja nicht sein, schließlich hast du kein Geld.«

Nun war es meine Mutter, die sich fast an ihrem Tee verschluckte. »Musst du mich immer darauf hinweisen, dass du mein Appartement bezahlst?« Das Wort »Appartement« sprach meine Mutter stets betont nasal und mit französischem Ö in der Mitte aus. »Ich kann ja auch nichts dafür, dass ich dich alleinerziehend durchbringen musste und jetzt nur über eine kleine Rente verfüge.«

Tränen schossen ihr in die Augen, und ich bereute meine Worte sofort. Warum eskalierten diese Gespräche bloß immer so schnell, als wäre ich noch in der Pubertät und sie in den Wechseljahren? Hörte das denn niemals auf?

»Schon gut, entschuldige bitte. Was hat dein neuer Lover denn beruflich gemacht?«

Meine Güte! Bald würde ich auch noch fragen, wer seine Eltern waren und ob er überhaupt eine Familie ernähren konnte. Aber aus irgendeinem Grund konnte ich nicht anders.

»Er war ... selbstständig«, antwortete meine Mutter ausweichend. »Aber was tut das schon zur Sache? Wichtig ist doch, dass Hartmut ein ganz reizender Mensch ist!«

»Du hast ja recht. Hauptsache, du bist glücklich«, lenkte ich ein und probierte zur Ablenkung ein Stück von dem Zitronenkuchen. Er stammte aus einer Fertigpackung und schmeckte nach Sand.

Mühsam kaute ich darauf herum und wechselte das Thema: »Ich wollte dir erzählen, dass ich demnächst endlich mehr Zeit für dich haben werde. Ich mache ein Sabbatjahr.«

Die Augen meiner Mutter leuchteten auf. »Oh, schön.« Im nächsten Moment verdüsterte sich ihr Blick wieder.

»Schade nur, dass ich nicht da bin. Ich mache mit Hartmut nämlich eine Kreuzfahrt durch die Karibik. Drei Monate oder vielleicht sogar ein halbes Jahr.«

Ich rechnete im Kopf durch, was das Ganze wohl kosten würde, und lehnte mich ermattet zurück.

Meine Mutter hatte mir wohl angesehen, was ich dachte, und versicherte: »Es war ein Sonderangebot. Ein absolutes Schnäppchen!«

»Ihr habt schon gebucht?« Mir wurde übel. Selbst mit dem Geld aus den Bankraub würde es knapp werden.

»Ich wusste ja nicht, dass du einfach deine Arbeit hinwirfst. Du hättest mich ja vorher mal fragen können. Die Wohnung muss natürlich auch weiterlaufen, schließlich wollen wir ja wieder zurückkommen.« Sie bleckte beleidigt ihre Zähne, und ich bemerkte, dass etwas Lippenstift auf ihrem Schneidezahn klebte.

»Von Hinwerfen kann ja wohl …«, setzte ich an, doch dann überlegte ich es mir anders. »Hast du heute schon Zeitung gelesen?«

»Zeitung, nein. Ich lebe ja nicht hinterm Mond, sondern benutze ein Tablett.« Sie deutete auf das Tablet, das neben ihr auf dem Tisch lag.

»Dann weißt du ja schon Bescheid wegen des Bankraubs.«

»Ja, natürlich.«

»Und was sagst du dazu?«, wollte ich wissen. Bestimmt hatte sie sich Sorgen um mich gemacht, versuchte nun aber, mich zu schonen.

»Was hast du dir bloß dabei gedacht?« Entsetzt sah sie mich an und schüttelte den Kopf.

Ich erschrak. Vermutete sie etwa, dass ich selbst irgendwie in den Bankraub verwickelt war? War es so etwas wie mütterliche Intuition? Oder wusste sie aus dem Internet womöglich mehr als ich?

»Für ein Gespräch mit der Bank sollte man sich schon besser kleiden«, fuhr sie fort. »Ein Overall! Und dann auch noch in dieser Farbe! Gelb steht dir doch überhaupt nicht!«

Ich sah sie verdutzt an. Ein ganzer Steinbruch fiel innerlich von meinem Herzen. Sie hatte also keine Ahnung von der Beute, sondern interessierte sich wie immer nur für das Äußere.

»Hör mal, Mama! Ich bin gestern überfallen worden und habe wirklich gerade andere Sorgen als irgendwelche Modefragen. Außerdem ist Gelb immer noch besser als Pink.«

Meine Mutter nickte beflissen, rückte näher und tätschelte besänftigend meine Hand. Doch was sie dann verkündete, war alles andere als beruhigend. »Mach dir keine Gedanken, sie haben ihn ja.«

»Was?« Ich sprang vom Sofa auf. »Wen haben sie?«

Mein Mutter zuckte zurück und sah mich verwundert an. »Na, den Bankräuber. Was schreist du denn so herum?«

Ich riss ihr Tablet an mich, auf dem noch immer die Onlineausgabe der Lokalzeitung geöffnet war. Tatsächlich wurde dort als Eilmeldung verkündet, dass in den frühen Morgenstunden einer der Bankräuber in den Niederlanden gefasst worden sei, als er gerade dabei war, ein Bordell zu verlassen. Welcher von den beiden es war, stand dort allerdings nicht.

Ich sollte wirklich anfangen, die Zeitung online zu lesen.

Unter dem fadenscheinigen Vorwand, noch erholungsbedürftig von der Geiselnahme zu sein, hatte ich mich rasch von meiner Mutter verabschiedet, aber versprochen, bald wiederzukommen, um ihren Verehrer kennenzulernen. Dann war ich nach draußen ins Freie geflüchtet.

Im Auto suchte ich auf dem Smartphone fieberhaft nach weiteren Hinweisen, welcher der beiden Bankräuber wohl gefasst worden war. In allen weiteren Medien stand aber nur, dass es einer der beiden war, nicht jedoch, welcher. Auch die Beute wurde mit keinem Wort erwähnt.

Ich durchforstete mein Gehirn fieberhaft nach dem genauen Wortlaut der Gespräche mit den beiden Bankräubern im Auto. Die Blitzbirne hatte davon geschwärmt, nach Amsterdam zu fahren, um dort in ein Bordell zu gehen. Das Ziel Amsterdam hatte der Vernünftigere der beiden jedoch als blödsinnig abgetan, ohne allerdings zu sagen, wie er generell dazu stand, sich irgendwo mit »Nutten und Koks« zu vergnügen.

Ich überprüfte noch einmal die einschlägigen Webseiten. In keinem Artikel wurde erwähnt, an welchem Ort in den Niederlanden der Bankräuber gefasst worden war. Es wäre also durchaus möglich, dass die beiden in eine andere niederländische Stadt gefahren waren, zum Beispiel nach Groningen oder Utrecht.

Dennoch vermutete ich eher, dass der zweite Bankräuber sich hatte erwischen lassen, da er für einen erfolgreichen

Fluchtplan einfach nicht schlau genug war. Allerdings würde dies dann bedeuten, dass Ronnie ebenfalls von dem verschwundenen Geld wusste, denn er hatte seinem Komplizen sicherlich im Bordell etwas von seinem Anteil abgeben müssen. Oder, und auch das war eine denkbare Variante, die Blitzbirne hatte abgewartet, bis es ans Bezahlen ging, um dann unter irgendeinem Vorwand zu verschwinden.

Es war letzten Endes aber auch möglich, dass Ronnie ihm auf die Schliche gekommen war, das Etablissement in aller Frühe verlassen hatte, um den Komplizen mit seinen Schulden sitzen zu lassen, und dabei verhaftet worden war. Dann wäre die Blitzbirne aber logischerweise ebenfalls verhaftet worden.

Mir schwirrte der Kopf vor lauter Möglichkeiten. Dann kam ich zu dem Schluss, dass die Blitzbirne gefasst worden sein musste. Die Frage war, ob er zugeben würde, dass er so doof gewesen war, im Auto die Stoffbeutel zu verwechseln. Wenn ich Glück hatte, ahnte sein Komplize noch nichts vom Verlust der zweiten Beutehälfte und ließ mich daher in Ruhe. Oder er war mit seinem Anteil der Beute zufrieden. Das wäre eine für mich ungeahnt günstige Variante.

Sollte allerdings wider Erwarten doch Ronnie erwischt worden sein, lief die Blitzbirne noch frei herum, was für mich sehr unangenehm werden konnte. Denn natürlich würde er als Erstes herauszufinden versuchen, wo sein Geld war.

Ich musste also dringend wissen, wer von den beiden jetzt im Gefängnis saß, auch wenn ich mich dadurch verdächtig machte. Also atmete ich tief durch und wählte mit bangem Herzen die Nummer der Polizeistation, wo ich mich mit der für den Banküberfall zuständigen Person, einer Kommissarin namens Ritter, verbinden ließ.

»Guten Tag, ich bin Vera van den Broek, die Geisel aus dem …«

»Ich weiß«, antwortete die Kommissarin ruhig. »Ich habe auch schon versucht, Sie zu erreichen.«

»Ach ja? Warum denn?«, stammelte ich ertappt. War die Falle etwa längst über mir zugeschnappt, ohne dass ich davon wusste?

Sobald ich mit irgendwelchen Staatsautoritäten zu tun habe, werde ich unsicher wie eine Schulanfängerin und habe das Gefühl, etwas verbergen zu müssen, auch wenn ich nicht den geringsten Grund dazu habe. Und jetzt hatte ich wirklich etwas zu verbergen, also war meine Verunsicherung besonders groß.

»Ich wollte Sie fragen, ob Ihnen noch etwas eingefallen ist«, antwortete die Kommissarin mit dem Tonfall einer Therapeutin, was auf mich gleich eine entspannende Wirkung hatte.

»Ja, tatsächlich. Deshalb rufe ich an.«

Ich hörte regelrecht durch den Hörer, wie sie sich interessiert nach vorn lehnte, die Augen zusammenkniff und ihr imaginäres Gegenüber mit den Blicken fixierte. »Was ist Ihnen denn eingefallen?«

»Ich weiß nicht, aber ich dachte, das könnte vielleicht wichtig sein«, begann ich zögernd. »Als die beiden in Richtung Bahnhof liefen, rief der eine dem anderen etwas nach, was wie ein Name klang.«

»Das ist auf jeden Fall wichtig«, meinte die Kommissarin erwartungsvoll. »Haben Sie den Namen verstanden?«

»Ich glaube, der eine hat den anderen mit Ronnie angesprochen.«

»Ach so«, sagte die Beamtin enttäuscht. »Den kennen wir schon.«

»Woher wissen Sie den Namen denn?«, fragte ich mit trockenem Hals.

»Nun«, antwortete die Kommissarin genüsslich. »Dieser Ronnie, alias Ronald Blechmann, sitzt seit heute Morgen hier bei uns im Gefängnis.«

Die Redewendung, dass einem der Schreck in die Glieder fährt, ist oft eher sinnbildlich gemeint. Ich aber spürte tatsächlich, wie eine Art Stromschlag in meine Arme und Beine fuhr, als mir klar wurde, was das bedeutete. Zum Glück saß ich noch im Auto, ansonsten wäre ich sicherlich vor Schreck in die Knie gegangen. Meine schlimmsten Befürchtungen waren soeben wahr geworden: Die Blitzbirne lief frei herum, und zwar vermutlich ohne Beute. Ich musste es wissen, auch wenn ich mich mit der Frage verdächtig machte.

»Und das Geld?« Meine Stimme hatte nun einen schrillen Ton angenommen. Ich ärgerte mich darüber, dass ich mich so wenig unter Kontrolle hatte.

Die Kommissarin schien sich über die Frage nicht zu wundern. »Das hatte er dabei. Zumindest das, was davon noch übrig geblieben war nach einer Nacht im Bordell in Antwerpen.« Sie lachte.

»Antwerpen? Ich dachte, er wurde in den Niederlanden geschnappt?«, wunderte ich mich.

»Da wusste wohl einer der Presseleute nicht, wo Antwerpen liegt, und die anderen haben es einfach abgeschrieben.« Wieder lachte die Kommissarin laut auf. Wenigstens hatte sie ihr Vergnügen.

Ich schluckte. Und da sah man wieder einmal, dass Angst ein schlechter Ratgeber ist, denn vor lauter Panik wurde ich unvorsichtig. »Und der zweite Teil der Beute? Die hatten doch zwei Stofftaschen aus der Bank mitgenommen.«

»Das darf ich Ihnen eigentlich gar nicht erzählen, aber da sie ja sozusagen Teil des Geschehens sind, mache ich eine Ausnahme. Der zweite Teil der Beute ist noch unauffindbar«, meinte die Kommissarin bedauernd. »Genauso wie der zweite Bankräuber. Er hat das Etablissement wohl schon in der Nacht verlassen. Die Fahndung in Belgien läuft.«

Meine Vermutung war also richtig gewesen, dass die Blitzbirne sich vor dem Bezahlen gedrückt hatte und einfach abgehauen war. Aber er war nicht erst in den Morgenstunden geflohen, sondern schon mitten in der Nacht. Das hatte ihn gerettet. Früher oder später würde er aber Geld brauchen und sich dann vertrauensvoll an mich wenden, wenn er zwei und zwei zusammenzählte. Es sei denn, er glaubte, dass die Polizei das Geld im Auto sichergestellt hatte. Bestimmt würde er aber genau das herausfinden wollen.

»Sind Sie noch dran?«, fragte die Kommissarin mit besorgtem Unterton. Vermutlich würde sie mir gleich die psychologische Opferberatungsstelle der Polizei empfehlen.

»Ja, ja, Entschuldigung, was haben Sie gesagt?«

»Ich sagte, Sie brauchen sich keine Sorgen zu machen wegen des zweiten Bankräubers. Sie haben ja sein Gesicht nicht gesehen, und den Namen bekommen wir aus seinem Komplizen schon noch heraus.« Wieder lachte die Kommissarin vergnügt auf. Ihr Job zwischen lauter Verbrechern schien ihr richtig Spaß zu machen.

»Danke«, antwortete ich matt. »Ich bin noch etwas mitgenommen davon, ›Teil des Geschehens‹ gewesen zu sein.«

»Das ist ja auch kein Wunder«, meinte die Kommissarin verständnisvoll. »Sie sollten das nicht auf die leichte Schulter nehmen und sich etwas schonen in den nächsten Tagen.

Wir haben auch eine psychologische Beratungsstelle, wenn Sie Bedarf haben.«

Das Beratungsangebot lehnte ich dankend ab. Wir verabschiedeten uns freundlich und beendeten das Gespräch. Ich starrte dumpf aus der Frontscheibe meines Wagens auf die Straße und bemerkte erst jetzt den leise tröpfelnden Regen.

Meine Hoffnung bestand darin, dass der nicht sehr intelligente Bankräuber, der noch auf freiem Fuß war, seinen Teil der Beute in den Händen der Staatsmacht wähnte und mich daher in Ruhe ließ.

Doch ich durfte mich nicht allzu sicher fühlen. Immerhin hatte er einen sehr starken Antrieb, wieder an sein Geld zu kommen. Und er würde nicht lange fackeln, wenn er feststellte, dass ich dieses Geld tatsächlich hatte.

Ich sah nach oben zum Wohnzimmerfenster meiner Mutter, das inzwischen hell erleuchtet war. Ein Schauer lief meinen Rücken hinunter, als ich daran dachte, dass meine gutgläubige Mutter womöglich alleine auf der Welt zurückbleiben musste. Ich musste mir Pfefferspray oder eine Schreckschusspistole besorgen. Noch besser wäre allerdings eine vierbeinige Abschreckung. So beschloss ich, einen Programmpunkt meiner Auszeit sofort in die Tat umzusetzen. Ich startete den Wagen und lenkte ihn in Richtung Gewerbegebiet. Es fühlte sich gleich viel besser an, der unsichtbaren Bedrohung etwas entgegensetzen zu können.

Als ich ankam, regnete es in Strömen, und ich hatte Mühe, das Gebäude zu finden, das ich suchte. Schließlich entdeckte ich das auffällige Schild des Tierschutzvereins auf dem Dach eines zweistöckigen, mattrosa gestrichenen Hauses. Ich parkte direkt davor, lief ohne Schirm zur Eingangstür, die zum Glück geöffnet war, und betrat tropfend, aber voller Hoffnung das städtische Tierheim.

In einem Bürozimmer gleich neben dem Eingang saß ein etwa vierzigjähriger Mitarbeiter, der fast hinter einem Computerbildschirm verschwand. Er sah nur kurz auf und beachtete mich dann nicht weiter. Ich wartete geduldig, während er immer wieder leise Flüche ausstieß, doch als er mich weiter ignorierte, betrat ich das Büro und verkündete: »Guten Tag, ich suche einen Hund.«

Der Mann zeigte gleichgültig in den hinteren Bereich des Tierheims. »So viel Auswahl ist im Moment nicht da, aber schauen Sie sich doch schon mal um, ich komme gleich, wenn ich die Anzeige hier aufgegeben habe. Ein Kaninchen wollen Sie wohl nicht? Sonst könnte ich mir den Stress mit der Anzeige hier sparen. Ich hasse nämlich Computer. Deshalb bin ich ja auch Tierpfleger geworden. Ich hab gedacht, da kann man draußen arbeiten und am Tier, aber stattdessen verbringen wir die Hälfte unserer Zeit an diesen Mistdingern, um die Tiere auf verschiedenen Seiten einzustellen oder Anfragen zu bearbeiten, das nervt vielleicht. Und dann auch noch die Besucher dauernd! Wenn ich etwas mit Menschen hätte machen wollen, wäre ich Psychologe geworden. Aber all das macht man jetzt auch noch gratis nebenbei.«

Dafür, dass er mich zuerst gar nicht beachtet hatte, war er jetzt auskunftsfreudiger, als mir lieb war. Am liebsten hätte ich das Kaninchen genommen und wäre wieder verschwunden. Allerdings glaubte ich kaum, dass die Blitzbirne sich von einem Hasen würde einschüchtern lassen. »Dann schaue ich mal hinten bei den Hunden«, sagte ich.

Der Tierpfleger nickte und vertiefte sich wieder ächzend in den Monitor.

Ich verließ das Büro und ging den Gang entlang, bis ich zu einer Reihe von Zwingern kam, von denen die meisten wie angekündigt leer standen.

Eigentlich hatte ich mir einen süßen, nicht so großen Hund zulegen wollen, vielleicht einen Jack-Russell-Terrier. Aber da sich die Gefahrenlage jetzt erheblich geändert hatte, benötigte ich schon ein etwas bedrohlicheres Tier, das eventuelle Verfolger von mir fernhalten würde. Allerdings hatte ich vor genau solchen Hunden selbst ziemlich viel Angst, seit ich als Kind einmal von einem Dobermann in den Arm gebissen worden war.

Ich näherte mich mit großer Vorsicht einem Zwinger, in dem ein Hund saß, der ausgerechnet wie ein Dobermann-Schäferhund-Mischling aussah und zur Begrüßung gleich gefährlich die Zähne fletschte. Vor Schreck machte ich einen Satz nach hinten und stieß einen Schrei aus.

»Das ist Susi«, erklärte eine Stimme hinter mir. »Die hat mit Menschen nicht ganz so gute Erfahrungen gemacht.« Ich drehte mich um und erblickte den Mitarbeiter des Tierheims, der offenbar mit seiner Anzeige doch schneller fertig geworden war und nun breit grinsend dastand. »Die Schoßhündchen sind auf der anderen Seite.«

»Nein«, widersprach ich mit fester Stimme. »Ich möchte keinen Schoßhund, ich brauche einen richtig großen Hund, der auf mich aufpasst und mein Haus verteidigt wie eine mittelalterliche Festung.«

Der Tierpfleger zog verwundert die Augenbrauen hoch. »Dafür wäre Kuba genau der Richtige.« Er zeigte auf einen Hund, der sich im übernächsten Zwinger befand, mit seiner Schnauze am Gitter klebte und uns feindlich musterte. Er war schwarz und hatte einen riesigen runden Schädel mit toten Augen, die nicht sehr freundlich dreinblickten, und spitzen Eckzähnen, die sogar aus seinem ungeöffneten Maul herausragten.

»Der darf aber nur mit Maulkorb raus, weil er schon mal einen Fahrer von Essen auf Rädern zu Tode erschreckt hat. Seitdem hat Kuba behördliche Auflagen. Er braucht außerdem noch einen Wesenstest, bevor er vermittelt werden darf.«

Anscheinend hatte der Tierpfleger gelegentliche Redeflashs, die ich auf einen erhöhten Konsum von Betäubungsmitteln zurückführte.

Jedenfalls wollte ich mir mit solch einem Hund aus dem Tierheim kein weiteres Problem aufhalsen.

»Danke, eher nicht. Aber haben Sie vielleicht einen Hund, der zwar gefährlich aussieht, aber in Wirklichkeit ein ganz lieber Schmusebär ist?«

Der Tierpfleger verzog spöttisch das Gesicht. »Also doch ein Schoßhund! Wusste ich's doch! Na, dann kommen Sie mal mit.«

Ganz am Ende des Ganges lag ein sehr großes, dunkelgraues Tier im hinteren Teil seines Zwingers und verfolgte misstrauisch, wie wir uns näherten. Er hatte eine kräftige Schnauze, dreieckige Schlappohren und bernsteinfarbene Augen, die zu meiner Überraschung aber freundlich dreinblickten. Als wir am Zwinger angekommen waren, erhob er sich gleich und sprang mit den Vorderpfoten am Gitter hoch, wodurch er fast so groß war wie ich. Der Hund war weder niedlich noch schön, aber darauf kam es mir ja auch nicht an.

»Das ist Nero, ein dreijähriger Cane Corso oder auch eine italienische Dogge«, erklärte mir der Tierpfleger. »Er sieht ziemlich beeindruckend aus, ist aber ein absolut gutmütiger Schmusehund.«

»Wirklich?«, fragte ich zweifelnd, wagte es aber dennoch, etwas näher an das Gitter heranzugehen. Der Hund ließ sich wieder auf alle viere zurückfallen und schnüffelte aufmerksam an meiner Hand, die sich zum Glück auf der anderen Seite des Gitters befand.

»Er mag Sie«, konstatierte der Tierheimmitarbeiter. »Normalerweise ist er erst mal zurückhaltend.«

»Meinen Sie? Und er ist wirklich ganz harmlos?«, fragte ich geschmeichelt und hielt dem Tier, nach einem fragenden Blick zum Tierpfleger, meine Hand so nah an das Gitter, dass er auch daran lecken konnte. »Ich werde ihn umbenennen. Ich möchte nicht, dass mein Hund wie jemand heißt, der eine ganze Stadt abgefackelt hat und seine eigene Mutter umbringen ließ.«

Der Mitarbeiter des Tierheims lachte. »Das nenne ich mal Liebe auf den ersten Blick! Sie können ein paarmal mit Nero, oder wie immer er dann heißt, spazieren gehen und ihn, wenn alles gut klappt, schon bald mit nach Hause nehmen. Vorausgesetzt, Sie haben einen Garten. So ein großer Hund braucht Auslauf und vor allem auch Beschäftigung.«

Ich dachte daran, dass Nero vermutlich meinen verhassten japanischen Garten umpflügen würde, und nickte erfreut. »Sofort mitnehmen kann ich ihn nicht?«

Der Tierpfleger schüttelte den Kopf. »Nein, leider können Sie ihn vorerst nur reservieren. Die Enttäuschung für den Hund wäre einfach zu groß, wenn Sie ihn wieder zurückbringen würden. Nero ist sehr sensibel. Aber Sie können gleich eine Runde mit ihm spazieren gehen, wenn Sie möchten.«

Beim Wort »spazieren« sprang der Hund vor Freude sofort mehrmals in die Höhe, was bei seiner Größe ziemlich putzig aussah.

Also nickte ich.

Der Tierpfleger holte eine Leine, ging damit zu Nero in den Zwinger und kam mit dem angeleinten Tier wieder heraus. »Sie haben Erfahrung mit Hunden?«

Ich nickte halbherzig. Tatsächlich hatte unsere Familie in meiner Kindheit einen Dackel gehabt, dessen Sturheit und Jagdtrieb in der ganzen Stadt legendär gewesen waren. Also würde ich wohl auch mit einem Hütehund zurechtkommen. Wenngleich dieser einen wirklich beeindruckend massigen und muskulösen Körper hatte.

Doch vom ersten Moment an, als wir nebeneinander auf der Straße herliefen, bildeten der Hund und ich eine unzertrennliche Einheit. Er trabte anstandslos neben mir her, hörte auf jedes meiner zunächst zaghaft vorgetragenen Kommandos, sodass ich ihn in dem nahe gelegenen Wäldchen sogar kurz von der Leine ließ, und er freute sich, als ich ihm einen Stock warf, den er sogleich freudig retournierte.

Immer wieder drehte er sich nach mir um, ob ich ihm auch wirklich folgte. Es war, als gehörten wir schon seit Urzeiten zusammen. Nero war zwar kein kleiner, fröhlich trippelnder Clown, wie ich mir meinen Hund vorgestellt hatte, dafür aber ein verlässlicher, treulich dahintrottender Gefährte, der zudem über ein abschreckendes Äußeres verfügte.

Wenn jemand uns entgegenkam, beobachtete ich, wie Nero auf Fremde wirkte, und stellte fest, dass die meisten Leute ihm auswichen und respektvoll auf Abstand gingen. Seinerseits achtete er aber auch darauf, dass keiner uns zu nahe kam.

Das war genau das, was ich brauchte, um meinen Verfolger auf Abstand zu halten. Obwohl ich ja noch gar nicht wusste, ob es wirklich einen Verfolger gab, war es gut, für alle Eventualitäten gewappnet zu sein.

Als ich das Tier nach mehr als einer Stunde wieder im Tierheim abgab, wo er mit traurigem Gesicht in seinen Zwinger zurückschlurfte, war ich überzeugt, genau den richtigen Hund gefunden zu haben. Ich beschloss, ihn Pablo zu nennen, was zwar »Der Kleine« bedeutete, aber mir gerade deshalb passend erschien.

Der Tierheimmitarbeiter versicherte mir, dass ich bei einem derart erfolgreichen Erstkontakt nicht allzu lange auf meinen neuen Beschützer würde warten müssen. Und so begab ich mich zuversichtlicher auf den Heimweg, als meine Situation es zwei Stunden zuvor eigentlich hätte vermuten lassen.

Es heißt, man solle im Leben nach seinem wahren Kern suchen, um sich wirklich kennenzulernen. Doch viele Menschen weigern sich standhaft, diesen Weg der Selbsterkenntnis zu beschreiten, und stürzen sich lieber in Arbeit oder andere Aktivitäten, um diese Frage gar nicht erst aufkommen zu lassen. Vielleicht haben sie Angst, sie könnten dort, wo sich ihr Wesenskern befinden soll, gar nichts finden oder, noch schlimmer, jemanden antreffen, den sie nicht ausstehen können. Solche Menschen kommen erst dann zur Ruhe, wenn ihre Gesundheit oder ein Schicksalsschlag ihnen gar keine andere Wahl mehr lässt.

Genau so ein Mensch muss ich die ganzen Jahre über gewesen sein. Denn wie war es sonst zu erklären, dass ich mehr als zwanzig Jahre lang in einem Beruf ausgeharrt hatte, den ich nicht leiden konnte, nur weil er mir Geld und Ansehen einbrachte, mich darüber hinaus aber an den Rand der Selbstaufgabe führte?

Um nach meiner Auszeit nicht wieder am gleichen Punkt zu stehen wie vorher, musste ich mich also auch mit mir selbst auseinandersetzen. Mir fiel es schwer, dafür den Ausdruck Achtsamkeit zu bemühen, da mir dieses Wort zu inflationär für eine Art von Selbstbeobachtung verwendet wurde, die nicht die Menschheit als Gemeinschaft im Blick hatte, sondern nur das eigene Wohlbefinden.

Ich wollte mir und meinen Lebenszielen wieder näherkommen, ohne dabei andere Menschen außer Acht zu lassen. Um es allerdings nicht auf die Spitze zu treiben, schließlich war ich ja absolute Anfängerin auf diesem Gebiet, wollte ich nicht gleich eine psychologische Beratung oder ein Coaching aufsuchen, sondern mich über den Umweg der körperlichen Bewegung meinen seelischen Defiziten nähern, um so gleich zwei Fliegen mit einer Klappe zu schlagen, da ich ja überdies ein fürchterlicher Bewegungsmuffel war.

Und keine geistige Strömung hatte mehr Erfahrung damit, Menschen auf den rechten Weg zurückzuführen, als die asiatische Kultur, deren jahrhundertealte Methoden zudem in Gemeinschaft ausgeübt wurden und somit meine Kriterien voll und ganz erfüllten.

Daher war es ein absoluter Glücksfall, dass ich bei meiner Internetrecherche ein Studio für asiatische Energiearbeit entdeckte. In diesem wurde ein Intensivkurs Qigong angeboten, der am nächsten Tag beginnen sollte. Und es waren noch drei Plätze frei!

Natürlich hatte ich schon einmal davon gehört, dass Qigong eine chinesische Bewegungsform war, die, wenn man sie praktizierte, Körper, Geist und Seele gleichermaßen in Einklang bringen sollte. Aber letzten Endes hatte ich keine Ahnung, was es damit wirklich auf sich hatte. Bis auf gelegentliche halbherzig ausgeführte Walkingrunden, bei denen ich mir immer äußerst albern vorgekommen war, hatte sich mein Hang zu körperlichen Aktivitäten meist in Grenzen gehalten. Vielleicht war genau das mein eigentliches Problem, denn womöglich wohnte in meinem bequemen Körper doch ein verwirrter Geist. Außerdem hatte ich, insbesondere angesichts der neuerlichen Bedrohungslage durch den Bankräuber, Entspannung dringend nötig.

Das Studio versprach, dass Qigong für eine Harmonisierung der Lebensenergie Qi sorge, indem es Blockaden löse, sodass die Energie wieder ungehindert durch den Körper strömen könne.

Wenn ich einmal einen Plan gefasst habe, muss ich ihn sofort in die Tat umsetzen, damit er nicht durch meinen Hang zu körperlicher Bequemlichkeit torpediert wird. Also meldete ich mich voller Überzeugung, auf dem richtigen Weg zu sein, für den Kurs an und verbrachte nach diesem wichtigen ersten Schritt in Richtung Selbsterfahrung den restlichen Tag damit, auf dem Sofa zu liegen und in meinen japanischen Garten zu blicken, wo unter dem Azaleenbusch die nötigen Mittel für meinen Weg der Erkenntnis lagerten.

Am nächsten Morgen machte ich mich zum Studio auf, ausgestattet mit einer nach langer Suche im Kleiderschrank gefundenen, bislang vollkommen unbenutzten Yogahose, einem T-Shirt und warmen Socken.

Nach dem Kurs würde ich mit Pablo spazieren gehen. Der Tierpfleger hatte mir erklärt, dass ich noch mindestens dreimal mit dem Hund Gassi gehen und ein Tierheimmitarbeiter mein Zuhause überprüfen müsse, bevor ich den Hund schließlich mitnehmen dürfe. Obwohl dies an sich eine vernünftige Vorgehensweise war, erschien mir die Prozedur im Fall von Pablo und mir vollkommen überflüssig.

Das Studio für asiatische Energiearbeit lag am östlichen Rand des Stadtparks, wo im Frühjahr eine üppige Pracht von hellrosa bis dunkelroten Rhododendronbüschen das Auge erfreuten, nun aber noch das kahle Regiment des Winters herrschte. Meine Zuversicht vom Vortag war nun, da es darum ging, das Vorhaben in die Tat umzusetzen, einer beklommenen Erwartung gewichen.

Ich war einige Minuten zu spät, als ich das ebenerdige

Gebäude betrat, was mir von unserem Kursleiter, einem asiatisch aussehenden Mann Ende fünfzig, sogleich eine mahnend gehobene Augenbraue einbrachte. Es würde nicht die letzte bleiben an diesem feuchtklammen Wintermorgen, aber das wusste ich in diesem Moment zum Glück noch nicht, sonst hätte ich gleich wieder kehrtgemacht.

Ich lächelte ebenso optimistisch wie entschuldigend, legte meine Sachen an der Garderobe ab und beeilte mich, zu den anderen Kursteilnehmern zu kommen, die schon in zwei Reihen hintereinander aufgestellt waren.

Der Raum hatte eine große Fensterfront zum Park hin, einen in warmem Hellgelb gehaltenen Linoleumboden und war ansonsten nur spärlich eingerichtet. Dies war vermutlich genau richtig, um sich ohne jegliche Ablenkung auf seine Übungen konzentrieren zu können.

»Ich habe eben schon einiges Grundlegendes zum Qigong und der Lebensenergie dargelegt«, sagte der Kursleiter in vorwurfsvollem Ton, »das müssen Sie dann selbst nacharbeiten.«

Derart streng war ich seit meiner Grundschulzeit nicht mehr angesprochen worden, doch ich wollte es mir nicht in den ersten Minuten komplett mit unserem Kursleiter verscherzen. Also nickte ich und versuchte, einen kooperativen Gesichtsausdruck aufzulegen.

Der Kursleiter sah mich an, als ob er durch mich hindurchsehen könnte, und fuhr mit seiner seltsamen Begrüßungsrede fort.

»Ihr habt viele Gebrechen und Probleme. Ihr klagt und jammert und sucht die Schuld bei eurem Partner, eurer Mutter oder eurem Arbeitgeber dafür, dass es euch nicht gut geht. Aber ich sage euch: Niemand anderes als ihr selbst ist verantwortlich für euer Wohlbefinden.«

Es war sofort klar, dass unser Unterweiser kein Anhänger der Kuschelpädagogik unserer westlichen Welt war. Dennoch, oder genau deswegen, hatte er voll ins Schwarze getroffen, was allerdings immer eine Art von Trotz bei mir hervorruft, der einem Erkenntnisgewinn wenig zuträglich ist. Ich schluckte und schielte leicht verärgert zur Seite, um zu sehen, wie diese Predigt bei meinen Mitstreitern angekommen war.

Ein Großteil der Kursteilnehmer waren Frauen zwischen fünfundzwanzig und fünfundsiebzig Jahren. Die meisten davon hingen an den Lippen ihres Gurus und nickten wie Wackeldackel zu jedem gewichtigen Wort des großen Meisters. Und einige von ihnen hielten offenbar jedes Wort für gewichtig.

Einer der beiden Männer hatte ablehnend seine Arme verschränkt, was darauf schließen ließ, dass er nicht freiwillig hier war, sondern von der Frau neben ihm, vermutlich seine Partnerin, dazu verdonnert worden war.

Der zweite Mann sah versonnen in den Raum und war anscheinend schon jetzt in höheren Bewusstseinssphären angekommen. Ich fürchtete schon, mit meiner Trotzreaktion ganz allein dazustehen, als ich den Blick einer Frau um die sechzig auffing, die mich wissend angrinste und mir mit einem Augenzwinkern bedeutete, dass sie es genauso wenig schätzte, so zurechtgewiesen zu werden.

Ich lächelte erleichtert zurück und zog eine Grimasse, mit welcher ich den hohen Ernst im Gesicht des Kursleiters nachahmte. Dieser war inzwischen wieder auf mich aufmerksam geworden, was ein erneutes Heben seiner Augenbraue nach sich zog.

»Wie heißt du?«

Alle Augen richteten sich auf mich. Es fühlte sich an wie

in der Schule, wenn man gerade beim Abschreiben erwischt worden war. Ich spürte, dass ich errötete. Es war erschütternd, wie schnell man wieder in alte Rollenmuster zurückfiel, wenn man auf eine vergleichbare Machtkonstellation traf.

»Vera«, presste ich hervor, während mein linkes Auge zu zucken begann.

»Komm mal bitte nach vorn, Vera, ich möchte den anderen an dir unsere Grundstellung demonstrieren!«

Natürlich! Komm an die Tafel und erkläre den Zitronensäurezyklus. Setzen. Sechs. Es war die gute alte und einfache Methode, Ruhestörer zu befrieden.

Ich schlurfte nach vorn und positionierte mich neben den Kursleiter, der sich als Herr Li vorstellte. Während er uns fraglos duzte, sollten wir ihn als großen Meister selbstverständlich siezen.

»Ich zeige euch jetzt die Grundstellung beim Qigong. Stehen wie eine Kiefer.«

Erleichtert atmete ich auf. Reglos verharren wie ein Baum konnte ich, das hatte ich bei unzähligen enervierenden Reden irgendwelcher Honoratioren während meiner Ausstellungseröffnungen zur Genüge geübt.

Doch der Kursleiter meinte offenbar etwas anderes. »Ihr stellt euch hüftbreit hin und lasst euch leicht in die Knie sinken. Bitte schön.«

Ich mühte mich damit ab, seiner Anweisung zu folgen.

»Nicht zu tief, nur ganz leicht.«

»Locker lassen«, korrigierte mein Unterweiser.

Zwei Frauen stießen sich an und tuschelten ganz offensichtlich über mich. Natürlich, ich war spätestens seit dem Zeitungsfoto als Geisel des Bankraubs eine stadtbekannte Persönlichkeit.

»Unter den Achseln passt ein kleines Vögelchen hindurch. Zugleich schiebt ihr die Hüfte nach vorn«, säuselte Herr Li mit einer Entspannungsstimme, die bei mir allerdings den Aggressionspegel hob. Er legte die Hände an meine Hüften und bemerkte: »Du bist gar nicht in deiner Mitte, lass das Becken los!«

Augenblicklich sackte ich in mich zusammen. Mir war klar, dass diese Haltung absolut lächerlich wirkte. Ich fühlte mich wie eine achtlos zurückgelassene Marionette einer Puppentheaterbühne. Zum Glück waren die anderen nun ebenfalls damit beschäftigt, den Anweisungen des Kursleiters zu folgen, und beachteten mich nicht weiter. Ich suchte den Blick meiner netten Verbündeten und stellte neidvoll fest, dass diese abstruse Körperhaltung bei ihr überraschend würdevoll aussah.

Herr Li ließ von mir ab und ging gemessenen Schrittes durch den Raum, um die Bemühungen meiner Mitstreiter zu begutachten. Den anderen erging es nicht besser als mir, jeder bekam ein demotivierendes Wort vom großen Meister zugesprochen. Ich war froh, ihn erst einmal los zu sein.

»Der Kopf zeigt zum Himmel, Kinn leicht zurück.«

»Wie soll das denn gehen?«, entfuhr es mir. Ich konnte mein Kinn doch nicht isoliert vom Rest des Kopfes bewegen!

Der Kursleiter federte prompt wieder herbei und korrigierte meine Fehlhaltung, indem er an einigen Stellen meines Körpers hantierte, als wäre ich tatsächlich eine willenlose Puppe. Angespannt blieb ich in der von ihm vorgegebenen Haltung stehen.

»Und jetzt atmen wir tief und gelassen ein … und wieder aus.« Der Kursleiter sog hörbar die Luft ein.

Das Atmen hatte ich bei allem Bemühen um die richtige Körperhaltung komplett vergessen. Ich holte tief Luft und stieß sie ebenso heftig wieder aus. Dies wiederholte ich engagiert ein paarmal. Nach wenigen Sekunden wurde mir schwarz vor den Augen. Der Raum um mich herum fing an, sich beängstigend zu drehen. Ich taumelte.

Herr Li kam herbeigeeilt und stützte mich gerade noch rechtzeitig ab, bevor ich vollends zu Boden ging.

»Setz dich mal lieber da auf die Bank, und schau den anderen zu, wie sie es machen«, verfügte er.

Gedemütigt schlich ich davon, fing dabei immerhin den mitfühlenden Blick meiner neuen Verbündeten ein und nahm auf der Bank Platz. Ich würde wohl nicht an einem einzigen Tag vom Bewegungsmuffel zum stolzen Kranich heranwachsen. Diese Erkenntnis hatte sich schon nach wenigen Minuten klar herauskristallisiert.

Doch je länger ich meine Mitstreiter beobachtete, desto mehr erkannte ich zu meiner Erleichterung, dass die meisten genauso große Schwierigkeiten bei dieser Übung hatten wie ich. Von meiner Verbündeten einmal abgesehen, die immer noch überaus elegant performte.

Nach ein paar Minuten hatte ich neues Selbstvertrauen geschöpft und kehrte in meine Reihe zurück. Hüftbreit hinstellen, in die Knie sinken lassen, Vögelchen unter den Achseln durchlassen, Hüfte nach vorn, Kopf zum Himmel, Kinn leicht zurück. Was mir zuvor unmöglich erschienen war, gelang mir jetzt auf einmal mühelos. Juhu, ich stand wie eine Kiefer!

Herr Li wurde auf mich aufmerksam, sah prüfend an meinem Körper herunter und zog eine Augenbraue hoch ... und zwar anerkennend!

Ich atmete locker ein und wieder aus, und nach ein paar

weiteren Atemzügen fühlte ich mich tatsächlich deutlich wohler. Es war mir egal, ob ich dabei lächerlich aussah oder mich irgendjemand beobachtete.

Aber das Erstaunlichste war: Ich war tatsächlich *entspannt*!

So sehr, dass ich beinah vergaß, wie leicht auch eine entspannte Kiefer gefällt werden kann.

Die nächsten Tage verbrachte ich damit, morgens an meinem Qigongkurs teilzunehmen, mir zu Hause rasch etwas zu essen zu machen, um dann nachmittags zum Tierheim zu fahren, wo ich mit Pablo ausgiebig spazieren ging.

Mein Auto war inzwischen kommentarlos von der Spurensicherung zurückgebracht worden, sodass ich mit Pablo sogar schon einmal zu einem nahen gelegenen Wald fahren konnte, was er bereitwillig mitgemacht hatte. Vom Tierheim hatte ich einen Anschnallgurt bekommen, der ihn im Kofferraum meines Kombis gut sicherte. Der Tag, an dem ich ihn mit nach Hause nehmen konnte, rückte also immer näher.

Daher war ich zu einem großen Laden für Tierbedarf gefahren und hatte dort zwei Stunden gebraucht, bis ich die erste Hundeausstattung zusammengetragen hatte: ein großes Hundebett – bei der Wahl zwischen orthopädisch, wasserabweisend und lasergesteppt hatte ich mich für wasserabweisend entschieden –, eine kuschelige Decke, zwei nackenschonend erhöhte Näpfe für Futter und Wasser, einige Dosen hochwertiges Futter verschiedener Hersteller zum Ausprobieren, Leine und Geschirr, eine riesengroße Transportbox sowie ein paar Leckerli zur Belohnung.

Zum Glück musste ich mir wenigstens nicht auch noch ein neues Auto für den Hund kaufen. Dennoch war ich, zusammen mit der Schutzgebühr, die das Tierheim berechtigterweise verlangen würde, gleich tausend Euro ärmer. Ein so großer Hund benötigte natürlich auch eine größere und damit teurere Ausstattung, und er würde sicherlich auch mehr Futter vertilgen.

Aber Pablo und ich waren in der kurzen Zeit zu einem guten Team zusammengewachsen, und ich freute mich sehr darauf, ihn bald mit nach Hause zu nehmen. Zumal die Blitzbirne nach wie vor frei herumlief und unter Umständen sehr wütend war.

Als endlich der Tag gekommen war, an dem Pablo bei mir einziehen sollte, packte ich seine neue Decke in die Transportbox, nahm die Leine vom Garderobenhaken, steckte ein paar Leckerli ein und machte mich auf den Weg. Allerdings würde ich zuvor noch meinen Qigongkurs hinter mich bringen müssen, was mir an diesem Tag eher wie eine lästige Pflicht erschien.

In den bisherigen Kursstunden hatte ich immer besser die Anweisungen des Lehrers umsetzen können und allmählich sogar ein Gefühl von Freude dabei empfunden. Alles in allem wähnte ich mich also auf einem guten Weg.

An die Galerie dachte ich kaum noch, nachdem ich in einem Gespräch mit meiner Assistentin Konstanze die Bedingungen für ihre zeitweise Übernahme festgelegt hatte. Sie bekam weiter ihr festes Gehalt und eine Erfolgsbeteiligung. Danach hatte ich mich regelrecht befreit gefühlt, was mir im Nachhinein noch einmal verdeutlichte, wie viel Kraft mir diese Arbeit geraubt hatte.

Weit vor neun Uhr kam ich an diesem Tag im Übungsraum des Studios für asiatische Energiearbeit an, weil ich nicht riskieren wollte, dass Herr Li verärgert die Augenbraue hob. Meine heimliche Verbündete war auch schon da und trainierte noch einmal die Einheiten der Vortage.

»Hallo Rosa«, grüßte ich und stellte mich neben sie, um ebenfalls die bereits vorgestellten Übungen wie »Den Regenbogen schwingen« oder »Die Wolken teilen« durchzuführen. Die bildhaften Namen der Übungen erleichterten es mir, vollkommen in ihre Poesie zu versinken. Nach einiger Zeit war ich derart in meine Bewegungen vertieft, dass ich gar nicht bemerkte, wie sich der Raum um mich herum füllte. Erst als der Kursleiter sich mit anerkennendem Gesichtsausdruck vor uns stellte, fiel mir auf, dass alle Teilnehmer schon vollständig versammelt waren.

»Wir müssen aufpassen, dass wir nicht noch die Oberstreber des Kurses werden«, meinte Rosa neben mir und lachte. Sie hatte etwas so verschmitzt Junges an sich, dass man kaum glauben konnte, dass sie bereits Mitte sechzig war.

»Oder womöglich als Hilfsgurus eingestellt werden«, sagte ich, wandte dann aber meinen Blick nach vorn, da Herr Li sich schon wieder mahnend räusperte.

»Heute lernen wir eine besondere Übung, die uns hilft, unruhige Gedanken fernzuhalten«, kündigte er an. »Sie heißt: ›Den Affen abwehren‹.«

Einige Kursteilnehmer lachten, was Herr Li sofort wieder mit seiner indigniert erhobenen Augenbraue kommentierte. Man musste seinen Körper schon sehr gut unter Kontrolle haben, um Bewegungen derart isoliert hinzubekommen. Ich war froh, dass dieses Mal nicht ich das Objekt seines Missfallens war. Unruhige Gedanken waren mir in letzter Zeit nur zu vertraut, daher war ich sehr gespannt auf die neue Übung.

»Ich zeige es euch einmal, dann könnt ihr es selbst ausprobieren.«

Unser Kursleiter pendelte in großen, schwingenden Bewegungen seine Arme abwechselnd nach hinten und vorn, wendete die Hände nach oben und unten und drehte dabei zugleich seinen Körper.

Was bei ihm leicht und mühelos aussah, stellte sich im Selbstversuch als schwierig heraus, da man bei dieser Übung seine Körperteile getrennt voneinander bewegen musste. Als ich mich verstohlen umsah, bemerkte ich, dass es meinen Mitstreitern nicht besser ging.

»Wir bieten dem Affen mit der ausgestreckten Hand etwas an, sodass zunächst einmal seine Neugier geweckt wird«, erklärte Herr Li seine Bewegungen. »Dann schieben wir ihn jedoch mit der hinteren Hand wieder fort.«

Ich versuchte, es ihm nachzumachen. Nach einer Weile gelang es mir immerhin, die Arme abwechselnd nach vorn zu schwingen, während ich zugleich die Hände nach oben und unten drehte. Nur mein restlicher Körper wollte noch nicht mitarbeiten.

Eine besonders eifrige Jüngerin unseres Gurus rührte mit den Armen im Raum umher, als ob sie Blasen aus einem imaginären Hefeteig herausschlagen wollte. Ich musste mich sehr beherrschen, um nicht aus der Konzentration zu fallen.

»Wir atmen aus der Mitte heraus, und unsere Gedanken kommen immer mehr zu Ruhe«, säuselte der Kursleiter, während er durch den Raum ging, um unsere Haltung zu korrigieren und hier und da ein bisschen Anschub zu leisten.

Gerade als es mir zum allerersten Mal gelang, die Drehung des Körpers mit dem Vor- und Zurückschwingen der Arme und dem Wenden der Handfläche fließend auszuführen, blieb mein Blick an einer Gestalt am Fenster hängen, die ihr Gesicht an die Scheibe presste. Ich hielt sofort in der

Bewegung inne, doch die Person hatte offenbar gemerkt, dass sie entdeckt worden war, und verschwand schnell. Dennoch war ich mir sicher, dass dieser weghuschende Geist ein blondes Zöpfchen trug.

Mit einem Schlag wich alles Blut aus meinem Körper, und ich begann zu taumeln. Bevor ich wieder umkippte, setzte ich mich schnell auf die Bank. War das wirklich gerade der Bankräuber gewesen, oder hatte mir meine Wahrnehmung einen Streich gespielt? Vielleicht war mir auch vom ständigen Drehen des Kopfes schwindelig geworden, und ich hatte nur harmlose Trugbilder gesehen?

»Hast du wieder das Atmen vergessen, Vera?«, erkundigte sich Herr Li in tadelndem Tonfall. Nein, das hatte ich diesmal ganz bestimmt nicht. Aber er konnte ja nicht wissen, dass ich just eine Erscheinung gehabt hatte, die die entspannende Wirkung seiner Bewegungskunst torpedierte.

Die beiden Frauen, die mich am ersten Kurstag offenbar als Geisel des Bankraubs erkannt hatten, sahen nun endlich ihre Chance gekommen, mehr zu erfahren, und stürzten sich wie Hyänen auf mich.

Sie umkreisten mich, versuchten zwar, ihre Neugier hinter vorgetäuschter Anteilnahme zu verstecken, ließen mich aber nicht entkommen.

»Das ist ganz normal nach so einem Vorfall«, meinte eine von ihnen, die ein grobes, rotwangiges Gesicht hatte, und bestätigte damit meinen Verdacht, dass die beiden mich tatsächlich erkannt hatten.

»Das nennt man posttraumatische Belastungsstörung«, erklärte die andere ungefragt.

»Wir haben uns ohnehin gewundert, dass du dich schon wieder raustraust. Nach so einem Schock! Das muss doch furchtbar gewesen sein!« Die Grobgesichtige sah mich sensationslüstern an. »Du solltest dich hinlegen«, fügte sie hinzu und versuchte, mich unter Anwendung von Zwang in die Seitenlage zu bringen. Ich wehrte mich vehement, aber mir fehlte die Kraft, einfach aufzustehen und die Flucht zu ergreifen.

»Du solltest deine Wohnung ausräuchern«, schlug die andere vor.

»Die Bankräuber waren nicht in meiner Wohnung«, widersprach ich schwach.

Die Magere stutzte nur kurz. »Dann eben dein Auto.«

»Und du musst dein Solarplexus-Chakra stärken.« Die Grobgesichtige strich mir in Kreisbewegungen über den Bauch. »Ich spüre, dass es blockiert ist.«

Mir wurde schlecht.

»Kein Wunder«, bestätigte die Magere eifrig. »Ich habe zu Hause eine Sammlung mit Heilsteinen. Ich denke, ein Tigerauge würde da ausgleichend wirken.«

Ich wollte nur weg, wusste aber nicht, wie.

Wundersamerweise teilte sich in diesem Moment das Meer der vermeintlich Wohlmeinenden, und Rosa trat dazwischen wie eine rettende Erscheinung.

»Komm, ich bringe dich hier raus«, meinte sie wild entschlossen, schob die beiden »Retterinnen« zur Seite und führte mich aus dem Raum.

An der Tür drehte ich mich kurz um und sah, dass die zwei verloren dastanden wie Raubtiere, denen man die sicher geglaubte Beute entrissen hatte.

»Puh, das war Rettung in letzter Sekunde«, stöhnte Rosa, als wir das Studio erfolgreich verlassen hatten. »Noch etwas länger, und du wärst zum Therapiefall erklärt worden.«

»Stimmt. Ich stand kurz vor der Einweisung in die Chakrenklinik.« Ich atmete tief durch, blickte mich dabei aber zugleich argwöhnisch um. Vom Bankräuber war keine Spur zu sehen. Vielleicht hatte ich mir das Ganze doch nur eingebildet?

Rosa wies auf ein Café auf der anderen Straßenseite.

»Wollen wir auf den Schreck einen Kaffee trinken?«

Ich nickte, und so überquerten wir zusammen die Straße. Dabei überlegte ich, wie ich Rosa den Vorfall erklären sollte. Natürlich konnte ich ihr nicht erzählen, dass ich glaubte, den Bankräuber gesehen zu haben. Und noch weniger, dass dieser bei mir seine Beute suchte, die ich bei mir zu Hause vergraben hatte. Ich musste meine nette Kursverbündete also leider belügen.

Wir setzten uns an einen Fenstertisch, was mir sehr recht war, da ich so die Straße im Blick hatte, und bestellten beim Kellner zwei Tassen Kaffee. Müde legte ich meine Arme auf die Marmorplatte des Tisches. Sie war kalt.

Zu meiner Überraschung erkundigte sich Rosa mit keinem Wort, was mich gerade derart aus der Fassung gebracht hatte. Stattdessen erzählte sie von ihrem Häuschen am Stadtrand und ihrer Arbeit als Köchin in einem inklusiven Restaurant.

Ich entspannte mich zusehends und berichtete davon, dass ich später meinen neuen Hund Pablo aus dem Tierheim abholen wollte. Sie beglückwünschte mich zu dieser Entscheidung, da sie selbst einen kleinen Pinscher namens Mallory aus dem Tierschutz in Griechenland adoptiert hatte.

Außerdem stellte sich heraus, dass sie ihre Sommer auf einer Alm in der Schweiz verbrachte, was mich natürlich im Hinblick auf meine Auszeit sehr interessierte.

So plauderten wir noch eine Weile, wurden uns aufgrund der vielen Gemeinsamkeiten immer sympathischer und verabredeten uns zu einem gemeinsamen Hundespaziergang in naher Zukunft.

Als wir nach über einer Stunde unsere Getränke bezahlten und das Café gut gelaunt verließen, war ich überzeugt, dass ich mir den Bankräuber am Fenster des Studios doch nur eingebildet hatte. Woher sollte er auch wissen, dass ich in diesem Gebäude einen Kurs belegt hatte? Warum war ich nicht gleich darauf gekommen, dass das extrem unwahrscheinlich war?

Wir verabschiedeten uns herzlich, und Rosa ging zurück ins Studio, um noch am restlichen Teil des Kurses teilzunehmen. Ich hingegen hatte an diesem Tag keine Nerven mehr für irgendeine Form von Energiearbeit. Also setzte ich mich in mein Auto, um gleich zum Tierheim zu fahren.

Auf der Fahrt dorthin, alleine im Wagen, stiegen allerdings wieder Zweifel in mir auf, und ich versuchte, mir logisch zu erklären, was es mit der Gestalt am Fenster auf sich haben könnte, um nicht erneut in Panik zu verfallen.

»Gib der Angst in dir keinen Raum«, sprach ich beruhigend zu mir selbst im Tonfall von Herrn Li und stellte zu meiner Erleichterung fest, dass es sogar funktionierte.

Vielleicht war die Gestalt im Studio nur ein Fensterputzer gewesen, welcher der Blitzbirne ein wenig ähnlich sah? Das Gehirn versuchte ja immer, im Gesehenen etwas Bekanntes zu finden, und ergänzte dann Dinge, die gar nicht vorhanden waren, zum Beispiel ein Zöpfchen am Hinterkopf.

Der Bankräuber konnte außerdem meine Adresse nicht wissen, da mein Name nur abgekürzt in der Zeitung gestanden hatte. Somit war es also auch unwahrscheinlich, dass er mir von meinem Haus ins Studio gefolgt war.

Ich hielt an einem Zebrastreifen und ließ eine junge Frau mit Kinderwagen über die Straße gehen. Der Junge starrte mich an, ich schnitt eine Grimasse und streckte meine Zunge heraus. Er lachte vergnügt auf.

Dann fiel mir ein, dass im Artikel zu lesen war, ich sei Galeriebesitzerin. Und so viele Galerien gab es nicht in der Stadt. Wenn er es also darauf anlegte, konnte er mich auf diesem Weg ohne Weiteres finden. Und natürlich würde er nichts unversucht lassen, um mich aufzutreiben. Ich musste sofort herausbekommen, ob er unter einem Vorwand in der Galerie nach mir gefragt hatte.

Ich parkte das Auto am Straßenrand, nahm mein Handy aus der Handtasche und wählte die Nummer meines früheren Arbeitsplatzes. Meine Ex-Assistentin meldete sich sofort mit ihrer unnachahmlich hochnäsigen Stimme.

»Konstanze, ich bin's.«

»Hallo Frau van den Broek«, antwortete meine frühere Assistentin kühl. Seit ich nicht mehr ihre Chefin war, war ihr Engagement mir gegenüber deutlich abgeflaut. Das hatte den Vorteil, dass ich mir ebenfalls keine Mühe mehr mit Höflichkeitsbekundungen geben musste, sondern gleich zur Sache kommen konnte. »Hat in den letzten Tagen vielleicht jemand nach mir gefragt?«

Konstanze überlegte. »Ja, eine Sammlerin, die noch nicht wusste, dass ich ja jetzt …«

Ich fiel ihr ungeduldig ins Wort. »Ich meine, jemand außerhalb des Kunstbetriebs.«

»Nicht, dass ich …« Ich wollte fast schon aufatmen. Doch Konstanze sprach leider noch weiter. »Ach, da war so ein komischer Typ, von einer Zeitung.«

»Von einer Zeitung?«, wiederholte ich leicht alarmiert.

»Ja, der wollte ein Interview mit Ihnen machen wegen

des Bankraubs«, fuhr Konstanze gelangweilt fort. »Sah aber gar nicht aus wie ein Journalist. Ziemlich asozial.«

»Hatte er ein blondes Zöpfchen?«, wollte ich sofort wissen.

»Blondes Zöpfchen? Keine Ahnung, ich habe mir den nicht so genau angesehen.« Konstanzes angewiderte Stimme ließ keinen Zweifel daran, dass sie den Besucher ganz klar unter ihrem Niveau einordnete. Es konnte aber natürlich auch sein, dass der Bankräuber sein Markenzeichen entfernt hatte, um nicht sofort erkannt zu werden.

»Und was haben Sie ihm gesagt?«, fragte ich mit trockenem Mund.

»Dass er sich direkt an Sie wenden soll. Ich habe ihm Ihre Adresse und Telefonnummer gegeben. Publicity können wir ja immer gut gebrauchen. Das war Ihnen doch recht, oder?«

Vor Schreck fiel mir das Telefon aus der Hand und rutschte zwischen Sitz und Handbremse. Ich hörte, wie meine frühere Assistentin rief: »Frau van den Broek, sind Sie noch dran?«, dann sprang ich aus dem Auto und japste nach Luft.

Der dichte Stadtverkehr rauschte gnadenlos an mir vorbei. Ich rettete mich auf den begrünten Seitenstreifen und versuchte, mich zu beruhigen. Mein Herz pochte wie verrückt. Natürlich war der angebliche Zeitungsschreiber die Blitzbirne gewesen. Er wusste jetzt, wo ich wohnte und welche Gewohnheiten ich hatte. Ich war nirgends mehr sicher. Diese Gewissheit schnürte mir die Luft ab.

Doch ich wollte nicht zulassen, dass die Panik endgültig von mir Besitz ergriff und ich hier womöglich auf dem Seitenstreifen kollabierte. Wozu hatte ich ein Entspannungsseminar belegt, wenn nicht für Notsituationen wie diese?

Ich versuchte, mich zu sammeln, begab mich in die Grundstellung und atmete tief aus der Mitte heraus ein und aus. Nach und nach spürte ich, wie ich ruhiger wurde. Ich hob meinen rechten Arm, drehte die Handfläche nach oben und bot dem Affen etwas an, wies ihn dann aber entschlossen mit dem linken Arm zurück.

Und schließlich, an diesem Straßenrand, im tosenden Verkehr der viel befahrenen Ringstraße, wo sich Blech an Blech an mir vorbeischob, gelang mir auf einmal mühelos die Qigongübung »Den Affen abwehren«, als ob ich jahrelang nichts anderes gemacht hätte.

Schade, dass Herr Li mich jetzt nicht sehen konnte.

Auf dem Rückweg vom Tierheim fiel mein Blick im Rückspiegel immer wieder auf den mächtigen Kopf von Pablo, der ruhig in der Transportbox lag. Jedes Mal erschrak ich ein wenig, was für einen Furcht einflößenden Hund ich mir da zugelegt hatte. Doch ich beruhigte mich damit, dass Pablo zwar beängstigend aussah, aber dennoch ein absolut gutmütiger Charakter war. Das würde mein potenzieller Verfolger natürlich nicht ahnen, er würde nur einen großen, dunklen und gefährlich wirkenden Hund erblicken.

Nach meiner Qigongeinheit am Straßenrand, die im Übrigen großes Aufsehen erregt und beinah einen Auffahrunfall provoziert hatte, war ich wieder etwas ruhiger und beschloss, einfach abzuwarten, was passieren würde, bevor ich mich grundlos verrückt machte. Vielleicht war der Besucher in der Galerie ja wirklich nur ein Pressevertreter gewesen.

Der Tierpfleger hatte mir noch etwas verlegen gestanden, dass Pablo in der Vergangenheit wohl schlechte Erfahrungen mit Männern gemacht hatte und daher zuweilen etwas empfindlich auf diese Hälfte der Menschheit reagierte. Das war für mich jedoch kein Anlass, den Hund im Heim zu lassen, sondern erst recht ein Grund, ihn mitzunehmen. Denn ich hoffte, dass sich diese Antipathie, falls notwendig, auch auf den Bankräuber erstrecken würde.

So fuhr ich in bester Stimmung nach Hause, parkte den

Wagen vor der Garage und ließ Pablo, nachdem ich ihn angeleint hatte, herausklettern.

»Das ist jetzt dein neues Zuhause«, verkündete ich feierlich.

Als ob er meine Worte verstanden hätte, lief er aufgeregt umher, beschnüffelte zunächst misstrauisch die Pflanzen rund um die Hofeinfahrt und hob dann sein Bein am schmiedeeisernen Tor. Ich musste lachen. Der Hund hatte auf jeden Fall Geschmack, das stand schon mal fest.

Im Haus zeigte ich ihm sein riesiges Hundebett und die Stelle in der Küche, wo seine Näpfe standen. Pablo drehte aufgekratzt eine Runde durchs Wohnzimmer und bedeutete mir dann mit kurzem Bellen, dass er Hunger hatte. Zumindest vermutete ich das, denn ganz genau verstand ich die Hundesprache noch nicht. Also füllte ich ihm eine große Portion Rind mit Wildschwein in den Napf, worüber er sich gleich gierig hermachte. Er vertilgte die Portion bis auf den letzten Krümel und schleckte am Ende sogar noch den Napf aus.

Fasziniert beobachtete ich jede Regung meines neuen Mitbewohners. Nach dem Fressen schlurfte er zu seinem gemütlichen Hundebett, schnüffelte ausgiebig daran und ging wieder ins Wohnzimmer, wo er einen gezielten Sprung auf mein Sofa machte. Dort drehte er sich dreimal um seine eigene Achse und ließ sich dann zufrieden darauf nieder. Keine zwei Minuten später war er eingeschlafen.

Eigentlich war es mir nicht recht, dass der Hund sich auf das Sofa legte, aber ich wollte ihn nicht gleich am ersten Tag maßregeln. Also ließ ich ihn erst mal in Ruhe und überlegte, was ich als Nächstes tun sollte. Nach den langen Jahren in der Galerie mit selbstverständlichen Überstunden war ich es nicht mehr gewohnt, meine Zeit selbst zu gestalten. Ich hatte immer einen inneren Antreiber gehabt, der mir das Gefühl vermittelte, ständig etwas tun zu *müssen*, und nicht, etwas tun zu *können*. Ich musste mich zum Beispiel um eine Hundeschule für Pablo kümmern, ich konnte mich aber auch mit einem Kaffee auf einen Sessel setzen, um Pablo beim entspannten Schnarchen zuzuhören. Ich musste im Internet nachforschen, ob es etwas Neues zum Bankräuber gab, ich konnte aber auch gelassen darauf vertrauen, dass die Dinge sich von allein zum Positiven entwickeln würden.

Leider gelang es mir noch nicht gänzlich, aus meiner Aktionismushaut zu schlüpfen. Also entschied ich mich für einen Kompromiss, machte mir einen Kaffee, holte meinen Laptop und wollte mich damit zu Pablo aufs Sofa legen. Doch zurück im Wohnzimmer musste ich feststellen, dass der Hund sich inzwischen über die ganze Breite des Sofas ausgestreckt hatte und keinerlei Anstalten machte, sich vertreiben zu lassen, sodass ich mich seufzend mit dem Sessel zufriedengeben musste.

Dort durchforstete ich die Lokalzeitung nach Neuigkeiten zum Banküberfall. Als ich nichts darüber fand, ein Umstand, von dem ich nicht wusste, ob er mich beruhigen oder ängstigen sollte, beschloss ich, mich gleich auch noch auf die Suche nach einer Hundeschule für Pablo und mich zu machen.

Zu meinem Erstaunen gab es in der Stadt nicht nur eine Hundeschule, sondern gleich zehn, und jede stellte ihr Erziehungskonzept heraus, als ob es sich um eine Bildungsstätte für besonders schwer erziehbare Kinder aus gutem Haus handeln würde. Auf fast allen Seiten wurde die »gewaltfreie und respektvolle Kommunikation zwischen Mensch und Tier durch positive Verstärkung« hervorgehoben, die »Sensibilisierung für die individuellen Bedürfnisse des Hundes« betont und eine »ganzheitliche Betrachtungsweise im Mensch-Tier-Verhältnis« angepriesen. Bestimmt wurden die meisten Kinder nicht so verständnisvoll erzogen wie diese Hunde.

Da Pablo schon erwachsen war, bot sich ein Welpenkurs natürlich nicht an. Daher suchte ich nach einem Individualtraining und stieß dabei auf das Angebot »Therapie für Angsthunde«, was mir tatsächlich für die Bewältigung von Pablos Männeraversion als passend erschien, auch wenn er in meiner Gegenwart keinen besonders ängstlichen Eindruck machte. Zwar lebte in meinem Haushalt aktuell kein Mann, aber schließlich hatte ich einen Sohn, der gelegentlich zu Besuch kam. Und bei Spaziergängen würden sich Kontakte mit männlichen Hundehaltern ebenso wenig vermeiden lassen. Ich hatte ein etwas mulmiges Gefühl, als ich anrief und uns für die »Therapie für Angsthunde« anmeldete. Bis zum Beginn des Kurses würde ich versuchen, Pablo von Männern fernzuhalten, um keine riskanten Zwischenfälle zu provozieren.

Dass ich damit bereits gescheitert war, wurde mir schon eine Viertelstunde später durch einen markerschütternden Schrei verdeutlicht. Ich war gerade zufrieden im Sessel eingenickt und träumte davon, dem Bankräuber das Geld zurückzugeben, da ich mich durch all meine Erlebnisse so reich fühlte, dass ich es gar nicht mehr brauchte.

Ich schreckte sofort hoch und rannte in die Richtung, aus der er gekommen war. Pablo stand mit Guilty-Dog-Miene im Flur, während jemand vor dem Haus erbärmlich wimmerte. Ich riss die Tür auf. Vor mir stand der Postbote und umklammerte seine Hand, von der Blut auf die Steintreppe tropfte. Er war ein drahtiger Mann Mitte vierzig, der immer gut gelaunt war, jetzt jedoch verständlicherweise gar nicht freundlich dreinschaute.

»Was ist passiert?«, fragte ich, doch im Grunde kannte ich die Antwort bereits.

Der Postbote warf einen vorwurfsvollen Blick auf Pablo, der nun völlig gleichgültig dreinblickte. Der Mann musste mir gar nicht mehr erzählen, was passiert war, denn es erklärte sich von selbst: Pablo hatte ihn durch den Türschlitz hindurch gebissen. Es ärgerte mich, dass sich damit auch gleich noch das Vorurteil bestätigte, dass Hunde Postboten beißen. Wobei das gar kein Vorurteil war, wie ich einmal gelesen hatte, sondern tatsächlich sehr häufig vorkam. Zu einer Gruppe von vielen Leidensgenossen zu gehören, würde Pablos Opfer im Moment aber auch nicht besänftigen.

»Warum haben Sie die Post denn nicht in den Briefkasten am Tor geworfen?«, fragte ich unvorsichtigerweise. Ich konnte nicht verhindern, dass meine Stimme dabei leicht vorwurfsvoll klang. Natürlich brachte das den Postboten gleich noch mehr in Rage.

»Da war alles vollgestopft mit Werbung! Warum machen Sie kein Schild an den Briefkasten, wenn Sie keine Werbung wollen? Wir Postboten müssen dann immer schauen, wo wir bleiben mit unserer Post. Und wenn sie dann nur ein klein wenig geknickt ist, gibt's auch noch Gemotze!«

Er hatte recht, ich hatte mir die Sache mit dem Schild immer nur vorgenommen, aber nie in die Tat umgesetzt. Auch eine Folge davon, dass ich zu sehr in meine Arbeit verstrickt gewesen war. Ich lächelte entschuldigend, doch der Postbote war noch nicht fertig.

»Ich zeige Sie an! Dieser Hund muss weg! Der ist ja bösartig!«

Pablo knurrte wie zum Beweis seiner Gefährlichkeit und zeigte dabei seine spitzen Eckzähne. Ich hielt es für besser, ihn aus dem Blickfeld des Postboten zu bringen, bevor er ihn auch noch ansprang. Daher packte ich ihn an seinem Halsband, wogegen er sich natürlich mit allen vieren sträubte. Mir fiel ein, dass ich ja noch ein paar Leckerli in der Manteltasche im Flur hatte. Damit gelang es mir, Pablo in die Küche zu locken und dort einzusperren. Dann ging ich mit Verbandszeug nach draußen zum Postboten und versorgte seine Wunde. Wenn man ehrlich war, handelte es sich dabei nur um einen langen Kratzer im Zeigefinger, den Pablo ihm wohl mit einem Eckzahn beigebracht hatte, aber auch das thematisierte ich lieber nicht.

»Es war nicht persönlich gemeint. Er mag allgemein keine Männer«, erklärte ich stattdessen, während ich mit großem Eifer den Verband um seinen Finger wickelte.

Doch der Postbote schnaubte unversöhnlich. »Haben Sie eine Versicherung? Das wird nicht billig. Ich gehe gleich zum Arzt und lasse mich krankschreiben.«

Kaum war ich fertig, sprang er auch schon auf. Mir lief es eiskalt den Rücken hinunter. Denn tatsächlich hatte ich es bisher versäumt, meine Haftpflichtversicherung um den Punkt »Bissiger Hund« zu erweitern.

»Wollen Sie denn nicht kurz reinkommen auf einen Kaffee? Wir können doch alles regeln.« Ich versuchte, meiner Stimme einen sanften Klang zu geben, dennoch biss ich bei dem wütenden Postboten auf Granit.

»Ich gehe zum Arzt, und dann wird alles ordentlich geregelt. Und eine Anzeige kriegen Sie noch dazu.«

»Bitte keine Anzeige«, flehte ich. »Wissen Sie, ich habe Pablo doch gerade erst aus dem Tierheim geholt. Ich habe uns auch für einen Kurs zum Thema ›Therapie für Angsthunde‹ angemeldet. Bitte, bitte nicht anzeigen.« Bei dem Gedanken, dass ich Pablo wieder abgeben müsste und er womöglich sogar eingeschläfert werden würde, schossen mir die Tränen in die Augen.

Seltsamerweise verfing das sofort bei dem Postboten. Er verdrehte die Augen. »Na gut, dann eben keine Anzeige. Aber zum Arzt muss ich, und krankschreiben lass ich mich auch.«

Ich dachte an das Geld unter dem Busch und stimmte zu. Ein paar hundert Euro würde es mich wohl kosten, aber das investierte ich gern, um Pablo behalten zu können.

»Sie bekommen natürlich auch ein Schmerzensgeld«, fügte ich hinzu, damit Pablos Opfer es sich auf keinen Fall noch einmal anders überlegte. »Moment!«

Ich ging rasch ins Haus, holte meine Handtasche, die im Flur am Garderobenhaken hing, und nahm das ganze Geld heraus, das ich im Portemonnaie hatte. Es waren fast dreihundert Euro. Die drückte ich dem Postboten in seine gesunde Hand und legte noch das Kleingeld obendrauf, damit er meinen festen Willen zur Wiedergutmachung erkannte.

Er besah sich die Summe genau, nickte und schien einigermaßen besänftigt. »Ich melde mich dann eventuell noch wegen der Krankheitskosten.«

Wir verabschiedeten uns, ich mit einem Seufzen, er mit leisem Lächeln um den Mund, dem ich entnehmen konnte, dass der Biss nicht so schlimm gewesen war, er aber durchaus gewillt war, daraus das Beste für sich herauszuholen. Ich sah ihm grimmig nach, bis er durch das Tor auf die Straße zu seinem Postauto gegangen war. Dann lief ich zurück ins Haus und sammelte die blutbefleckte Post vom Fliesenboden ein, ohne weiter darauf zu achten, was es war.

Ich würde Pablo einen Maulkorb besorgen, den er tragen

musste, bis er seinen Kurs erfolgreich bewältigt hatte. Vielleicht würde es nächstes Mal nicht so glimpflich ausgehen.

Der Übeltäter saß nun überraschenderweise in seinem Hundebett und sah mich an, als ob nichts gewesen wäre. »Böser Pablo«, schimpfte ich, und er legte wieder seinen schuldbewussten Blick auf, schien aber nicht richtig zu wissen, wofür er gescholten wurde. Zu dem Zeitpunkt war mir noch nicht bewusst, dass es völlig sinnlos war, einen Hund für etwas zu tadeln, was in der Vergangenheit lag, da er es dann nicht mehr mit der Tat in Verbindung bringen konnte.

Ich legte die Post auf den Küchentisch und begab mich auf das nun frei gewordene Sofa, um mich von dem Schreck zu erholen. Die erste Bilanz meiner Auszeit fiel nicht gerade vorteilhaft aus. Ein Postbote war verletzt worden, dessen Regeneration ich mitfinanzieren musste. Meine Mutter wollte eine teure Kreuzfahrt unternehmen, und mein Sohn war unwillig, einen nennenswerten Anteil zu seinem Lebensunterhalt beizutragen. Wenn das so weiterging, würde ich trotz der Beute noch selbst eine Bank überfallen müssen. Mein Mund fühlte sich auf einmal sehr trocken an.

Ich stand auf, um mir aus der Küche ein Glas Wasser zu holen. Dabei fiel mein Blick auf die Post, die ich zuvor achtlos auf den Tisch gelegt hatte. Ich stellte das Wasserglas ab und sah die Briefe kurz durch. Zwei Rechnungen waren darunter, ein Modekatalog mit Schlussverkaufsrabatt und der Steuerbeleg meiner Lebensversicherung.

Aber da war noch etwas. Ein weißer Umschlag ohne Absender und Anschrift. Diesen Brief hatte nicht der Postbote bei mir eingeworfen. Es war also jemand an meinem Haus gewesen, kurz bevor der Mann von Pablo gebissen worden war.

Mein Herz hämmerte wahre Paukenschläge, während ich

den Umschlag aufriss und den losen Zettel mit angehaltenem Atem auseinanderfaltete. Es handelte sich um ein Blatt kariertes Papier, dessen obere Kante unregelmäßig und mit wenig Sorgfalt von einem Schreibblock abgerissen worden war.

Nur vier mit Kugelschreiber geschriebene Worte standen in Großbuchstaben darauf, die in ihrer Knappheit aber eindeutig waren:

WO IST DIE KOHLE?

Der Zettel mit der unmissverständlichen Frage nach der Beute entglitt meinen Fingern und segelte sanft zu Boden. Innerlich verfluchte ich Konstanze, weil sie so bereitwillig meine Adresse herausgegeben hatte. Jedes Schulkind würde erkennen, dass ein Einfaltspinsel wie die Blitzbirne kein Journalist sein konnte. Aber Konstanze waren andere Menschen schon immer reichlich egal gewesen.

Zumindest hatte ich nun Gewissheit. Der Komplize von »Ronnie« war hinter mir her und sogar an meinem Haus gewesen. Daran gab es keinerlei Zweifel mehr. Dann war er wohl auch die Gestalt gewesen, die ihr Gesicht ans Fenster des Qigongstudios gepresst hatte.

Ich sah zu Pablo hinüber. »Du hast den Falschen gebissen«, erklärte ich, und er hob fragend den Kopf. »Warum hast du dir nicht den Bankräuber geschnappt?«

Das war natürlich ungerecht, schließlich hatte Pablo keine Ahnung, wer von den beiden gefährlich war. Oder vielleicht doch? Angenommen, die Blitzbirne war kurz vor dem Postboten ums Haus geschlichen und hatte den Umschlag eingeworfen, und Pablo hatte gewittert, dass dieser Fremde nichts Gutes im Schilde führte. Dann war jedoch der Postbote dazwischengekommen, und mein Verfolger hatte sich schnell hinter der Garage versteckt. Und als der Postbote seine Hand durch den Schlitz gestreckt hatte, war mein Hund der Meinung gewesen, dies sei der Gefährliche von den beiden, und hatte zugeschnappt. Ja, so konnte es gewesen sein.

Ich erschrak, als mir klar wurde, was das bedeutete. Es konnte durchaus sein, dass der Bankräuber immer noch in der Nähe meines Hauses herumlungerte. Mit angehaltenem Atem ging ich zum Wohnzimmerfenster und spähte in den Garten hinaus. Auf den ersten Blick war niemand zu sehen. Vorsichtshalber zog ich dennoch überall die Vorhänge zu und schloss ein gekipptes Fenster.

»Guter Hund«, sagte ich in Richtung Pablo, doch er hatte sich schon wieder zusammengerollt und verstand nun natürlich gar nichts mehr.

Eine unbändige Wut kroch in mir hoch. Was fiel der Blitzbirne ein, einfach hierherzukommen und mein Grundstück zu betreten? Ich beschloss, mich nicht zu verstecken, sondern ihm mit meiner Präsenz zu beweisen, dass ich keine Angst vor ihm hatte. Wenn es auch überhaupt nicht stimmte.

Also lief ich in den Flur, schlüpfte in Stiefel und Mantel, nahm die Hundeleine vom Garderobenhaken und ging damit zurück ins Wohnzimmer, wo Pablo jetzt hellwach in seinem Bett saß. Gute Ohren schien er ja zu haben, denn er hatte offenbar das leise Klappern der Leine wahrgenommen. Das war beruhigend, da er dann vermutlich auch einen Eindringling hören würde.

Ich leinte den Hund an, der nun erwartungsvoll um mich herumtänzelte, tätschelte seinen Kopf und lobte ihn noch einmal für seine Wachsamkeit. Dann verließen wir zusammen das Haus.

Der Frühling sandte seine allerersten Boten in Gestalt von wärmenden Sonnenstrahlen auf die Erde. Doch ich war viel zu angespannt, um es zu genießen. Lauernd blickte ich mich in der Hofeinfahrt um. Zum Glück war weit und breit kein Bankräuber zu sehen. Und da Pablo keinerlei Anzeichen für eine Irritation zeigte, versteckte er sich vermutlich auch nicht in der Nähe.

Daher wagte ich es, mein Grundstück zu verlassen und ging mutig auf die Straße hinaus. Pablo trippelte beschwingt neben mir her, und erst jetzt fiel mir auf, dass dies unser erster gemeinsamer Spaziergang war, seit er bei mir lebte. Ich war froh, dass ich mich für einen so großen Hund entschieden hatte, dem man nicht ansah, dass er eigentlich das Wesen eines bretonischen Zwergschafs hatte. Einmal abgesehen von Begegnungen mit unangenehmen Männern.

Immer wieder drehte ich mich um und vergewisserte mich, dass niemand uns folgte. Nach ein paar Metern entspannte ich mich zusehends und lenkte unsere Schritte in den nahe gelegenen Stadtpark. Außer uns waren noch ein halbes Dutzend weitere Menschen mit ihren Hunden unterwegs, die offenbar das schöne Wetter nutzen wollten. Ich stellte befriedigt fest, dass alle respektvoll Abstand hielten, doch Pablo war so begeistert darüber, Artgenossen zu treffen, dass er mich an der Leine zu jeder Bulldogge, jedem Labrador und jedem Australian Shepherd zog und diese beglückt beschnupperte. Ich versicherte den jeweiligen Tierhaltern stets, dass Pablo ein ganz Lieber sei und nichts tun würde, was ja nicht ganz der Wahrheit entsprach. Pablo war kein niedliches Hündchen, sondern ein kräftiges Tier, das Ehrfurcht erweckte. Das war mir natürlich nur recht. Wenn die Hundehalter dann merkten, dass er einen gutmütigen Charakter hatte, tauten sie auf, und manche strichen ihm sogar übers Fell, was er sich gern gefallen ließ.

Interessanterweise hatte Pablo nicht mit allen Männern Schwierigkeiten, denn nur bei einem fing er an zu knurren, als dieser mir nahe kam, um mir ein Foto seines früheren Hundes, einer Dogge, auf dem Handy zu zeigen. Offenbar hatte Pablo einen ausgeprägten Beschützerinstinkt. Ich war dennoch froh, wenn männliche Hundebesitzer sich bald wieder auf den Weg machten, schließlich wollte ich nicht noch eine weitere Arztrechnung bezahlen. Die Haftpflichtversicherung um den Punkt Hund zu erweitern, würde ich unbedingt als Erstes erledigen.

Der Stadtpark war noch kahl, nur ein paar Fichten setzten Farbtupfer in dem Grau aus blattlosen Ästen und wintermüdem Gras. Dennoch tat mir die klare, sonnige Luft gut. Ich atmete tief ein und versuchte, meine Gedanken zu ordnen.

Es war klar, dass ich mich ab jetzt tatsächlich in Gefahr befand. Pablo würde mir einen gewissen Schutz bieten, aber hundertprozentig sicher war ich nicht. Denn der Bankräuber würde keine Ruhe geben, bis er sein Geld hatte, so viel war sicher.

Das Einfachste wäre natürlich gewesen, ihm seine Beute zurückzugeben, aber so weit war ich noch nicht. Immerhin hatte ich eine Menge Verpflichtungen, und in die Galerie zurückkehren wollte ich im Moment auf keinen Fall. Zu gut gefiel mir die Freiheit, lauter neue Dinge auszuprobieren.

Ich überlegte, ob ich dem Bankräuber einen Deal anbieten sollte, verwarf den Gedanken aber wieder, als ich mir seinen impulsiven Charakter in Erinnerung rief. Das Wort Kompromiss hielt er vermutlich für einen Ausdruck menschlicher Schwäche gegenüber einem Gegner, den man genauso gut mit einem gezielten Faustschlag niederstrecken konnte.

Pablo blieb gelegentlich stehen, beschnupperte einen knorrigen Fichtenstamm oder ein Grasbüschel, fand offenbar hier und da interessante Duftmarken und hob geschäftig sein Bein, um selbst einige Stellen zu markieren.

Ich ließ ihn gewähren, blickte währenddessen nachdenklich in den klarblauen Winterhimmel, und plötzlich wusste ich, was zu tun war.

Pablo war gerade in eine aufregende Schnüffelspur versunken und ließ sich erst nach heftigem Ziehen an der Leine und einem weiteren Leckerli dazu bewegen, mit mir zu kommen. Wir gingen auf direktem Weg nach Hause, da ich meinen Plan so schnell wie möglich in die Tat umsetzen wollte. Und wie immer, wenn man in eine neue Idee verliebt ist, war auch ich in diesem Moment davon überzeugt, dass sie mich aus meiner Zwickmühle herausführen würde.

Der Nachhauseweg erschien mir deutlich länger als der Hinweg. Selbstverständlich kam mir in meiner Wohnstraße, kurz bevor ich das rettende Haus erreicht hatte, auch noch Herr Pauly entgegen, ein älterer, an sich liebenswerter Herr, der jedoch den Nachteil hatte, dass er über Zeit verfügte. Sehr viel Zeit. Und bereit war, diese mit allen Nachbarn zu teilen.

Zunächst einmal bewunderte Herr Pauly ausgiebig meinen neuen Mitbewohner, während ich ungeduldig von einem Fuß auf den anderen trippelte.

Er wollte wissen, was für eine Rasse es sei, wie viel so ein großer Hund fraß, was das Futter kostete und ob er denn schon auf seinen neuen Namen hören würde.

Ich beantwortete seine Fragen höflich, aber mit wachsender Ungeduld. Als Herr Pauly sich auch noch äußerst wissbegierig zeigte, wie so ein Tier heutzutage abgerichtet wurde, und mir ausgiebig von seinem früheren Jagdhund berichtete, der seinerzeit der beste Aufstöberer von Enten gewesen sei, den die Stadt je gesehen hatte, verabschiedete ich mich schroff mit der Bemerkung, dass ich Vegetarierin sei (was nicht ganz stimmte), meinen Hund gewaltfrei erziehen würde (was noch zu beweisen war) und ich im Übrigen gerade überhaupt keine Zeit hatte. So ließ ich einen verstört dreinblickenden alten Nachbarn zurück, der sicher nicht oft Gelegenheit hatte, mit anderen Menschen zu sprechen. Sofort meldete sich mein schlechtes Gewissen. Da ich es mir aber mit dem an sich netten und harmlosen Herrn Pauly nicht verscherzen wollte, drehte ich mich im Weggehen noch einmal um und rief: »Kommen Sie uns doch mal auf einen Kaffee besuchen, da freut sich Pablo bestimmt!«

Sein Gesicht hellte sich augenblicklich auf. »Morgen? Morgen Nachmittag hätte ich Zeit!«

Ich seufzte innerlich, nickte ihm aber zu und beeilte mich, zu meinem Haus zu kommen.

Wenn du selbst einmal alt und einsam bist, würdest du dich auch freuen, wenn irgendjemand dich mal einlädt, sagte ich mir und hatte gleich wieder bessere Laune. Schließlich wollte ich in meinem Sabbatjahr auch meine sozialen Kompetenzen verstärken, zumal meine Mutter ohnehin etwas Besseres zu tun hatte. Und damit einfach in der Nachbarschaft anzufangen und nicht gleich nach Bolivien oder Äthiopien zu fahren, schien mir als Ausgangspunkt naheliegend.

Im Haus ließ ich Pablo von der Leine, legte Mantel und Schuhe ab und folgte meinem Hund in die Küche. Nachdem ich eine große Portion seines Futters in den Napf gefüllt und er sich darüber hergemacht hatte, schnappte ich mir das Smartphone und setzte mich damit in einen Sessel mit Blick auf den japanischen Garten. Die Nummer, die ich wählen wollte, war noch gespeichert.

Die Kommissarin meldete sich sofort.

»Guten Tag, Frau Ritter, hier ist Vera van den Broek«, sagte ich mit fester Stimme.

»Frau van den Broek, wie geht es Ihnen?« Da war es wieder, das warme, verständnisvolle Timbre der Kommissarinnenstimme, das jeden Verbrecher sofort geständig machte. Nur hoffentlich nicht mich. Ich erschrak, dass ich mich offenbar schon ganz selbstverständlich zu den Verbrechern zählte.

»Danke, an sich geht es mir gut, nur …« Ich tat, als zögerte ich, einen ungeheuerlichen Gedanken auszusprechen.

»Nur?«, hakte die Kommissarin aufmerksam nach.

»Nun ja, ich weiß nicht … wahrscheinlich ist es totaler Blödsinn.«

Ich hörte regelrecht, wie die Kommissarin hellhörig wurde und sich aufrecht hinsetzte. »Nein, nein, erzählen Sie ruhig.«

»Also, ich … ich fühle mich … verfolgt«, fuhr ich fort.

»Gibt es irgendeinen Anlass dafür?«

Ich erzählte ihr von meinem Qigongkurs und der Gestalt, die ich am Fenster gesehen hatte. Und dass ich glaubte, es wäre der Bankräuber gewesen. Und wie sehr ich seitdem irritiert war. Den Zettel in meinem Briefkasten erwähnte ich natürlich nicht.

Kommissarin Ritter hörte sich alles ruhig an und schwieg. Zumindest so lange, bis ich mich ungeduldig räusperte. Dann deckte sie mit einem Satz treffsicher den Schwachpunkt meines dünnen Konstrukts auf: »Aber warum sollte er das tun?«

Ich war so überrascht davon, meinen Plan offensichtlich nicht ganz zu Ende gedacht zu haben, dass ich nur dümmlich ein einziges Wort hervorbrachte. »Was?«

»Warum der Bankräuber Sie verfolgen sollte?«, präzisierte die Kommissarin ruhig, aber mit leicht gereiztem Unterton. Sie schien misstrauisch geworden zu sein, und ich ärgerte mich über meinen unnötigen Leichtsinn. »Welchen Grund sollte er dafür haben?«

»Nun, äh ... ich ... Wissen Sie denn schon, wer er ist?«, versuchte ich, von meinem unzulänglichen Plan abzulenken.

»Nein, der andere Bankräuber schweigt wie ein ganzes Familiengrab«, meinte die Kommissarin genervt. Dieses Mal aber nicht von mir, sondern von der Tatsache, dass Ronnie seinen Komplizen partout nicht preisgeben wollte.

»Sehen Sie«, rief ich, vielleicht eine Spur zu erleichtert. »Das ist es! Er fürchtet, dass ich ihn erkennen könnte. Beim Wegrennen hat er sich doch die Maske vom Kopf gerissen. Ich habe zwar nur sein Zöpfchen erspäht, aber das weiß er ja nicht. Ich könnte ihn womöglich identifizieren, wenn es zu einer Gegenüberstellung kommt. Das will er vielleicht verhindern, indem er mich einschüchtert.«

Ich hatte einmal gelesen, dass Verdächtige sich vor allem dadurch suspekt machen, dass sie besonders viele Details zum Tathergang erzählen, während Unschuldige einfach stringent den Ablauf erzählen. Demzufolge war ich gerade auf dem besten Weg, mich durch mein Geplapper als Verdächtige auszuweisen. Also schwieg ich lieber und betrachtete Pablo, der gerade aus der Küche ins Wohnzimmer getrottet war und sich zufrieden das Maul schleckte.

Das Problem war, dass die Kommissarin ebenfalls schwieg und ich daher ausreichend Zeit hatte, nervös zu werden. Ich war wirklich ein Trottel. Zu gerne hätte ich zu meiner Beruhigung eine Qigongübung gemacht, aber ich konnte das Telefon nicht aus der Hand legen. Der Schweiß trat mir aus allen Poren, und ich stand kurz davor, alles zu gestehen und das Geld zurückzugeben, als die Kommissarin tief durchatmete und endlich wieder sprach. »Könnte was dran sein.«

Ich versuchte, mir dieses Mal nicht anmerken zu lassen, wie erleichtert ich war. Tatsächlich schaffte ich es ausnahmsweise, einfach gar nichts dazu zu sagen, was zuweilen ohnehin das Beste ist, wie ich mit zunehmendem Alter feststelle. Das Gegenüber neigt dann dazu, das zu ergänzen, was es in diesem Moment am liebsten hören würde. Doch was die Kommissarin dann zum Besten gab, gefiel mir auch wieder nicht.

»Wir könnten ihm natürlich eine Falle stellen. Aber das würde Sie eventuell in Gefahr bringen …«

Erwartete sie etwa, dass ich zustimmen würde? Kein Problem. Das macht gar nichts! Nehmen Sie mich ruhig als Zielscheibe, wenn es der Allgemeinheit dient!

Und im Grunde genommen war es für mich ohnehin am besten, wenn der zweite Bankräuber weiter frei herumlief, denn ansonsten würde er bei seiner Vernehmung vermutlich den Verlust seiner Beute offenbaren. Und die Kommissarin war schlau genug, um sich dann zusammenreimen zu können, wo das Geld war.

»Das möchte ich … nicht so gerne. Ich muss mich … auch noch von der Geiselnahme erholen«, stammelte ich herum.

»Sie haben recht, eine blöde Idee«, antwortete Frau Ritter. »Das wäre Ihnen nicht zuzumuten.«

Täuschte ich mich, oder war da ein leicht ironischer Unterton in ihrer Stimme? Oder bildete ich mir das nur ein, weil ich ein schlechtes Gewissen hatte?

Ich war als Verbrecherin wirklich vollkommen ungeeignet! Und Geld machte tatsächlich nicht glücklich, schon gar nicht, wenn es illegales Geld war.

»Aber wir lassen öfter mal eine Streife durch Ihre Straße fahren. Dann fühlen Sie sich sicherer. Aber melden Sie sich sofort, wenn Ihnen irgendetwas auffällt. Ich gebe Ihnen meine Handynummer.«

Ich notierte mir die Zahlen und verabschiedete mich unter so vielen Dankesbezeugungen, dass es schon wieder auffällig war. Wäre das Gespräch nicht bald zu Ende gewesen, hätte ich mich noch um Kopf und Kragen geredet.

Immerhin hatte ich das bekommen, was ich beabsichtigt hatte: einen gewissen Schutz vor dem Bankräuber durch vorbeifahrende Streifen. Der Bankräuber würde sich natürlich denken können, dass ich diesen Schutz angefordert hatte, und hoffentlich daraus folgern, dass ich die Beute gar nicht hatte. Denn würde ich sonst die Polizei rufen? Es konnte ja aus seiner Sicht genauso gut sein, dass die Polizei sie in meinem Auto gefunden hatte, dies aber nicht an die große Glocke hängen wollte, da es Täterwissen war.

Allerdings war es fraglich, ob die Blitzbirne überhaupt so viel nachdachte.

In der nächsten Zeit blieb mir daher nichts anderes übrig, als abzuwarten, auf Pablo als meinen natürlichen Beschützer und die Wirkung der Polizeistreifen zu vertrauen und meine angekratzten Nerven durch die neu erlernten Qigongübungen zu besänftigen.

Gemächlich wie ein langer, ruhiger Fluss zogen die folgenden Tage dahin. Ich verbrachte sie damit, am Vormittag in meinen Qigongkurs zu gehen und nachmittags wahlweise mit Pablo ausgedehnte Spaziergänge zu machen oder mich mit Freunden zu verabreden. Die Bedrohung durch den Bankräuber hatte mir etwas den Schwung für meine weiteren Pläne genommen, sodass ich zunächst einmal abwartete, was passierte.

Pablo blieb seit dem Vorfall mit dem Postboten eng an meiner Seite. Manchmal sogar etwas zu eng. Einmal sprang er mir, als ich ahnungslos im Sessel ein Buch las, unvermittelt auf den Schoß. Abgesehen davon, dass so ein großer Hund nicht gerade leicht ist, überragte er mich selbst sitzend um einen ganzen Kopf. Ich ächzte unter seinem Gewicht. Doch er ließ sich erst davon überzeugen, wieder von mir abzusteigen, als ich ihm ein Leckerli in Aussicht stellte.

Meine Freundin Nike wollte natürlich unbedingt über den Stand der Entwicklungen Bescheid wissen und kam mit einer fetten selbst gebackenen Sahnetorte zum Kaffee zu mir. Kurz zögerte ich, ob ich sie in meine komplizierte Situation einweihen sollte, dann aber erzählte ich aus Unsicherheit, wie sie auf meine kriminellen Abwege reagieren würde, lieber nur den Teil, von dem auch die Kommissarin wusste.

Die Vertrautheit, die früher zwischen uns geherrscht hatte, wollte sich nicht so richtig einstellen. Nike sah mich ein paarmal mit zweifelndem Blick an, erklärte sich mein Verhalten aber wohl mit der Bedrohungslage durch den Bankräuber. Ich konnte sie gerade noch davon abhalten, mit einer gepackten Tasche bei mir einzuziehen, und war erleichtert und traurig zugleich, als sie nach zwei Stunden wieder verschwand. Geheimnisse machten also auch einsam.

Am nächsten Tag fuhr ich erneut zu meiner Mutter in die Seniorenresidenz, da sie mir ihren neuen Lebensgefährten vorstellen wollte und ich ihr meinen neuen Hund, was sich jedoch beiderseits als große Enttäuschung herausstellen sollte.

Es war keineswegs so, dass ich übertriebene Erwartungen an den neuen Lebensgefährten meiner Mutter gehegt hatte. Ich kannte schließlich ihren Hang zu halbseidenen Wichtigtuern, die sich bei ihr bequem einrichten wollten. Doch dieser Hartmut war wirklich ein ganz besonders unangenehmes Exemplar von einem Mann.

Nicht nur, dass er die ganze Zeit unter einem dünnen Schnäuzer dümmlich grinste, nein, er tätschelte auch noch ständig an meiner Mutter herum. Besonders gern gab er ihr einen Klaps aufs Hinterteil, wenn sie beflissen das Wohnzimmer verließ, um frischen Kaffee oder irgendetwas anderes für ihren neuen Lover zu holen. Und sie war keineswegs empört darüber, sondern kicherte wie ein junges Mädchen. Obendrein hatte Hartmut sein Geld offenbar im Rotlichtmilieu verdient, womit er sogar prahlte.

Warum er meine Mutter dann nicht auf die Kreuzfahrt einlud, war mir so lange ein Rätsel, bis diese verkündete, dass sie immer allergrößten Wert auf ihre finanzielle Unabhängigkeit gelegt habe. Das war mir allerdings neu, schließlich finanzierte ich ihre Unterkunft schon seit drei Jahren, was keinerlei Problem für sie dargestellt hatte.

Als meine Mutter wieder einmal in der Küche verschwand, ging ich hinterher und zischte ihr zu: »Das ist doch nicht dein Ernst, oder? Ein Zuhälter!«

»Hartmut war kein Zuhälter«, meinte meine Mutter beleidigt. »Er hatte eine Bar.«

»Also ein Zuhälter«, insistierte ich. Heute mochte eine Bar vielleicht eine Kaffee- oder Cocktailbar sein, aber zu Hartmuts Zeiten bedeutete »Bar« ganz eindeutig Rotlichtmilieu.

Mein Mutter hantierte umständlich an ihrer Kaffeemaschine, und ich sah, dass ihr die Tränen in die Augen schossen. Sofort bereute ich meine Taktlosigkeit. Allerdings nur kurz.

»Du gönnst mir einfach mein Glück nicht. Weil Bart dich verlassen hat.«

Sie drehte sich um und sah mir messerscharf in die Augen. Ich schluckte und fühlte mich getroffen. Hatte meine Mutter vielleicht sogar recht? War ich eine neidische alternde Frau, die in ihrer Verbitterung auf anderen herumhackte, denen es besser ging als mir?

Doch ich verwarf den Gedanken sofort wieder, als ich einen Blick ins Wohnzimmer warf, von wo aus Hartmut mir ein zweideutiges Zwinkern zuwarf.

»Nein, ich würde dir dein Glück absolut gönnen, wenn du vielleicht mit einem pensionierten Studienrat zusammen wärst oder meinetwegen auch einem Gas- und Abwasserinstallateur«, zischte ich. »Aber doch bitte nicht mit einem Typen aus zwielichtigen Verhältnissen, der dauernd an dir herumfingert.«

Den letzten Satzteil hätte ich mir lieber sparen sollen, denn nun rauschte meine Mutter mit den beiden frisch gefüllten Kaffeetassen wie von der Tarantel gestochen und hoch erhobenen Hauptes ins Wohnzimmer zurück. Ich sah ein, dass sie momentan für die Stimme der Vernunft nicht erreichbar war, machte mir selbst ebenfalls einen Kaffee und ging ihr seufzend hinterher. Dort tat meine Mutter vor Hartmut dann so, als hätte unser kurzes Gespräch in der Küche nie stattgefunden. Ich wünschte, ich hätte wenigstens ihre Fähigkeit zur Verdrängung geerbt.

Meine Mutter war ihrerseits enttäuscht, dass Pablo kein reizendes Schoßhündchen war, das sie herzen und mit Kuchen füttern konnte. Vielmehr lag er knurrend hinter ihrem Sessel und fletschte Hartmut an, sobald dieser sich auch nur bewegte. Insgeheim freute es mich natürlich, dass mein Hund so eine gute Menschenkenntnis hatte. Ich beglückwünschte mich noch einmal zu meiner Haustierwahl und nutzte die Gefahrensituation für Hartmut als Ausrede, um mich alsbald verabschieden zu können. An den Mienen von Hartmut und meiner Mutter konnte ich erkennen, dass die beiden genauso erleichtert über das Ende des Treffens waren.

Auch wenn unsere Zusammenkunft im Nachhinein für beide Parteien nicht gerade positiv verlaufen war, waren wir doch immerhin einigermaßen quitt. Meine Mutter war enttäuscht über meinem Hund, ich entsetzt über ihren Mann.

»Hoffentlich heiraten sie wenigstens nicht«, raunte ich meinem Hund zu, als wir die Seniorenresidenz durch die Eingangshalle verließen. Aber in dieser Hinsicht konnte ich einigermaßen beruhigt sein, denn meine Mutter hatte nach dem Tod meines Vaters geschworen, Männer nun nur noch als Nomaden bei sich aufzunehmen. Allerdings hatte ich bis zu diesem Zeitpunkt auch nicht geglaubt, dass sie zu dem infrage kommenden Kreis von Bewerbern auch Herren zweifelhafter Herkunft zählen würde.

An diesem Abend brauchte ich eine extra Qigongeinheit und, als nicht einmal das mehr half, ein paar Gläser Wein, um mich mit dem neuen Familienzuwachs halbwegs zu arrangieren. Bestand nicht ohnehin das ganze Leben darin, missliebige Dinge so gut es ging in ein sanft getöntes Licht zu rücken, das es einem ermöglichte, sie wenigstens irgendwie zu akzeptieren? Zumindest sah ich das nach drei Gläsern Weißwein so.

Und ich hoffte darauf, dass meine Mutter irgendwann aus ihrer rosa Traumblase erwachen und selbst bemerken würde, was für einen windigen Charakter sie sich da ins Haus geholt hatte. Alles war eine Frage der Zeit und natürlich auch starker Nerven. Da das junge Glück aber ohnehin beabsichtigte, bald auf Kreuzfahrt zu gehen, würden diese zunächst einmal geschont bleiben.

Wenigstens hatte die Kommissarin Wort gehalten: Dreimal am Tag kreuzte ein Streifenwagen durch meine Straße, machte an meinem Haus kurz halt und fuhr wieder weiter, wenn die Beamten sich vergewissert hatten, dass alles in Ordnung war.

Das gab mir ein beruhigendes Gefühl, zumal die Aktion offenbar Wirkung zeigte, denn die Blitzbirne ließ sich die ganzen Tage über nicht blicken. Vermutlich hatte er sich ganz aus der Stadt verabschiedet, womöglich war er sogar ins Ausland geflüchtet. Seinen Drohbrief verbrannte ich im Garten, um keinerlei Spuren davon zu hinterlassen.

So vergaß ich nach und nach die Gefahr, ging wieder in den entspannten Alltag meines Sabbatjahrs über und konnte bald schon voller Zuversicht die Organisation neuer Projekte in Angriff nehmen.

Als nächster Programmpunkt meiner Auszeit stand der

erste Besuch der Hundeschule mit Pablo an. Dass dieser dringend notwendig war, hatte er mit dem Biss in den Postbotenfinger eindrücklich bewiesen. Der Hund hatte keine Ahnung, was ihm bevorstand, als ich eines Nachmittags seine Leine vom Garderobenhaken nahm und verlockend damit klapperte. Daher vermutete er seinen üblichen Spaziergang, kam erfreut angetrabt und ließ sich bereitwillig anleinen.

Autofahren liebte Pablo sehr, wie viele andere Hunde auch. Er sprang schwanzwedelnd in die Transportbox, legte sich entspannt hin und beobachtete auf der Fahrt frohgemut das Geschehen auf der Straße.

Der Hundetrainer wohnte etwas außerhalb der Stadt. Ich fuhr über den Zubringer auf die Autobahn und war nach fünfzehn Minuten in dem kleinen Dorf angekommen, das hauptsächlich aus trostlosen Häusern entlang der Hauptstraße bestand. Problemlos fand ich den ehemaligen Bauernhof, wo der Hundetrainer lebte und arbeitete.

Ich parkte meinen Wagen im Hof vor der Scheune und ließ Pablo aus der Transportbox springen. Auf der Stelle begann er mit wichtigen Schnüffelarbeiten rund um das Haus. Sicherlich gab es viele interessante Geruchsspuren von anderen Hunden, die sich hier zahlreich aufhalten mussten.

Außer meinem stand nur ein weiteres Auto im Hof, das vermutlich dem Besitzer gehörte. Ich ging zur Haustür des hübsch renovierten Backsteinhäuschens mit weißen Fensterläden und Blumenkästen und suchte die Klingel. Neben der Tür war ein Schild angebracht, auf dem *Gerber – Hundepsychologe* stand. Das gab mir sofort ein mulmiges Gefühl, denn die Berufsbezeichnung ließ vermuten, dass etwas mit meinem Tier nicht in Ordnung war. Beschützend legte ich meine Hand auf Pablos Kopf, der nichts ahnend neben mir stand und freudig auf die sich nun nähernden Schritte lauschte.

Ein freundlich lächelnder Mittvierziger mit halblangen, grau melierten Haaren und Jeanshemd öffnete die Tür, stellte sich als David vor und bat uns, mit ihm zu kommen. Ich stellte mich und Pablo mit dem Vornamen vor, wobei Pablo ohnehin keinen Nachnamen hatte. Pablo musterte den Hundepsychologen zunächst skeptisch, kam aber bereitwillig mit, als ich selbst Anstalten machte, dem Mann zu folgen.

Wir gingen durch das Scheunentor hindurch auf eine kurz gemähte Trainingswiese, wo der Hundepsychologe sich mit verschränkten Armen vor uns hinstellte und ohne Umschweife wissen wollte, was das Problem mit meinem Tier sei.

»Er mag keine Männer«, bekannte ich, und augenblicklich führte Pablo dieses Geständnis ad absurdum, sprang zu ihm hin und leckte ihm als Zeichen seiner »Abneigung« die Hand.

»Das sehe ich!« Der Hundepsychologe lachte und tätschelte Pablo zum Dank die Flanke, was dieser sich gern gefallen ließ.

»Präziser gesagt: Er mag keine unangenehmen Männer«, erklärte ich.

»Es ist ja an sich nichts Falsches, dass er bei bestimmten Männern misstrauisch ist«, befand David. »Wo liegt dann das Problem?«

»Er hat den Postboten gebissen«, gestand ich mit dem Gefühl, Pablo verteidigen zu müssen. »Aber das war an seinem ersten Tag bei mir, Pablo war vorher im Tierheim. Ich bin schuld, ich habe nicht aufgepasst.«

»Ist der Postbote so ein Unsympath?«, wollte David wissen und konnte sich dabei ein weiteres Grinsen nicht verkneifen.

»Nein«, erklärte ich, »der nicht. Aber …«

»Aber?« Der Hundepsychologe sah mich so offen an, dass ich ihm nach und nach die ganze Geschichte mit dem Bankraub erzählte, einschließlich der Bedrohung durch den Bankräuber. Besser gesagt, ich erzählte ihm fast die ganze Geschichte. Das Geld in meinem Garten verschwieg ich natürlich auch ihm.

Er hörte sich alles mit interessierter Psychologenmiene an und nickte gelegentlich.

»Das erklärt natürlich einiges. So oder so: Beißen geht nicht, da musst du was tun, wenn du den Hund behalten willst«, meinte er dann stirnrunzelnd.

Ich nahm mir vor, alles engagiert mitzumachen, um bloß zu verhindern, dass Pablo mir weggenommen wurde. Er war nicht nur ein guter Beschützer für mich, sondern mittlerweile auch ein geschätzter Begleiter geworden, auf den ich keinesfalls mehr verzichten wollte.

»Ich schaue mir das mal an. Geh bitte mal mit deinem Hund bis ans Ende dieser Wiese, und komm dann wieder zu mir zurück«, bat mich der Hundetrainer.

Ich verstand zwar nicht, was das mit dem Postboten und Pablos Aversion gegen Männer zu tun hatte, machte mich aber gleich mit ihm auf den Weg, um meine Bereitschaft zur Kooperation zu zeigen. Die Wiese war sehr lang und lag direkt am Ortsrand, nur von Fußwegen und Feldern umgeben. Im Sommer war es hier bestimmt sehr schön, aber jetzt, in der immer noch kühlen Aprilluft, fröstelte ich ein wenig. Mein Hund blieb die ganze Zeit über dicht an mir dran und machte keinerlei Anstalten, nach rechts oder links auszubrechen, was ich mit einem gewissen Besitzerstolz bemerkte. Sicherlich hatte der Hundepsychologe gedacht, Pablo wäre ein absolut unerzogener Hund und würde machen, was er wollte, doch genau das Gegenteil war der Fall. Als wir am Ende der Hundewiese angekommen waren, rief David: »Und jetzt ohne Leine zurück!«

Ich platzte fast vor Stolz, als Pablo auch auf dem Rückweg dicht bei mir blieb und sich dabei durch keinerlei interessante Gerüche oder Geräusche ablenken ließ. Wir waren ein Team, eine unzertrennliche Einheit, unterwegs, um dem Rest der Welt zu zeigen, wie großartig Mensch und Tier zusammenarbeiten können!

Vielleicht schickt mich der Hundepsychologe gleich wieder nach Hause, weil es gar kein Problem mit Pablo gibt, dachte ich in meiner unendlichen Vermessenheit. Schließlich hatte Pablo den Postboten ja nur gebissen, weil er dachte, er würde mich bedrohen. Dabei verdrängte ich vollkommen, dass ich mich im Moment in einer permanenten Bedrohungslage befand.

Als wir gut gelaunt wieder bei David einschwebten, stellte ich verwundert fest, dass dieser eine äußerst nachdenkliche Miene aufgesetzt hatte, und meine Laune sank sofort eine Etage tiefer.

»Ich glaube, ich weiß schon, wo das Problem liegt«, meinte der Hundepsychologe, und ich fand, dass er dabei reichlich anmaßend klang. Schließlich kannte er uns gerade mal eine halbe Stunde.

»Ach ja, wo denn?«, antwortete ich patziger als beabsichtigt. Schließlich wollte der Mann uns helfen, da war es nicht unbedingt schlau, ihn auch noch gegen mich aufzubringen.

»Der Hund klebt sehr dicht an dir dran. Er wittert nicht einmal die herrlichen Spuren der vielen Hunde, die sich hier sonst täglich tummeln.«

»Aber das ist doch gut. Andere Hunde, die ich bei unseren Spaziergängen sehe, machen oft nur das, was sie selbst wollen«, verteidigte ich Pablo.

»An sich ja. Aber in deinem Fall hat der Hund das Gefühl, dass er dich nicht aus den Augen lassen darf, weil er dich allein offenbar für komplett lebensunfähig hält. Und das Ganze stresst ihn sichtlich.«

Ich sog empört die Luft ein. »Wie bitte? Ich komme sehr wohl allein zurecht! Schließlich war ich vor Pablo ja auch alleinlebend und durchaus in der Lage, für mich zu sorgen.«

Der Hundetrainer lächelte milde, was mich nur noch aggressiver machte. »Und dein Verfolger? Kommst du mit dem auch allein zurecht?«

Jetzt hatte er mich erwischt! Ich seufzte tief auf, starrte eine Weile auf die noch kahlen Bäume rund um sein Haus und nickte ergeben. »Bist du eigentlich Hundepsychologe oder Hundehalterpsychologe?«

»Beides«, antwortete er lachend. »Aber meistens Letzteres. Ein Großteil der Probleme entsteht nicht etwa durch das Tier, sondern durch den Menschen. Du musst dem Hund klarmachen, dass du stark bist und als Rudelführer geeignet, sonst kann er sich in deiner Gegenwart nicht entspannen.«

Ich schwieg und ließ mir seine Worte durch den Kopf gehen, während ich meinen Hund beobachtete, der mich tatsächlich keine Sekunde aus den Augen ließ. »Pablo hat aber schon Männer gehasst, bevor er mich armes, beschützenswertes Wesen kennengelernt hat«, bemerkte ich dann.

David lachte. »Das stimmt. Aber wir fangen jetzt erst mal mit dir an, das ist einfacher. Was Pablo in der Vergangenheit erlebt hat, wissen wir nicht. Du musst die genetischen Veranlagungen deines Hütehundes so lenken, dass er einerseits der Umwelt keine Probleme macht und andererseits selbst glücklich und zufrieden ist.«

Warum war mir nie aufgefallen, dass Pablo tatsächlich einen angespannten und fast schon lauernden Eindruck machte? War ich so sehr mit mir selbst und meinen Themen beschäftigt gewesen, dass ich seine Not glatt übersehen hatte? Ich schämte mich ein bisschen, wenn ich daran dachte, dass ich Pablo damit ziemlich großem Stress ausgesetzt haben musste, und beschloss, mich zu bessern.

Den Rest der Stunde verbrachte ich damit, widerspruchslos zu tun, was der Trainer verlangte. Ich sollte den gleichen Weg noch einmal alleine gehen, während Pablo bei David sitzen bleiben musste, was ihm sichtlich schwerfiel.

Die ersten beiden Male jaulte er kläglich hinter mir her und versuchte, sich loszureißen, weshalb ich mich sehr zügeln musste, nicht sofort wieder kehrtzumachen. Doch ich widerstand zähneknirschend der Versuchung, und beim dritten Mal saß Pablo schon recht entspannt neben dem Trainer und begrüßte mich umso euphorischer, indem er mir mit seiner großen, rauen Zunge sabbernd durchs Gesicht fuhr, als ich wieder bei ihm war. Zur Belohnung durfte ich ihm dann ein Leckerli geben. Mein Gesicht wischte ich verstohlen mit dem Jackenärmel ab.

Ein Hundetraining zu absolvieren bedeutete also, seinen Hund nicht zu beachten und um Erlaubnis bitten zu müssen, wenn man ihn dafür mit einem Kauknochen belohnte. Das fühlte sich schon ziemlich seltsam an. Von der erfolgreichen Geschäftsfrau war ich innerhalb einer Trainingseinheit zur komplett unselbstständigen Anfängerin mutiert.

»Das klappt ja schon ganz gut«, lobte David mich nach meinem Geschmack etwas zu herablassend. »Jetzt geht ihr beiden noch eine Runde zusammen. Aber du musst ihn unbedingt ignorieren, egal, was er tut.«

Ich schluckte und machte mich mit Pablo auf den Weg. Schon nach wenigen Schritten war er wegen meines abweisenden Verhaltens stark verunsichert, stupste mich mehrfach an, bellte und versuchte, durch alle möglichen Aktionen meine Aufmerksamkeit zu erhaschen. Aber ich blieb eisern und ignorierte ihn, obwohl es mir ungemein schwerfiel. Schließlich wollte ich meinem Hund beweisen, dass ich stark war und dass er nicht auf mich aufpassen musste. Als wir wieder beim Trainer angekommen waren, war ich vor lauter Anstrengung, meinen Hund nicht zu beachten, wie gerädert.

»So, das reicht erst mal für heute«, meinte David zufrieden. »Das machst du jetzt bitte zu Hause genauso weiter. Als Rudeltiere ordnen sich Hunde dem stärksten Wesen unter. Und das musst ab jetzt du sein. Es muss ja trotzdem keine Hund-Mensch-Diktatur sein, sondern du kannst auch eine Demokratie anführen. Mit Betonung auf anführen.«

Ich fühlte mich wie eine Siebtklässlerin, die unfreiwillig zur Klassensprecherin gewählt worden war. Aber was blieb mir anderes übrig, als die Ratschläge des Trainers zu akzeptieren, wenn ich meinem Hund nicht schaden wollte? Also nickte ich artig.

»Und unbedingt konsequent sein, dann wird das schon. Ich habe ein ganz gutes Gefühl bei euch beiden.«

Ich nickte wieder, diesmal allerdings geschmeichelt, und sah zufrieden auf Pablo, der etwas konsterniert in der Wiese saß. Er hatte sich für die erste Sitzung wacker geschlagen.

Zur Belohnung tätschelte ich seinen Kopf und gab ihm noch ein Leckerli. Ganz ohne Erlaubnis.

Eine Sache trieb mich jedoch noch um.

»Was ist, wenn ich wirklich bedroht werde und seine Hilfe brauche? Denkt er dann auch, ich bin selbstständig genug und komme alleine klar?«

»Das wird Pablo dann schon unterscheiden können, keine Sorge«, beruhigte mich David. »Wenn du selbst nicht entspannt bist, dann ist dein Hund es auch nicht und wird nicht von deiner Seite weichen.«

»Aber könnte ich ihm auch beibringen, dass er zum Beispiel einen Angreifer beißt?«

David schloss für einen Moment die Augen, als ob allein die Frage ihn als Vertreter der gewaltfreien Hundeerziehung schmerzen würde, und schüttelte den Kopf. »Wenn wir ihn zur Gewaltlosigkeit und Entspannung erziehen, können wir ihn nicht gleichzeitig zum Kampfhund ausbilden.«

Als der Hundetrainer die Augen wieder aufschlug und bemerkte, dass ich ihn entsetzt ansah, fügte er hinzu: »Aber im Zweifelsfall versteht jeder Hund, der es geübt hat, ein einfaches: Fass!«

Ich nickte, allerdings nur halbwegs beruhigt. Auf jeden Fall würde ich mit Pablo in der nächsten Zeit das Kommando »Fass!« im Garten trainieren, damit ich auf der sicheren Seite war.

David schien meine Gedanken zu lesen. »Für heute ist es genug, denke ich. Nächstes Mal trainieren wir dann ein paar Kommandos, gerne auch ›Fass!‹.«

Nach diesen Worten begleitete er uns in den Hof zurück zu meinem Auto. Pablo schien das Ganze sogar Spaß gemacht zu haben, denn er wollte zunächst gar nicht in seine

Transportbox springen, sondern musste erst mit einem Leckerli dazu überredet werden, was natürlich in Davids Augen eine erneute Schwäche meinerseits darstellte.

Ich lächelte entschuldigend, hievte mich so erschöpft in meinen Wagen, als ob ich gerade einen Viertausender bezwungen hätte, und verabschiedete mich. Dann fuhr ich vom Hof und sah im Rückspiegel den kleiner werdenden Hundepsychologen, der tatsächlich eher ein Hundehalterpsychologe war.

Nach dieser Demütigung brauchte ich dringend eine Stärkung. Also lenkte ich den Wagen zurück in die Stadt und parkte vor einem thailändischen Restaurant, das ich gerne aufsuchte. Natürlich waren jetzt zur Mittagszeit fast alle Tische besetzt, doch ich hatte Glück und bekam vom Kellner noch einen freien Tisch zugewiesen, wenngleich sich dieser vor dem Durchgang zu den sanitären Anlagen befand. Doch die Aussicht auf eine kräftigende Tom-Yum-Suppe und ein Curry mit roter Erdnusssoße tröstete mich über den schlechten Platz hinweg.

Pablo war neugierig mit mir durchs Lokal getrabt und hatte nach allen Richtungen seine Nase in die Luft gestreckt. Ihm mussten die köstlichen Gerüche, die schon mir das Wasser im Munde zusammenlaufen ließen, mit seinem Hochleistungsorgan Hundenase noch sehr viel verlockender erscheinen.

Bei meinen Recherchen hatte ich erfahren, dass ein Hund sechzig Mal mehr Riechzellen hat als ein Mensch und sogar stereo riechen und daher mehrere Fährten gleichzeitig verfolgen kann. Außerdem reicht sein Riechvermögen mehr als drei Meter ins Erdreich hinein. Deshalb eignen sich Hunde so gut als Rettungshunde auf der Suche nach Verschütteten bei einem Bergrutsch.

Pablo hatte aber im Moment etwas ganz anderes im Sinn, als in die Tiefe zu graben, denn er verfolgte gezielt eine Geruchsspur in Richtung Küche. Ihn von dort fortzulocken, kostete mich einige Leckerlis und Überredungskünste. Danach saßen wir endlich an dem uns zugewiesenen Platz.

Ohne in die Speisekarte zu blicken, bestellte ich mir ein Essen bei einer etwas muffigen thailändischen Kellnerin, die vermutlich viel Geld für ein nicht besonders gelungenes Permanent-Make-up ausgegeben hatte. Dazu gönnte ich mir noch ein kleines Bier und lehnte mich entspannt zurück. Pablo hatte es sich inzwischen unter meinem Tisch bequem gemacht.

Ich sah mich im Lokal um. Es war sehr geschmackvoll mit thailändischen Möbeln, Wandbehängen und kunstvoll geschnitzten Figuren ausgestattet. Die einzelnen Tische wurden durch exotische Pflanzen voneinander abgetrennt, sodass man sich trotz des voll besetzten Lokals nicht beobachtet fühlte.

Ich dachte noch einmal über das nach, was der Hundepsychologe gesagt hatte, und nahm mir fest vor, Pablo nicht zu sehr mit meiner Angst zu belasten. Mir war natürlich klar, dass der Bankräuber irgendwann wieder auftauchen würde. Aber für den Moment war das Problem zumindest auf Eis gelegt.

Am Tisch hinter mir unterhielten sich ein Mann und eine Frau lautstark über irgendeine arme Irre, die anscheinend plötzlich durchgedreht war und alles, was sie erreicht hatte, einfach hingeworfen hatte.

Das könnte man genauso gut von mir sagen, dachte ich amüsiert, lehnte mich zurück und versuchte, etwas mehr von dem Gesprächsinhalt mitzubekommen.

Mein Bier und meine Suppe wurden von einem Kellner gebracht, und ich wollte schon anfangen zu essen, als ich feststellte, dass mir eine der beiden Stimmen seltsam bekannt vorkam. Plötzlich war ich hellwach, was mein Gehör deutlich schärfte.

»Das rechne ich Ihnen hoch an, dass Sie mir das gesagt haben«, sagte diese männliche Stimme nun mit empörtem Unterton. »Zum doppelten Preis!«

»Nun, ich dachte, das sollten Sie wissen. Schließlich ist es Betrug an Ihrem künstlerischen Werk«, säuselte die andere Stimme, die ich jetzt als die meiner früheren Assistentin Konstanze identifizierte. Die männliche Stimme war eindeutig mein»Künstlerfreund« Elvis Esposito. Und mit der armen Irren war also tatsächlich ich gemeint!

Überdies hatte Konstanze, diese falsche Schlange, Esposito gerade mein geheimes Entschädigungsmodell offengelegt.

Die Suppe dampfte verlockend vor sich hin, doch mir war jeglicher Hunger vergangen. Ich nahm zur Beruhigung einen Schluck von meinem Bier.

»Der vierfache Preis wäre ja wohl deutlich angemessener gewesen«, fuhr Esposito fort. »Schließlich ist mein Marktwert erheblich gestiegen.«

Wie immer war bei Esposito alles nur eine Frage des Geldes, nicht etwa der Moral. Er vergaß dabei gänzlich, dass er seine Marktwertsteigerung einzig und allein mir zu verdanken hatte.

»Darüber können wir uns noch unterhalten«, meinte Konstanze. »Schließlich ist die Nachfrage nach Ihren Werken ko-me-ten-haft in die Höhe geschossen. Und Frau van den Broek muss schließlich nicht alles wissen. Einen Teil können wir sicher an ihr vorbeischleusen.«

Die zwei stimmten in ihr komplizenhaftes Lachen ein und stießen mit zwei Gläsern an, die sich nach Sektkelchen anhörten. Am liebsten wäre ich aufgesprungen und hätte ihnen ihr Verschwörungsgetränk ins Gesicht geschüttet.

Doch ich entschied, lieber in aller Ruhe darüber nachzudenken, wie ich ihren hinterlistigen Plan, ihre Geschäfte an mir »vorbeizuschleusen«, durchkreuzen konnte.

Um mich ein wenig zu stärken, aß ich erst einmal etwas von meiner Suppe. Selbst in meinem momentanen Zustand bemerkte ich, dass die Mischung aus Kokosmilch, Zitronengras und Fischsoße wieder einmal köstlich schmeckte. Aber in mir tobte ein wahrer Sturm der Empörung.

»Bald kommt Herr Laiss vorbei, um sich *Emily – New York* anzusehen«, zwitscherte Konstanze unterdessen weiter. »Da werde ich gleich mal den neuen Preis draufschlagen.«

Esposito lachte so anerkennend wie dreckig. Und wieder war ein Gläserklirren zu hören. Ich musste sehr an mich halten, um mich nicht zu verraten.

Herr Laiss war ein verrückter Sammler aus der Schweiz, der sein ganzes mühsam ererbtes Geld für Kunst ausgab. Je teurer etwas war, desto mehr reizte es ihn.

Was hätte man alles Sinnvolles mit dem Geld tun können, zum Beispiel die Klimaerwärmung aufhalten, den Welthunger lindern oder die Frauenrechte in sogenannten Entwicklungsländern stärken! Stattdessen lagerte Laiss in einer riesigen Halle, deren Miete jeden Monat Unsummen verschlang, Millionenwerte an Bildern, Skulpturen und Objekten, von denen er sich versprach, dass sie im Lauf der Zeit noch wertvoller wurden, als sie es ohnehin schon waren.

Selbstverständlich mag ich Kunst, ich bin nur dagegen, dass sie immer mehr zu einem Luxusgut verkommt und nicht mehr der Allgemeinheit zur Verfügung steht. Mir ist klar, dass das eine seltsame Einstellung für eine Galeristin ist, die doch davon profitiert, dass Kunst ein Konsumgut ist. Aber gerade weil ich die Kunst so schätze, ist es mir wichtig, dass sie hauptsächlich wegen ihrer politischen, sozialen und ästhetischen Sprengkraft von Bedeutung ist und nicht wegen ihres Marktwerts.

Plötzlich wusste ich, wie ich den perfiden Plan der beiden vereiteln konnte. Fast machte es mir Spaß, Konstanze und Esposito mit ihren eigenen Mitteln zu schlagen. Jetzt musste ich nur aufpassen, dass die zwei Verräter mich nicht entdeckten.

Das war nicht ganz einfach, denn kurz darauf erhob sich Esposito, um in Richtung der Toiletten zu gehen, wobei er auch an meinem Tisch vorbeikommen würde. Ich bückte mich sofort zu Pablo hinunter und tat, als ob ich meinen Hund beruhigen müsse. Dieser schreckte aus seinem Schlaf auf, sah verdutzt zu mir hoch und wunderte sich, was ich von ihm wollte. Ich konnte ihm ansehen, dass er mich gerade wieder für komplett lebensunfähig hielt.

Schnell nahm ich meine Sonnenbrille und mein Tuch aus der Handtasche und kam erst wieder hoch, als Esposito vorbeigegangen war. Rasch schlang ich mir das Tuch wie einen Turban um den Kopf und setzte die Sonnenbrille auf.

Konstanze drehte mir zum Glück den Rücken zu, sodass von dieser Seite aus keine Gefahr drohte. Wenn Esposito jedoch aus der Toilette herauskam, würde er mir frontal ins Gesicht blicken und mich sicher trotz meiner Tarnung erkennen. Ich musste also genau in dem Moment wieder abtauchen, in dem er zurückkam. Angespannt wartete ich darauf, dass die Türklinke der Toilette heruntergedrückt wurde. Doch ich hatte Glück: Als es so weit war, kam gerade die mürrische Kellnerin, um mir mein Hauptgericht zu servieren. Bei meinem Anblick zog sie erstaunt eine ihrer ziselierten Augenbrauen hoch und knallte Gemüse und Reis auf den Tisch. Esposito ging vorbei, streifte mich nachdenklich mit seinen Blicken, schien mich aber dennoch nicht zu erkennen, da die Kellnerin mich halb verdeckte.

Ich gab vor, noch einmal etwas in meiner Handtasche unter dem Tisch suchen zu müssen. Die Kellnerin schüttelte den Kopf und verschwand.

Mit großer Erleichterung nahm ich kurze Zeit später zur Kenntnis, dass Esposito und Konstanze ihre Rechnung bezahlten (wobei Konstanze sie vermutlich auf Galeriekosten beglich) und sie das Lokal gemeinsam verließen. Nun konnte ich mich endlich wieder demaskieren und mein Mahl genießen.

Doch obwohl das Thaicurry genauso köstlich war wie die Vorspeise, schmeckte mir das Essen nicht mehr. Ich war verärgert und angespannt. Seit ich mein ungeliebtes Leben in der Galerie verlassen hatte, schienen sich die Probleme nur noch mehr anzuhäufen. So hatte ich mir mein neues Leben ganz sicher nicht vorgestellt.

Unwirsch schob ich den Teller nach wenigen Bissen beiseite und verlangte die Rechnung, als die Kellnerin gerade in der Nähe war. Sie warf einen tadelnden Blick auf den fast noch vollen Teller, und zum Ausgleich gab ich ihr ein besonders hohes Trinkgeld, das sie gnädig und ohne Dankesworte entgegennahm.

Missgestimmt verließ ich das Lokal und lief zu meinem Wagen. Pablo war durch meine schlechte Laune derart verunsichert, dass er sofort wieder in die alte Beschützerposition verfiel und sich eng an mich presste.

»Es ist alles okay«, versuchte ich, ihn zu beruhigen, aber Hunden konnte man leider nichts vormachen. Er bestand darauf, dicht bei mir zu bleiben, und weigerte sich sogar zunächst, in seine Transportkiste zu klettern. Erst nach mehreren Bestechungsversuchen mit Leckerlis konnte ich ihn dazu bringen. Letztendlich war ich froh, dass ich nach Hause fahren konnte, um dort in Ruhe einen Espresso zu trinken und vielleicht ein paar Qigongübungen zur Verbesserung meines Allgemeinzustandes zu absolvieren.

Doch als ich meinen Kombi im Hof abstellte und den Hund aus der Kiste ließ, merkte ich sofort, dass etwas nicht in Ordnung war. Pablo stellte die Ohren auf, spannte seinen Körper an und schnüffelte aufgeregt herum. Augenblicklich verfiel ich in einen Alarmzustand. Hatte ich mir meine momentane Sicherheit nur eingebildet, und der Bankräuber schlich längst wieder um mein Haus herum?

Auf den ersten Blick war alles ruhig. Ich nahm Pablo an die Leine und ließ ihn der Geruchsspur folgen, die zu meinem Entsetzen direkt über den Hof zur Haustür führte. Ich überlegte kurz, ob ich die Kommissarin anrufen sollte, verwarf den Gedanken aber sofort wieder, da ich nichts anderes vorzuweisen hatte als einen Hund, der irgendeine Spur, womöglich die eines Eichhörnchens oder einer Maus, witterte. Schließlich wollte ich die Aufmerksamkeit von Frau Ritter auch nicht allzu sehr auf mich lenken.

Also nahm ich meinen ganzen Mut zusammen, bedeutete Pablo, still zu sein, atmete tief durch und steckte möglichst geräuschlos den Schlüssel ins Schloss.

Auch im Haus schien alles in Ordnung zu sein. Der Flur war so, wie ich ihn heute Morgen zurückgelassen hatte, als ich eilig die Hausschuhe abgestreift hatte und in meine Stiefel geschlüpft war.

Aber irgendetwas stimmte nicht.

Pablo legte beim Betreten des Hauses erneut die Ohren

an und knurrte nun leise. Es war eindeutig, dass sich jemand im Haus befand, der da nicht hingehörte. Mein Herz pochte bis zum Hals. Ich legte meine Tasche leise auf der Kommode ab, nahm als Waffe einen Schirm aus dem Ständer und pirschte mich behutsam durch den Flur vor in Richtung Wohnzimmer.

Dass dies nun der geeignete Moment gewesen wäre, doch noch die Kommissarin anzurufen, kam mir vor lauter Anspannung nicht in den Sinn. Pablo wich nicht von meiner Seite, was mir jetzt nur allzu recht war. Gut, dass der Hundepsychologe es nicht ganz geschafft hatte, ihn innerhalb einer Trainingseinheit zur vollkommenen Selbstständigkeit zu erziehen. Oder vielmehr mich.

Die Tür zum Wohnzimmer stand sperrangelweit offen, sodass ich schon vom Flur aus sehen konnte, wie gut Pablos Instinkt war. Denn am Ende meines Sofas ragten ein paar Männerfüße hervor. Der Besitzer der Füße schlief ganz offensichtlich, denn nun hörte ich auch ein leises Schnarchen. Ich registrierte, dass die Socken Löcher hatten, was in diesem Augenblick natürlich völlig unerheblich war. Doch in Notsituationen klammert sich das menschliche Gehirn wohl an eher unwichtige Details, damit die eigentliche Bedrohung nicht allzu groß wirkt. Die eigentliche Bedrohung war, dass hier auf meinem Sofa ein Bankräuber lag, der in mein Haus eingedrungen war. Dass er auch noch die Frechheit besaß, hier in aller Ruhe seinen Mittagsschlaf abzuhalten, empörte mich dabei ganz besonders.

Es war zu spät, um den Rückzug anzutreten, denn Pablo knurrte nun so laut, dass Bewegung in die Füße des Mannes kam. Das Einzige, was mir jetzt noch half, war, dass ich einen kleinen Vorsprung hatte. Ich musste handeln, und zwar schnell!

Mit beiden Armen hob ich den Schirm in die Höhe, rannte zur anderen Seite des Sofas und stürzte mich, während Pablo laut bellend um mich herumsprang, mit Gebrüll auf den Eindringling.

In dem Moment, als der Schirm auf den Hinterkopf des Bankräubers niederging, bemerkte ich, dass irgendetwas gerade vollkommen falsch lief, war aber nicht mehr in der Lage, den Schlag noch wesentlich abzufangen.

»Aua! Spinnst du?«, rief mein Sohn.

»Du bist also gar kein Bankräuber.«

»Bankräuber? Wieso Bankräuber?«, fragte Julian irritiert, wobei er sich vorwurfsvoll und mit schmerzverzerrtem Gesicht die Schädeldecke rieb.

»Ach, das war nur ... äh, ein Flashback«, meinte ich ausweichend. »Warte, ich hole dir ein Kühlpad.«

Natürlich lag im Tiefkühlfach kein Kühlpad, wenn man mal eines brauchte. Also nahm ich kurzerhand eine Packung Tiefkühlerbsen heraus und reichte sie meinem Sohn zusammen mit einem Handtuch. Er nahm beides widerwillig entgegen, presste sie aber schließlich mangels Alternative doch auf seinen Kopf.

»Das war voll übel!«, meinte er.

»Tut mir leid, ich dachte, du wärst ein Einbrecher!«, sagte ich entschuldigend.

»Ein Einbrecher, der mit dem Schlüssel die Tür aufschließt, sich dann aufs Sofa legt und gemütlich Mittagsschlaf macht?«

Julian hatte sich wieder hingelegt und würde seinen Zustand nun eine Weile auskosten, das war mir vollkommen klar. Leider hatte er sehr viele Charaktereigenschaften von seinem Vater geerbt, unter anderem einen starken Hang zum Selbstmitleid. Bart hatte natürlich eine Menge negativer Eigenschaften an Julian entdeckt, die seiner Meinung nach von mir stammten, beispielsweise mangelnde Toleranz gegenüber seinen Unzulänglichkeiten. So hatten sich unsere familieninternen Vererbungsvorwürfe zwar immer wieder ausgeglichen, aber keineswegs zum häuslichen Frieden beigetragen.

»Na ja, ich hatte keine Zeit, lange nachzudenken«, gab ich zu. »Aber was machst du eigentlich hier, es ist doch mitten in der Woche? Und Semesterferien sind auch noch nicht, oder?« Ich ahnte den Grund bereits, aber ich wollte es von Julian selbst hören.

Statt einer Antwort gab er nur ein leises Stöhnen von sich.

»Du hast das Studium geschmissen!«, rief ich ungeduldig. »Nummer drei! Das darf doch wohl nicht wahr sein!«

Julian richtete sich auf, und sein gerade noch starker Schmerz schien auf einmal vergessen zu sein. »Mama, jetzt chill mal. Das war einfach nicht das Richtige für mich!«

»Nicht das Richtige«, regte ich mich auf. »Ethnologie war nicht das Richtige, Medienkommunikation war verkehrt und jetzt also auch noch Angewandte Freizeitwissenschaften ...«

»Das war zu viel mit dem Nebenjob!« Julian nahm die schon etwas angetauten Tiefkühlerbsen von seinem Kopf und sah mich mit Mitleid heischender Miene an. Fast hätte er damit Erfolg gehabt. Doch dann fügte er noch hinzu: »Du hast doch auch grade deinen Job hingeschmissen.«

»Das ist etwas ganz anderes«, regte ich mich nun erst recht auf. »Meinen Job habe ich immerhin zwanzig Jahre lang gemacht! Du hingegen hast in deinem Leben bisher nicht eine einzige Sache zu Ende gebracht.«

Julian sank wie erledigt auf das Sofa und legte sich die Erbsen wieder auf den Kopf.

»Was war denn jetzt an diesem Studium wieder nicht gut genug? Kannst du mir das bitte mal erklären? Ich meine, es war nicht Jura oder Medizin, also etwas wirklich Anstrengendes.«

Das war gemein, schließlich hatte ich selbst Kunstgeschichte studiert, was zwar lernintensiv, aber eben auch keine Raketenwissenschaft war.

»Meine Generation will eben eine gute Work-Life-Balance«, erklärte Julian.

»Work-Life-Balance?«, kreischte ich. »Ihr wollt doch Life, bevor ihr Work überhaupt kennengelernt habt.« Mein Gott, ich war wirklich ätzend.

Julian hob erschöpft seine Augenlider und presste sein letztes, aber stärkstes Argument hervor: »*Du* wolltest doch, dass ich studiere. Damit du vor deinen Galeristenfreunden angeben kannst.«

Das *du* rammte er wie ein Jagdmesser direkt in mein schon angegriffenes Mutterherz. Ich wollte sofort widersprechen. Ihm vorrechnen, wie lange wir zusammen überlegt hatten, was er nach dem Abitur machen könnte. Wie viele Stunden wir im Internet zugebracht hatten, um nach Möglichkeiten für ihn zu suchen. Doch dann fiel mir wie Schuppen von den Augen, dass es sich dabei tatsächlich immer nur um Studiengänge gehandelt hatte und ich nicht einmal darüber nachgedacht hatte, dass etwas anderes das Richtige für Julian sein könnte.

Erschrocken ließ ich mich in einen der Sessel fallen. Pablo, der die ganze Zeit einfach nur dagestanden und zugehört hatte, kam zu mir und legte seinen Kopf auf mein Knie. Ich dachte den albernen Gedanken vieler Tierhalter, dass ein Hund eben doch der bessere Mensch war, dabei wollte er wahrscheinlich einfach nur Futter. Ich kraulte ihn hinter den Ohren, was er sich gern gefallen ließ, und atmete tief ein und aus. Julian hatte sich bisher kein bisschen gewundert, dass ich neuerdings einen Hund hatte. Eine bleierne Erschöpfung begann sich in mir breitzumachen.

»Und was willst du jetzt machen?«, fragte ich müde.

Julian zuckte nur mit den Schultern. Jetzt erst sah ich, dass neben dem Sofa ein großer Koffer stand. Ein großer, prall gefüllter Koffer, der in seiner Endgültigkeit keinen Zweifel daran ließ, dass er sein Zimmer auch gleich aufgegeben hatte. Was demzufolge bedeutete, dass er nun wieder bei mir wohnen würde.

»Hier kannst du …« Hier kannst du nicht bleiben, hatte ich sagen wollen. Doch dann fiel mir ein, dass angesichts der Bedrohungslage ein männlicher Beistand vielleicht gar nicht so schlecht war, wenngleich mein Sohn nicht wirklich als Beschützer geeignet war.

Also beendete ich den Satz mit: »… natürlich so lange bleiben, bis du etwas anderes gefunden hast.«

Überrascht schielte Julian unter den Erbsen hervor. »Wirklich? Das ist echt cool. Ich beteilige mich auch am Haushalt und so.«

Was das betraf, hatte ich erhebliche Zweifel, aber ich wollte die momentane Entspannung nicht durch eine spitze Bemerkung gefährden. Also stand ich auf, nahm ihm die Tiefkühlpackung ab und meinte: »Ich mache uns jetzt mal was zu essen. Erbsenrisotto. Du hast doch sicher Hunger?«

Julian nickte erfreut und machte Anstalten, sich ebenfalls zu erheben. Wahrscheinlich wollte er mir gleich beweisen, dass er es mit »Haushalt und so« tatsächlich ernst meinte.

Doch ich drückte ihn wieder aufs Sofa zurück. »Bleib du

mal liegen, und ruh dich aus. Mit einer Gehirnerschütterung ist nicht zu spaßen.«

Selten befolgte er eine Bitte von mir so bereitwillig wie diese. Ich machte mich auf den Weg in die Küche und lächelte dabei in mich hinein. Vielleicht war es wirklich gar nicht so schlecht, dass Julian nach Hause gekommen war.

Eine halbe Stunde später saßen wir zusammen am Esstisch. Natürlich verzichtete mein Sohn nicht auf einen theatralischen Auftritt, als es darum ging, sich vom Sofa zu erheben, indem er so tat, als bräuchte er mehrere Anläufe, um überhaupt in die Senkrechte zu kommen.

Doch sobald er am Esstisch saß, häufte er sich immer wieder großzügig geriebenen Parmesan auf das Erbsenrisotto und löffelte es gierig in sich hinein. Ich selbst hatte noch keinen großen Hunger, da ich ja erst vor zwei Stunden beim Thailänder gewesen war. Das machte aber nichts, denn mein Sohn verschlang fast das ganze Risotto allein.

Dann erst fragte er nach, warum ein Hund bei uns unter dem Tisch lag. Ich berichtete davon, wie ich zu Pablo gekommen war, und erzählte ihm dann, dass Julians Großmutter sich jetzt mit einem zwielichtigen Herrn aus dem Rotlichtmilieu eingelassen hatte.

»Übertrieben geil!« Mein Sohn amüsierte sich so sehr, dass er vor lauter Lachen fast das Risotto über den Tisch prustete. Ich stellte fest, dass es auch mir leichter fiel, mit der neuen Liaison meiner Mutter zurechtzukommen, wenn ich sie von der komischen Seite betrachtete.

Nach dem Essen verkündete Julian, dass er sich jetzt dringend schonen müsse, schleppte sich in sein früheres Zimmer, ließ sich seinen Koffer von mir hochtragen und brach somit gleich sein Versprechen, mir in der Küche zu helfen. Ich bekam eine Ahnung davon, dass er den Schlag mit dem Schirm noch eine Weile als Argument nutzen würde, um es sich bei mir bequem einzurichten. Seufzend räumte ich die Küche auf und setzte mich danach mit einem Kaffee ans Fenster, um darüber nachzudenken, wie ich den perfiden Plan von Konstanze und Esposito durchkreuzen konnte.

In den nächsten Tagen versuchten Julian und ich, den Frieden zwischen uns möglichst lange zu wahren, aber ich musste mir mehrfach auf die Zunge beißen, um keine spitze Bemerkung von mir zu geben, wenn Julian erst nach zwölf aus seinem Zimmer schlurfte, um den Rest des Tages überwiegend auf dem Sofa zu verbringen.

Zum Glück war ich mit dem Qigongkurs und den Therapiestunden in der Hundeschule einigermaßen ausgelastet und musste mir den Anblick nicht den ganzen Tag über zumuten.

Als ich aber aufgrund des täglich wachsenden Wäschebergs im Bad kurz davor war, doch auszurasten, verkündete er, dass er am Abend ein japanisches Menü für mich kochen werde, wodurch mir wieder der Wind aus den Segeln genommen wurde. Er hatte schon als Kind ein gutes Gespür dafür gehabt, wann es brenzlig wurde und er sich ausnahmsweise einmal kurz anstrengen musste.

Tatsächlich zauberte er am Abend ein dreigängiges Menü, das die Küche jedoch in einem Zustand der absoluten Verwüstung zurückließ, deren Beseitigung selbstverständlich an mir hängen bleiben würde. Aber ich musste zugeben, dass das Essen hervorragend schmeckte.

Am Tisch fasste ich mir endlich ein Herz und berichtete von der latenten Bedrohung durch den Bankräuber, was er

»voll spannend« fand. Er versprach, fortan gut auf mich aufzupassen, erklärte mir allerdings nicht, wie das funktionieren sollte, wenn er den halben Tag verschlief und die andere Hälfte an seinem Smartphone klebte. Schließlich hatte er nicht einmal bemerkt, dass dreimal am Tag ein Streifenwagen durch unsere Straße fuhr.

Ich zögerte kurz, ob ich ihm auch von der Beute berichten sollte, verwarf den Gedanken aber schnell wieder, da ich mich als Autorität nicht vollkommen unglaubwürdig machen wollte. Außerdem war es pädagogisch gesehen nicht geschickt, wenn mein Sohn wusste, dass ich so viel Geld hatte, schließlich sollte er selbst möglichst bald zu seinem Lebensunterhalt beitragen.

Er hatte bis zu diesem Zeitpunkt noch keine weitere Erklärung abgegeben, warum er auch sein drittes Studium abgebrochen hatte. Genauso wenig äußerte er irgendwelche Pläne, wie er sich seine Zukunft vorstellte. Ich nahm mir fest vor, nicht den gleichen Fehler zu machen wie zuvor, indem ich ihn zu etwas drängte, was er gar nicht wollte.

Meine leise Hoffnung war, dass er sich, wenn er am Smartphone klebte, wenigstens irgendwelche Berufsinformationsseiten ansah und nicht einfach den ganzen Tag nur zockte. Welcher Beruf sich allerdings mit ständigem Herumliegen, spätem Aufstehen und dauerhaftem Internetsurfen in Einklang bringen ließ, war mir selbst ein Rätsel. Also schwieg ich weiter, konnte es aber nicht verhindern, dass sich meine innere Temperatur mit jedem Tag erhöhte. Bis sie eines Tages auf dem Siedepunkt angelangt war und meine schöne, mühsam aufrechterhaltene Toleranz in einer unkontrollierten Explosion aufging.

An besagtem Tag strapazierte Julian schon am frühen Morgen mein angeschlagenes Nervenkostüm mit dem Hinweis, dass er sich wegen seiner Gehirnerschütterung wieder schonen müsse und daher keine körperlichen Arbeiten im Garten übernehmen könne.

Ich ging seufzend nach draußen, um mich ohne Julian dem zunehmenden Wildwuchs in meinem japanischen Garten zu widmen, wobei Pablo fröhlich um mich herumsprang und offenbar alles, was ich tat, als Teil eines heiteren Spiels auffasste.

Es war der erste richtig warme Maitag des Jahres, die Mittagsluft roch nach Sommer und Grillkohle, und die Vögel überboten sich in einem Wettbewerb um das schönste Zwitschern. Bald vergaß ich meinen Ärger und entspannte mich zusehends.

Doch gerade als ich dachte, dass Gartenarbeit sich doch wohltuend auf den menschlichen Organismus auswirkte, stemmte Pablo plötzlich seine Hinterbeine in den Rasen, stellte seine Nackenhaare auf, begann zu knurren und starrte wie hypnotisiert in Richtung Hecke.

Der Schreck fuhr mir in die Glieder. War der Bankräuber zurückgekehrt und schlich gerade um mein Grundstück herum? Beobachtete er mich womöglich schon die ganze Zeit? Sofort richtete ich die Heckenschere auf die Stelle, die mein Hund nicht mehr aus den Augen ließ.

Ich sah panisch zur geöffneten Terrassentür des Hauses,

doch mein Sohn, der sich drinnen auf dem Wohnzimmersofa schonte, hatte nichts mitbekommen, da er Kopfhörer trug, die die Ohren dicht umschlossen, sehr laut Musik hörte und dabei heftig mit dem Kopf wippte. Das war anscheinend mit seiner Gehirnerschütterung problemlos vereinbar.

Ich sah zurück zur Hecke und bemerkte zu meinem noch größeren Schrecken, dass deren Zweige sich bewegten.

Frau Dr. Klingenberg besaß einen dicklichen, silberfarbenen Kater von meiner Meinung nach etwas schlichtem Gemüt, natürlich eine teure Rassekatze. Seine Besitzerin hatte mir auf der Straße einmal einen Vortrag über die Vorzüge von Britisch-Kurzhaar-Katzen gehalten, die angeblich zu den gemütlichsten und gutmütigsten Katzen überhaupt gehören. Genau diese Eigenschaften wurden dem Kater, den seine Besitzerin nach niemand Geringerem als dem Komponisten Schostakowitsch benannt hatte, in diesem Moment zum Verhängnis. Besagter Kater brach nämlich gerade durch die von Pablo anvisierte Hecke und spazierte völlig unbeeindruckt von dem knurrenden Hund mit einer geradezu provozierenden Langsamkeit über den Rasen.

Ich war zugleich erleichtert und alarmiert. Immerhin war nicht der Bankräuber die Ursache von Pablos aggressivem Verhalten gewesen, was an sich gut war. Aber offenbar hatte mein Hund eine bisher unentdeckte Abneigung gegen Katzen. Oder zumindest gegen diesen Kater. Das war allerdings schlecht, sehr schlecht.

Denn Schostakowitsch spazierte oft durch meinen Garten, um eine Abkürzung nach Hause zu nehmen. Und Pablo machte nicht den Eindruck, als ob er diesen Eindringling in seinem neuen Revier freudig begrüßen würde.

Entschlossen warf ich die Heckenschere beiseite und

rannte zu meinem Hund, um ihn am Halsband zu packen und festzuhalten. Doch es war bereits zu spät. Pablo hatte zu einem großen Sprung angesetzt, stürzte sich auf den ahnungslosen Kater, warf ihn um und nagelte ihn mit beiden Vorderpfoten auf dem Rasen fest.

Schostakowitsch sah überrascht aus, schien aber nicht zu begreifen, in welch prekärer Lage er sich befand. Allerdings brachten die geschätzten fünfundzwanzig Kilo Teilgewicht, mit denen Pablo gerade auf ihm lastete, ihn zunehmend in Atemnot.

»Das Tolle an Britisch-Kurzhaar-Katzen ist, dass sie kaum miauen«, erinnerte ich mich an die Lobeshymne meiner Nachbarin. Nicht einmal, wenn sie in Lebensgefahr sind, ergänzte ich in Gedanken, während ich zu Pablo hechtete und ihn von Schostakowitsch hinunterstieß.

Mein Hund und ich rollten einmal auf dem Rasen umeinander herum und blieben dann liegen wie zwei Preisringer. Wobei ich den unterlegenen Part übernahm, denn Pablo drückte nun mich mit seinem ganzen Gewicht auf den Boden.

»Geh sofort von mir runter«, herrschte ich meinen Hund an, wobei ich gleich zwei Gesetze der Hundeerziehung auf einmal brach, nämlich den Hund nicht anzuschreien und ihm keine Kommandos zu geben, die er nicht kannte. Verständlicherweise hatte der Hundepsychologe noch nicht thematisiert, wie Pablo von seinem Frauchen abzusteigen hatte. Entsprechend ahnungslos blickte er drein. Also nahm ich all meine Kraft zusammen und wuchtete den Hund gegen erheblichen Widerstand von meinem Körper.

Jetzt erst merkte ich, dass meine rechte Schulter von der ungünstigen Landung höllisch schmerzte. Ich bewegte sie vorsichtig, rollte sie vor und zurück und stellte fest, dass zumindest nichts gebrochen war. Mühsam richtete ich mich auf und sah mich nach Schostakowitsch um. Er lag immer noch völlig ungerührt da, sah aber zumindest nicht mehr ganz so platt aus und atmete wieder einigermaßen normal.

Mein Hund machte allerdings schon wieder Anstalten, sich auf ihn zu stürzen. Ich rollte mich unter Schmerzen zu ihm, streckte den nicht lädierten Arm aus und krallte meine Hand in sein Halsband.

»Sch!«, zischte ich dann. »Verschwinde, Schostakowitsch! Sch! Sch!«

Der Kater sah mich erstaunt an, erhob sich dann ohne große Hast und ging gemächlich über den Rasen auf die andere Heckenseite zu. Pablo drehte fast durch, jaulte und tobte, schaffte es aber nicht, meinem Klammergriff mit nun beiden Händen zu entkommen. Ein unbarmherziger Schmerz schoss bei jedem Zerren seinerseits durch meine versehrte Schulter.

»Julian!«, brüllte ich. »Hilf mir!« Doch mein Sohn lag weiter headbangend auf dem Sofa und bekam überhaupt nicht mit, welcher Kampf sich gerade in unserem Garten abspielte.

Schostakowitsch sah sich noch einmal gemächlich nach Pablo um, bevor er sich endlich durch die Hecke auf die Straße hinauszwängte. Ich löste meine Hände aus Pablos Halsband und ließ mich zurück auf den Rasen fallen, wo ich mich dem bohrenden Schmerz hingab.

Pablo galoppierte sofort an die Stelle der Hecke, wo Schostakowitsch verschwunden war, und knurrte wild. Darüber machte ich mir jedoch keine Sorgen. Die Hecke war dicht, der Nachbarskater in Sicherheit, und das war alles, was im Moment zählte.

Ich ließ den Hund geschlagene fünf Minuten knurren

und bellen, ehe ich mich stark genug fühlte, wieder aufzustehen und Pablo von der Hecke wegzuziehen, was allerdings erneut auf erheblichen Widerstand stieß. Er wand sich wie ein Aal, schnappte gar nach mir und versuchte, sich loszureißen. Doch ich entwickelte noch einmal Mal Bärenkräfte, zerrte das jaulende Tier ins Haus und schloss mit letzter Kraft die Terrassentür hinter uns.

Im Wohnzimmer ließ ich mich erschöpft auf einen Sessel fallen und hielt mir mit schmerzverzerrtem Gesicht die Schulter.

Da nahm Julian endlich seine Kopfhörer ab, sah mich gelangweilt an und fragte: »Was gibt's heute eigentlich zu essen?«

Ich weiß nicht mehr jedes Wort, was ich daraufhin zu ihm gesagt habe. Aber es waren verletzende Dinge, Worte wie Egoist und Nichtstuer waren dabei, als ich ihm in den dunkelsten Farben ausmalte, dass Schostakowitsch hätte tot sein können, weil er mir nicht geholfen hatte. Ich warf ihm vor, dass er nie etwas erreichen würde, wenn er nur herumlag, und dass ich keineswegs vorhatte, ihn dabei durchzufüttern. Also lauter Sätze, die man von seiner eigenen Elterngeneration gehört und bei denen man sich damals geschworen hatte, sie nie bei seinen eigenen Kindern einzusetzen. Doch seltsamerweise tat es mir überhaupt nicht leid. Meine ganze angestaute Wut und Enttäuschung mussten aus mir heraus, und es war fast wohltuend, dabei auf nichts und niemanden Rücksicht zu nehmen.

Das sah Julian offensichtlich ganz anders. Er war im Lauf meiner Raserei totenbleich geworden, und als ich endlich fertig war, erhob er sich abrupt vom Sofa und rauschte mit ungeahnter Geschwindigkeit nach oben in sein Zimmer.

Ich blieb seltsam zufrieden zurück. Vielleicht war es gar

nicht so schlecht, wenn mein Sohn auf diese Art etwas in Schwung kam. Einen Moment lang genoss ich noch die abklingende Welle meiner Wut, bis diese schließlich ganz verebbt war.

Bevor mir noch irgendwelche Zweifel an meiner Brandrede kommen konnten, beschloss ich, dem Tag noch eine schöne Schlusspointe zu geben, holte mein Handy aus der Tasche und wählte die Nummer von Herrn Laiss, dem Schweizer Sammler. Warum sollte ich bis nächsten Mittwoch warten, wenn man die Dinge auch gleich erledigen konnte?

Reto Laiss meldete sich mit einem erfreuten: »Grüezi, Frau van den Broek!«

Wir tauschten zunächst einige Höflichkeitsfloskeln über die Familie und unser Wohlbefinden aus, bevor ich zur Sache kam. »Wir haben in all den Jahren doch immer sehr gut zusammengearbeitet«, begann ich scheinheilig.

»Aber sicher, Sie haben mir ein paar lohnende Investitionen vermittelt«, bestätigte Herr Laiss.

Ich schnaubte innerlich. Investitionen! Das war genau der Grund, warum ich in meiner Arbeit keinen Sinn mehr sah, weil Leute wie er die Kunst nur noch als Kapitalanlage ansahen.

»Genau darum geht es«, fuhr ich fort. »Mir ist zu Ohren gekommen, dass Sie beabsichtigen, einen Esposito zu erwerben. Und Sie haben ja sicher gehört, dass ich mir momentan eine Auszeit gönne.«

Herr Laiss bestätigte, dies von meiner Assistentin gehört zu haben, und bedauerte zugleich, dass er mich demnach am nächsten Mittwoch nicht antreffen werde.

»Das ist der Grund, warum ich mich bei Ihnen melde«, säuselte ich weiter. »Und natürlich auch aus alter Verbundenheit zu Ihnen als langjährigem Kunden, der, wenn ich das sagen darf, in den letzten Jahren auch zu einem Freund geworden ist.«

Ich hoffte, dass ich nicht zu dick auftrug, doch dies war offenbar nicht der Fall, denn ich hörte durchs Telefon, wie er geschmeichelt lachte.

»Der Esposito hat ja gerade einen richtigen Hype«, meinte er dann.

»Genau das ist ja das Problem«, unkte ich. »Einen Hype.«

»Was meinen Sie damit?«, sagte er verunsichert.

Ich wusste, dass ich Laiss nun an der Angel hatte.

»Also, das ist jetzt für mich absolut geschäftsschädigend. Aber gerade Ihnen will ich auf keinen Fall einen Verlust bescheren. Nach dem Hype kommt eben oft der Absturz.«

»Der Absturz«, echote Herr Laiss. »Aber doch nicht bei Esposito.«

Ich senkte geheimnisvoll meine Stimme. »Das verrate ich Ihnen jetzt unter dem absoluten Siegel der Verschwiegenheit. Ich habe gestern mit Alice telefoniert.«

»Alice Walton?«

»Genau, die Kunstsammlerin und Walmart-Erbin.« Ich wusste, dass er einmal in ihrem Museum Crystal Bridges in Bentonville gewesen war und sie als Sammlerin sehr verehrte.

»Und was hat sie gesagt?«, fragte Laiss.

»Sie wissen ja, dass Alice nur amerikanische Künstler sammelt. Aber sie hat einen guten Überblick über den gesamten Kunstmarkt in den USA, auf dem Esposito ja gerade versucht, Fuß zu fassen. Und sie meinte, Esposito werde sich im Zuge der Me-too-Bewegung zu einem absoluten Ladenhüter entwickeln.«

Ich hoffte, Laiss würde nicht darauf kommen, dass eine

so bedeutende Sammlerin wie Walton ein kleines Licht wie Esposito sicher nicht einmal kannte. Geschweige denn eine kleine Galeristin wie mich. Doch am anderen Ende war nur ein Grunzen zu hören, mit dem der Sammler seinen Unmut zum Ausdruck brachte. Ich wusste nicht, ob er damit den Wertverfall von Espositos Kunst oder den Widerstand der Frauen meinte.

Eine Sekunde später war ich klüger.

»Was haben die denn jetzt schon wieder? Man traut sich ja noch nicht mal mehr, jemandem ein Kompliment zu machen«, regte Laiss sich auf.

Ich kämpfte eine Weile gegen die aufsteigende Übelkeit. »Nun, manche Frauen tun sich vielleicht schwer damit, als Krake dargestellt zu werden«, antwortete ich dann zuckersüß. »Aber sagen Sie niemandem, dass Sie das mit Esposito von mir wissen, das ist topsecret.«

»Natürlich!« Laiss dachte eine Weile nach. »Unter diesen Umständen sage ich das natürlich ab«, meinte er schließlich. »Wenn das Zeug nachher nix mehr wert ist.«

Ich seufzte innerlich, bestätigte ihn aber in seiner Entscheidung. Er bedankte sich bei mir für meine Loyalität, dann beendeten wir ohne weiteren Austausch von Höflichkeiten das Gespräch.

Zu gerne hätte ich Konstanzes Gesicht gesehen, wenn Laiss bei ihr anrief, um sein Kaufvorhaben von *Emily – New York* abzusagen. Ich hoffte nur, dass er innerhalb der Sammlerwelt dichthielt, ansonsten würde sich mein kleiner Racheakt zu einem Bumerang entwickeln, und wir würden womöglich noch auf den Kraken sitzen bleiben.

Wieder einmal wurde mir bewusst, wie widersprüchlich meine Galerietätigkeit doch war. Ich verkaufte Kunstwerke, die ich eigentlich verachtete, nur um ein gutes Geschäft zu machen. Auf Dauer konnte das für die seelische Gesundheit nicht von Vorteil sein, zumindest dann, wenn man noch einen gewissen moralischen Anspruch an sich selbst hatte.

Wenn ich wieder in die Galerie zurückkam, würde ich nur noch die Kunst verkaufen, die ich auch inhaltlich vertreten konnte. Das nahm ich mir fest vor.

Wenn ich wieder in die Galerie zurückkam, hallte es in mir nach, als ich in die Küche ging, um das Lieblingsessen meines Sohnes zuzubereiten.

Wenn ich wieder in die Galerie zurückkam.

Irgendetwas störte mich an diesem Satz.

Eine halbe Stunde später kam mein schlechtes Gewissen angekrochen wie dichter Nebel über eine nordische Moorlandschaft. Ich war an sich zwar überzeugt davon, dass solch ein Ausbruch auch einmal dazugehörte, wenn man sich als Person neu erfand, aber ich war dabei nicht gerade zimperlich gewesen. Und ich wusste, dass Julian sehr nachtragend sein konnte. Als Kind hatte er einmal zweieinhalb Tage lang nicht mit mir gesprochen, weil ich seinen verschmutzten Lieblingsbären in die Waschmaschine gesteckt hatte und dieser bis zur Unkenntlichkeit verfilzt wieder herausgekommen war.

Also ging ich ohne große Erwartungen nach oben, stellte den Teller vor seiner Tür ab, klopfte und rief: »Ich habe Spaghetti mit Hackbällchen gekocht.«

Dann ging ich betont geräuschvoll die Treppe hinunter und freute mich diebisch darüber, dass mein Sohn, noch ehe ich den Treppenabsatz erreicht hatte, die Tür öffnete und sich den Teller schnappte.

Leider hielt meine Freude nicht lange an, denn als ich unten angekommen war, klingelte das Telefon. Ich sah an der Nummer, dass es die Kommissarin war, und nahm mit bangem Gefühl ab. Sie verschwendete keinerlei Zeit mit gesprächseinleitenden Floskeln, sondern kündigte gleich ihren Besuch für den Nachmittag an, ohne mich zu fragen, ob ich überhaupt Zeit hatte.

»Haben Sie den zweiten Bankräuber geschnappt?«, wollte

ich wissen, bevor sie womöglich wieder auflegte. Zugleich fragte ich mich, ob das eine gute oder schlechte Nachricht wäre.

»Leider nicht«, antwortete sie. »Aber wir haben da noch ein paar Fragen.«

Warum war es im Leben immer so, dass man, wenn es gerade einmal gut lief, sofort einen Dämpfer bekam? War da irgendeine Macht im Spiel, der es Spaß machte, uns immer wieder umzuwerfen wie eine Spielfigur auf dem Schachbrett? Es war mir schleierhaft, wie manche Menschen unter diesen Umständen immer noch an einen liebenden Gott glauben konnten, der es im Prinzip gut mit ihnen meinte.

Ich versuchte jedoch, mir nichts anmerken zu lassen, und wir verabredeten uns für den Nachmittag. Die Zeit bis dahin verbrachte ich hauptsächlich damit, mir Sorgen zu machen, was die Kommissarin wohl von mir wollen könnte.

Hatte der andere Bankräuber ihr von der verschwundenen Beutehälfte erzählt?

Vielleicht war aber alles auch nur ganz harmlos, und sie interessierte sich einfach noch für ein paar Details zum Banküberfall? Aber hätte sie das nicht gleich am Telefon klären können?

Was aber war, wenn die Kommissarin doch Verdacht geschöpft hatte? Prüfend sah ich in den Garten, wo das Gras unter dem Azaleenbusch schon so weit nachgewachsen war, dass man die Stelle nicht mehr erkennen konnte, an der ich gegraben hatte. Ich nahm mir jedoch vor, auf Dauer ein Versteck außerhalb meines Grundstücks zu suchen.

Um mich abzulenken, lief ich mit Pablo eine Runde spazieren, spülte danach das Geschirr ausnahmsweise von Hand ab und ging, als all das immer noch nicht gegen meine Nervosität geholfen hatte, in den Garten, um ein paar

Qigongübungen zu machen. Pablo folgte mir und schnupperte aufgeregt im Rasen an den Stellen herum, wo sich Schostakowitsch aufgehalten hatte.

Ich machte gerade die Übung »Fliegen wie eine Wildgans«, bei der man mit ausgebreiteten Armen in die Knie ging, als die Türglocke schrillte. Meine mühsam erarbeitete Entspannung war auf einen Schlag dahin, denn ich wusste ja, wer vor der Tür stand.

Die Kommissarin schlüpfte grußlos an mir vorbei ins Haus und ging, ohne meine Einladung abzuwarten, schnurstracks ins Wohnzimmer durch. Sollte diese Unverfrorenheit Teil ihrer Taktik sein, so hatte sie bei mir schon gewirkt. Irritiert schloss ich die Haustür und schlich hinter ihr her. Zum Glück wusste ich da noch nicht, dass alles viel schlimmer kommen würde, als ich es mir in diesem Moment vorstellte.

Pablo hatte ich draußen im Garten gelassen, da er so glücklich damit war, Schostakowitschs Geruchsspuren zu verfolgen. Fast wünschte ich mir jedoch, ihn jetzt bei mir zu haben, um der selbstsicheren Fassade von Frau Ritter wenigstens ein paar kleine Risse zufügen zu können. Immerhin war er ein imposanter Hund, vor dem viele zurückwichen, wenn sie ihm draußen begegneten. Auch wenn er bei den Spaziergängen immer seinen Maulkorb trug, solange ich noch nicht sicher war, dass das Angsthundetraining seine Wirkung zeigte.

Doch die Kommissarin hatte sich gleich mit dem Rücken zum Fenster auf einen Sessel gesetzt und bemerkte Pablo daher nicht einmal. Zu diesem Zeitpunkt konnte ich noch nicht wissen, dass dies letzten Endes meine Rettung sein würde.

Ich bot Frau Ritter einen Kaffee an, den sie fast so barsch

ablehnte, als hätte ich ihr ein Bestechungsgeld offeriert. Also setzte ich mich noch verunsicherter ihr gegenüber hin.

»Wir haben uns im Kommissariat noch einmal Gedanken gemacht, warum der zweite Bankräuber Sie verfolgt«, begann Frau Ritter ohne Umschweife.

»Nun, ich denke, er hat Angst, dass ich ihn erkannt habe«, antwortete ich möglichst kühl.

»Er kommt zurück nach Deutschland und begibt sich in Gefahr, nur um festzustellen, ob Sie sein Gesicht gesehen haben?«, widersprach die Kommissarin vehement. »Das ist doch widersinnig!«

Natürlich hatte sie recht. Um Zeit zu gewinnen, blickte ich in den Garten hinaus und bemerkte zu meiner Verwunderung, dass Pablo nun unter dem Azaleenbusch herumschnüffelte. Ich konnte mich nicht daran erinnern, dass Schostakowitsch sich am Morgen dort aufgehalten hatte.

»Der zweite Bankräuber war nicht gerade eine Geistesgröße«, erklärte ich, während ich mich wieder Frau Ritter zuwandte. »Ich hatte mich schon gewundert, dass Sie nicht ihn geschnappt haben, sondern den Intelligenteren der beiden.«

»Das mag sein«, gab die Kommissarin zu. »Aber selbst bei einem Minimum an Intelligenz würde man doch einer drohenden Verhaftung instinktiv aus dem Weg gehen.«

Sie schwieg, sah mich aber auffordernd an. Mir war klar, dass sie nun eine Erklärung erwartete, die ich ihr nicht bieten konnte. Als ich erneut in den Garten hinausblickte, stockte mir der Atem. Pablo hatte genau an der Stelle, wo das Geld vergraben war, begonnen, mit den Vorderpfoten zu scharren und freudig das Laub beiseitezufegen, und war nun dabei, die pure Erde freizulegen. Mir fiel ein, dass Hunde Dinge riechen konnten, die drei Meter unter der

Erde verborgen waren. Ich versuchte, mir nichts anmerken zu lassen, doch mein Herz begann unkontrolliert zu rasen.

»Was weiß ich denn, was in so einem Bankräuber vorgeht«, sagte ich barscher als beabsichtigt.

»Wir haben uns natürlich gefragt, was Sie eigentlich bei der Bank wollten«, gab die Kommissarin zurück, ohne auf meinen vorigen Satz einzugehen.

Zu meinem Entsetzen bemerkte ich, dass es Pablo bereits gelungen war, eine kleine Kuhle in den Rasen zu graben.

»Das wird Ihnen Herr Andresen sicher verraten haben«, antwortete ich, Gelassenheit vorspielend, während meine Nerven tatsächlich zum Zerreißen gespannt waren. »Ich brauchte einen Kredit für meine Auszeit.«

»Den er Ihnen nicht gewähren wollte«, rief Frau Ritter fast triumphierend.

Ich schwitzte und schielte möglichst unauffällig nach draußen. Bei meinem Hund war nun sichtlich das Jagdfieber ausgebrochen. Hatte der Tierpfleger nicht gesagt, Pablo habe vorwiegend die Eigenschaften eines Hütehundes? Er hatte die Schlagzahl seiner Grabearbeiten deutlich erhöht, sodass die Zweige des Azaleenbusches wild umherwackelten. Die ausgebuddelte Erde flog geradezu durch die Luft.

Ich schloss entsetzt die Augen.

»Ist Ihnen nicht gut?«, fragte die Kommissarin scheinheilig. Ich konnte ihrer Stimme anhören, dass sie davon ausging, den entscheidenden Zug gegen mich getan zu haben.

»Doch, doch«, antwortete ich schnell. »Es ist nur die Erinnerung …«

Leider lösten meine Worte bei der Kommissarin kein Mitgefühl aus. »Daran, dass Sie in finanziellen Schwierigkeiten waren?«

»Meine derzeitige Ausstellung verkauft sich hervorragend«, setzte ich patzig dagegen.

»Das konnten Sie zu diesem Zeitpunkt aber noch nicht wissen«, erwiderte Frau Ritter.

Pablo hatte inzwischen schon ein so beachtliches Loch ausgehoben, dass sein Kopf ganz im Erdboden verschwand, wenn er ihn hineinsteckte. Es würde nicht mehr lange dauern, bis er bei den Tüten mit der Beute angekommen war.

Ich wurde fast hysterisch bei dem Gedanken, dass er womöglich mit seiner Beute hier ins Wohnzimmer kommen würde, um von mir für seinen Fund gelobt zu werden. Also entschloss ich mich, alles auf eine Karte zu setzen, um Kommissarin Ritter möglichst schnell loszuwerden.

»Was wollen Sie mir eigentlich unterstellen?«, fragte ich scharf. »Dass ich eine Komplizin der beiden gewesen bin? Meinen Sie wirklich, dass der Überfall dann derart dilettantisch geplant worden wäre? Die beiden hatten ja noch nicht einmal ein Fluchtfahrzeug! Oder haben Sie irgendwelche Anhaltspunkte dafür, dass ich die Bankräuber vor dem Raub gekannt hätte?«

Frau Ritter atmete aus und sah nachdenklich auf den Couchtisch, auf dem ein paar Tabakkrümel herumlagen. Vermutlich hatte mein Sohn sich hier auch noch einen Joint gedreht. Zum Glück schien sie sich dafür aber nicht weiter zu interessieren. Rauschgift war wohl nicht ihr Dezernat.

»Nein, das haben wir nicht«, gab die Kommissarin schließlich zu. »Aber Sie haben sich bei der ersten Vernehmung ziemlich seltsam verhalten.«

»Wie würden Sie sich verhalten, wenn Sie gerade Opfer eines Banküberfalls geworden sind?«

Frau Ritter nickte. Nun hatte ich endlich wieder etwas Oberwasser gewonnen. Aber der kurze Moment meiner Überlegenheit sollte nicht allzu lange währen.

Fürs Erste hatte Frau Ritter mir zwar zugestimmt, sodass ich mich schon als Siegerin unseres Wortgefechts wähnte. Doch dann sah ich wieder in den Garten, wo Pablo gerade vehement an der Tüte zerrte, die schon zu einem Teil sichtbar geworden war. Mir wich alles Blut aus dem Gesicht.

»Dann würde ich Sie jetzt bitten, mich in Ruhe zu lassen. Ich muss mich weiter schonen. Schließlich bin ich durch das Ganze noch ziemlich traumatisiert.«

Den inflationären Gebrauch dieses Wortes mochte ich eigentlich nicht. Traumatisiert war heutzutage jeder schon, wenn er ein wenig Kritik verkraften musste. Ich musste an Julian denken, der immer seine Gehirnerschütterung hervorholte, wenn es ihm gerade weiterhalf. So wie ich jetzt meine angebliche Traumatisierung.

Doch bei Frau Ritter zeigte das Wort offenbar Wirkung, denn sie antwortete: »Natürlich, entschuldigen Sie bitte.«

Ich hatte keine Ahnung, ob ihre Freundlichkeit Taktik war oder ob sie wirklich Reue empfand. Aber ihre Einsicht schien etwas plötzlich zu erfolgen. Außerdem traute ich ihr einfach nicht.

Während die Kommissarin sich langsam erhob, verfolgte ich mit angehaltenem Atem weiter das Geschehen im Garten. Pablo versuchte gerade, die Beute vollständig aus dem Erdloch zu zerren, doch die Tüten hingen an irgendetwas fest. Auf einmal löste sich diese Verankerung abrupt, und er schleuderte die Beute wie ein Diskuswerfer über den Rasen. Das Plastik hatte, vermutlich durch Pablos scharfe Eckzähne, bereits Schaden genommen, sodass ein paar Geldscheine durch die Luft flatterten. Die Tüte selbst landete vom Wohnzimmer aus gut sichtbar auf dem Rasen. Wenn die Kommissarin sich jetzt umdrehte, war ich geliefert. Ich war einem Herzinfarkt nahe, versuchte aber immer noch, es mir nicht anmerken zu lassen.

»Ich begleite Sie zur Tür«, sagte ich mit trockenem Mund.

»Gut«, meinte Frau Ritter, zögerte kurz und ging dann langsam ein paar Schritte in Richtung Ausgang. Entsetzt beobachtete ich, wie Pablo frohgemut über den Rasen galoppierte, dann die Beute mit den Vorderpfoten fixierte und knurrend mit den Zähnen an der Plastikumhüllung zu zerren begann.

Ich schubste Frau Ritter geradezu aus dem Wohnzimmer, was mit viel Wohlwollen wie eine etwas aus der Form geratene freundliche Geste wirken konnte, und schloss schnell die Tür hinter uns.

Schweißgebadet folgte ich der Kommissarin durch den Flur. Kurz vor der Haustür drehte sie sich noch einmal um. »Da wäre allerdings noch eine Sache …«

Ich seufzte und blieb stehen. Dank des geriffelten Glaseinsatzes der Wohnzimmertür war nun schemenhaft zu erkennen, dass Pablo durch die Terrassentür hereinkam. Gut, dass ich die Wohnzimmertür geschlossen hatte! Ob der Hund etwas im Maul trug, war in diesem Moment nicht zu erkennen. Gleich würde er aber an der Glastür anschlagen, und man würde sehen, ob er eine Tüte bei sich trug, aus der womöglich noch Geldscheine herauslugten.

»Mein Hund ist hinter Schostakowitsch her«, sagte ich zur Erklärung, was Frau Ritter zu einem prüfenden Blick veranlasste, zum Glück allerdings nicht zur Tür, sondern in mein Gesicht.

»Der Nachbarkater«, ergänzte ich schnell.

Die Kommissarin nickte wissend und spielte dann ihren

letzten Trumpf aus. »Der Beamte, der Sie nach Hause gebracht hat, glaubte, durch die geöffnete Tür einen Stoffbeutel erkannt zu haben. Einen Stoffbeutel von ihrer Hausbank.«

Ohne meine Reaktion abzuwarten, ging sie siegessicher ein paar Schritte auf die Truhe im Eingangsbereich zu. »Er hing nach seinen Angaben genau aus diesem Möbel heraus.«

Panisch überlegte ich, ob ich den verräterischen Beutel wirklich entsorgt hatte oder ob er sich nicht doch noch in der Truhe befand. In meinem aufgelösten Zustand konnte ich mich tatsächlich nicht mehr daran erinnern, was ich damit gemacht hatte.

Aus den Augenwinkeln sah ich, dass Pablo nun an der Wohnzimmertür hochsprang und tatsächlich etwas in der Schnauze hatte. Nun hatte ich also die Wahl zwischen zwei Übeln. Entweder entdeckte die Kommissarin jetzt die Beute in Pablos Maul, oder sie sah den eventuell doch noch vorhandenen Stoffbeutel in der Truhe.

In einem wahren Kamikazeakt setzte ich alles auf eine Karte, ging zur Truhe, riss vehement den Deckel auf und rief: »Bitte, sehen Sie selbst nach.«

Ich starrte selbst mit wirrem Blick in das Truheninnere. Zu meiner Erleichterung entdeckte ich nur einen kaputten alten Regenschirm, meine lang vermissten Winterhandschuhe und zwei Plastiktüten, nicht aber den Beutel aus der Bank.

Jetzt fiel mir auch wieder ein, dass ich ihn ja gleich nach meiner Heimkehr mit Steinen beschwert und im nahe gelegenen Fluss versenkt hatte.

Die Kommissarin warf ebenfalls einen prüfenden Blick in die Truhe und stellte fest, dass kein Beutel darin lag. Aber das reichte ihr nicht. »Den können Sie ja auch im Garten verbrannt haben«, meinte sie provozierend.

Ich lachte irr. »Oder im Fluss versenkt!«

»Gute Idee! Das werden wir nachprüfen.«

Ich war wirklich dämlich! Womöglich lag der beschwerte Stoffbeutel noch genau an der Stelle, an der ich ihn versenkt hatte. Gelassenheit vortäuschend zuckte ich mit den Schultern.

Im gleichen Moment wurde mir klar, dass die Polizei inzwischen fest davon ausging, dass ich den zweiten Beutel hatte und nicht die Blitzbirne. Und ich demnach tatsächlich eine Komplizin der beiden Bankräuber war.

Wussten sie doch schon, dass der zweite Bankräuber versehentlich die beiden Taschen vertauscht hatte und ich sie also an mich genommen haben musste? Mir wurde schwarz vor Augen.

»Nun gut«, sagte die Kommissarin und zog schon wieder eine Augenbraue hoch. »Sie hören von uns.«

Sie wandte sich zur Haustür und zog diese entschlossen auf. Bevor sie verschwand, drehte sie sich noch einmal um. »So oder so.«

In genau diesem Moment gelang es Pablo, mit seinen Vorderpfoten die Türklinke herunterzudrücken und stolz mit der gut sichtbaren Beute im Maul in den Flur zu traben.

»Auf Wiedersehen«, sagte ich schnell und schob die Haustür mitsamt der Kommissarin zu, bevor mein Hund ihr die Beute vor die Füße legen konnte.

Meine Knie zitterten so sehr, dass ich mich auf besagte Truhe im Flur fallen lassen musste. Dabei entfuhr mir ein so lauter Schrei, dass er selbst die gekränkten Ohren meines Sohnes erreichte. Er kam zögernd die Treppe herunter und fand mich in desolatem Zustand im Flur vor.

»Mama, geht's dir nicht gut?«, fragte er mit überzeugend besorgter Stimme und beugte sich zu mir herab.

Normalerweise hätte ich jetzt spöttisch geantwortet: Doch, es geht mir ausgezeichnet. Ich sitze nur zitternd auf der Truhe, weil ich mal ausprobieren wollte, wie sich das anfühlt, wenn man total am Ende ist.

Aber jetzt waren meine Nerven derart ruiniert, dass ich ihm stattdessen um den Hals fiel. Mein Sohn zögerte, dachte wohl kurz darüber nach, ob er doch noch beleidigt war, und umarmte mich dann halbherzig.

»Die haben mich … die sind …«, stammelte ich zusammenhanglos, während das Zittern auf meinen ganzen Körper überging. Julian tätschelte mir beruhigend den Rücken. Einen panischen Moment lang blitzte in mir die Sorge auf, ob dies nun der Moment war, in dem sich das Verhältnis zwischen Eltern und Kindern umdrehte und von dem an die Kinder für die Eltern sorgen mussten. Dann erschien mir der Zeitpunkt für diese Umkehr doch zu früh, und ich beruhigte mich wieder ein wenig.

Der Hund war die ganze Zeit verunsichert neben mir sitzen geblieben, hatte es nicht gewagt, die Beute aus dem

Maul zu lassen oder sich überhaupt nur zu regen. Ausgerechnet jetzt stupste er mich jedoch an und legte mir stolz die prall gefüllte Tüte auf den Schoss.

Julian löste sich etwas von mir, strich Pablo über den Kopf und entdeckte dann die perforierte Packung, aus der einige Geldscheine herauslugten.

Er pfiff anerkennend durch die Zähne. »Was ist das denn?«

Ich klammerte mich schnell noch fester an meinen Sohn, womit ich hoffte, ihn von der Tüte abzulenken.

»Au, du tust mir weh!«, beschwerte sich Julian und versuchte, sich gänzlich von mir zu lösen. Ohne es zu merken, hatte ich ihm meine Fingernägel in den Rücken gegraben.

Rasch entschuldigte ich mich und starrte entsetzt auf die Tüte, die Julian nun voller Interesse untersuchte. Ich war geliefert. Jetzt hatte mein Sohn mich für immer und ewig in der Hand. Seine Mutter, eine Bankräuberin! Fast wäre es mir lieber gewesen, die Kommissarin hätte die Beute entdeckt.

»What's that?« Julian riss den Beutel gänzlich auf und schüttete die Geldscheine entzückt auf den Fliesenboden im Flur. »Das ist ja megaviel Kohle!«

Dann sah er abwechselnd auf Pablos dreckige Pfoten und mein entsetztes Gesicht – und begriff. »Das ist Geld aus dem Bankraub, oder?«

Ich schloss die Augen und wollte am liebsten unsichtbar sein, doch die Frage meines Sohnes stand unbeantwortet im Raum. Ich seufzte noch einmal tief auf und nickte ergeben.

Julian sah mich verblüfft am, fing an zu lachen, zunächst leise, dann immer lauter, und krümmte sich schließlich vor Vergnügen. »Ich fass es nicht! Meine Mom ist eine Bankräuberin! Meine Mom!«

Ich ließ ihm seinen Spaß und schwieg einfach. Nachdem er sich endlich genug amüsiert hatte, erklärte ich ihm, dass ich nicht am Bankraub beteiligt gewesen war, sondern an das Geld gekommen war, weil der Bankräuber die beiden Stoffbeutel vertauscht hatte.

Er schüttelte ungläubig den Kopf und meinte: »Und du regst dich auf, dass Oma mit einem Zuhälter zusammen ist?«

»Das ist doch wohl etwas ganz anderes«, wagte ich zu protestieren. »Das bei mir war eine Kurzschlusshandlung.«

»Bei Oma vielleicht auch«, meinte Julian lachend. »Und du hättest es doch zurückgeben können!«

Ich fand, dass er seine Überlegenheit ein bisschen zu sehr auskostete. Aber vielleicht hatte er sich mir gegenüber so oft unterlegen gefühlt, dass er es jetzt für sein Seelenheil dringend brauchte, einmal moralisch über mir zu stehen.

Während er den Haufen Geld anstarrte, bemerkte ich plötzlich ein feines Glitzern in seinen Augen. Ich glaubte zu wissen, was er jetzt dachte. Vermutlich überlegte er, wie viel von dem Geld ihm aufgrund seines Mitwissens nun zustehen würde.

»Ich habe laufende Kosten«, sagte ich schnell. »Das Haus, Omas Seniorenresidenz, die Kreuzfahrt, meine Auszeit.«

»Aber ein bisschen bleibt für mich auch noch übrig«, antwortete er. »Für die Jobfindungsphase.«

Fast hätte ich laut aufgelacht. Dann nahm ich ein Bündel Geldscheine und zählte ihm dreitausend Euro ab.

»Das ist aber ein bisschen wenig für so eine intensive Zeit«, protestierte er.

Ich legte noch fünfhundert Euro dazu.

»Vier«, meinte er. »Und du machst mir keinen Stress mehr wegen Zukunft und so.«

Ich seufzte und erhöhte auf die gewünschte Summe.

Feixend zählte Julian seine viertausend Euro noch einmal durch und steckte das Geld dann in die Hosentasche seiner Jeans. Den Rest der Beute schob er zu drei etwa gleich großen Stößen zusammen und sah mich an.

»Das Geld muss an einen sicheren Platz gebracht werden, hier im Haus kann es nicht bleiben. Die Tussi von der Polizei kommt bestimmt bald wieder.«

Ich nickte. »Und den Stoffbeutel müssen wir auch aus dem Fluss holen. Den habe ich nämlich dort versenkt und aus Versehen der Kommissarin das Versteck verraten.«

Julian verdrehte theatralisch die Augen, stopfte das Geld in die Überbleibsel der Tüten zurück und stand auf. »Dann komm, wir dürfen keine Zeit verlieren.«

Er streckte mir die Hand entgegen, und ich ließ mich hochziehen. Verwundert stellte ich fest, dass er sehr aktiv werden konnte, wenn ihn etwas interessierte. Dennoch war es einigermaßen erschreckend, dass es anscheinend erst einer kriminellen Tat bedurfte, um ihn in Bewegung zu bringen.

Womöglich lag der Hang zu Verbrechen (und Verbrechern) doch in unseren Genen, ohne dass es mir die ganzen Jahre über bewusst gewesen war?

Mama, ich und mein Sohn – meine wunderbar kriminelle Familie.

»Dann sind wir jetzt also Komplizen«, sagte ich, während ich Julian vorsichtshalber die Tüte mit dem Geld abknöpfte. Es war wichtig, gleich zu Beginn unserer kriminellen Vereinigung klarzumachen, wer das Heft in der Hand hatte. Auch wenn ich gerade noch ein überaus jämmerliches Bild abgegeben hatte. Oder gerade deswegen.

Wir gingen in die Küche, ich immer noch mit zitternden Knien, er mit nach wie vor erstaunlicher Tatkraft, und machten uns zur Stärkung einen Kaffee. Mit den verheißungsvoll dampfenden Tassen setzten wir uns an den großen Tisch mit Blick in den Garten und beratschlagten, wie wir die Beute am besten verstecken konnten. Ich spürte plötzlich, wie gut es tat, endlich mit jemandem offen über all die Heimlichkeiten der letzten Wochen sprechen zu können. Das ausgebuddelte Loch unter dem Azaleenbusch versuchte ich für den Moment zu ignorieren. Mir war klar, dass ich es schleunigst zubuddeln musste, falls es der Kommissarin einfallen sollte, noch einmal hierherzukommen.

Julian und ich einigten uns darauf, ein Schließfach am Bahnhof anzumieten und den Schlüssel dafür an einem ungewöhnlichen Ort im Haus aufzubewahren. Wo auch immer dieser sein sollte.

»Und ich mache mich gleich mit Pablo auf den Weg, um nach dem Stoffbeutel zu sehen. Da kann er mal so richtig im Wasser schnoddern«, beschloss Julian.

Er ließ sich von mir genau erklären, an welcher Stelle ich das Beweisstück im Fluss versenkt hatte, trank rasch seinen Kaffee aus und erhob sich. Nicht ein einziges Mal hatte ich ihn in den letzten Jahren so entschlossen gesehen.

»Achte darauf, ob dir jemand folgt«, warnte ich ihn. »Das Ganze könnte ja auch eine Falle sein.«

Er nickte und brach mit Pablo auf.

Ich ging nach draußen und schloss zunächst das auffällige Loch im Rasen, gab dann das Geld in eine frische Gefriertüte und versteckte es unter ein paar alten Kleidungsstücken in einer Tasche vom Roten Kreuz. Danach machte ich mich damit auf den Weg zum Bahnhof. Selbstverständlich kalkulierte ich ein, dass auch ich dabei von der Polizei beschattet werden könnte. Daher sah ich immer wieder in den Rückspiegel und fuhr ein paar Schlenker durch die Stadt, bis ich mir sicher war, dass keiner mir folgte.

Inzwischen hatte es zu tröpfeln begonnen. Als ich mein Ziel endlich erreicht hatte, war der Regen zu einer wahren Sintflut geworden. Natürlich hatte ich keinen Schirm dabei, und so presste ich, nachdem ich das Auto auf einem Parkplatz in einer Seitenstraße abgestellt hatte, den Altkleidersack mit dem Geld fest an mich, während ich in Richtung Bahnhof lief. Passenderweise standen auf dem Bahnhofsvorplatz wirklich ein paar Container vom Roten Kreuz. Falls ich mich doch beobachtet fühlen sollte, könnte ich also immer noch dorthin abbiegen. Alles machte jedoch einen unauffälligen Eindruck, weshalb ich in die Bahnhofshalle hineinging und mich auf die Suche nach den Schließfächern machte. Der Regen war bis auf meine Haut vorgedrungen, und ich fröstelte. Während ich mich suchend umsah, lief ein Tropfen von meinen Haaren über die Stirn, rann die Nase hinab und versickerte in meinem Mund. Er schmeckte nach Schwefel.

Seltsamerweise befanden sich die Schließfächer draußen im hinteren Abschnitt des ersten Gleises. Leider stellte ich dort fest, dass eine Benutzung länger als zweiundsiebzig Stunden nicht möglich war. Ich würde mir also bald wieder etwas Neues einfallen lassen müssen. Oder immer wieder ein neues Schließfach anmieten, was vielleicht ohnehin nicht verkehrt war.

Als ich den feuchten Altkleidersack gerade in das Fach stopfte und die passenden Münzen dafür in den Schlitz steckte, rauschte auf Gleis eins ein ICE ein und stoppte mit quietschenden Bremsen direkt vor mir. Ich registrierte beiläufig, dass der Zug aus Neapel kam, drückte mit einer entschlossenen Handbewegung die Tür des Fachs zu und zog den Schlüssel ab. Der Regen prasselte auf das Dach über dem Bahnsteig, und ich war froh, dass ich für den Moment im Trockenen war.

Schließlich versenkte ich den Schlüssel in meinem Portemonnaie und ging im Strom der angekommenen Passagiere ins Bahnhofsgebäude zurück. Dann überlegte ich, ob ich im Bistro noch einen Kaffee trinken sollte, bis der schlimmste Regen vorbei war, doch ich verwarf den Gedanken wieder, da mein Sohn sicher zu Hause auf mich wartete.

Ich war heilfroh, dass die Beute aus meinem Haus verschwunden war. Jetzt erst bemerkte ich, wie sehr es mich doch belastet hatte, dass sie die ganze Zeit über so nah bei mir im Garten gewesen war. Doch wie immer, wenn ich gerade dabei war, mich etwas zu erholen, tauchte auch schon der nächste Schock am Horizont der Katastrophen auf.

In der Menge der Hinterköpfe, die sich vor mir herbewegten wie ein Vexierbild, glaubte ich auf einmal, einen kleinen, mir sehr bekannt erscheinenden blonden Zopf auszumachen. Ich blieb so unvermittelt stehen, dass eine junge Frau im grünen Parka auf mich prallte und ihr eine Tüte mit Obst, das sie wohl gerade im Feinkostladen am Bahnhof erstanden hatte, aus den Händen fiel.

»Mensch, pass doch auf«, schimpfte sie und bückte sich nach der aufgeplatzten Tüte am Boden. Ich entschuldigte mich, bückte mich ebenfalls und schnappte nach einer wegkullernden Orange. Als ich wieder nach oben kam, war der Hinterkopf mit dem Zöpfchen natürlich verschwunden. Falls er überhaupt jemals da gewesen war und ich nicht schon halluzinierte.

»Da kaufe ich schon teures Bio«, schimpfte die Frau weiter, »und jetzt liegt es hier im Dreck.«

Wütend kickte sie mit dem Fuß gegen eine auf dem Boden liegende Banane, deren Zustand dadurch nicht besser wurde, dass sie noch einmal über die feucht schmutzigen Fliesen geschubst wurde.

Ich ließ die zeternde Frau einfach stehen, lief durch die Halle ins Freie hinaus, sah mich hektisch nach rechts und links um, ob der Mann mit dem Zöpfchen wirklich der Bankräuber gewesen war, doch er war bereits verschwunden. Vielleicht steckte er unter einem der Schirme, die sich vom Bahnhof fortbewegten, denn der Regen hatte keineswegs nachgelassen, im Gegenteil.

Womöglich hatten mir auch meine angekratzten Nerven einen Streich gespielt? Jedenfalls sah ich auf dem Bahnhofsvorplatz keinen einzigen Mann, der auch nur im Geringsten Ähnlichkeit mit der Blitzbirne hatte.

Schließlich gab ich auf und ging nachdenklich zu meinem Auto zurück. Dort brauchte ich vier Anläufe, bis es mir gelungen war, den Schlüssel ins Türschloss zu stecken. Bis auf die Knochen nass, ließ ich mich erschöpft auf den Sitz sinken.

Während ich das Auto durch den Feierabendverkehr nach Hause steuerte, wurde mir auf einmal bewusst, dass es so nicht weitergehen konnte.

Weder meine Abwesenheit in der Galerie noch der Qigongkurs oder mein Hund hatten mich wirklich zufriedener gemacht. Ganz im Gegenteil.

Das lag natürlich vor allem an der Bedrohung, die mir mittlerweile gleich von zwei Seiten zuteilwurde. Wenn das so weiterging, würde ich mein Jahr nicht in geistiger und seelischer Freiheit, sondern in der geschlossenen Abteilung der Psychiatrie verbringen.

Doch was sollte ich tun? Natürlich konnte ich nicht zur

Kommissarin gehen und ihr das Geld zurückgeben. Den richtigen Zeitpunkt dafür hatte ich definitiv verpasst. Ich wollte auf keinen Fall im Gefängnis landen! Die Mitgefangenen waren vermutlich nicht viel angenehmer als mein vorheriger Kundenkreis, und ich würde sie mir noch nicht einmal aussuchen können.

Ebenso wenig konnte ich mich an meinen Bankberater wenden, der im Übrigen, wie ich gehört hatte, immer noch krankgeschrieben war. Anscheinend hatte der Bankraub ihn doch mehr mitgenommen, als ich zunächst gedacht hatte. Oder er nutzte ihn für eine längere, von der Allgemeinheit finanzierte Auszeit. Jeder würde natürlich dafür Verständnis haben, dass er nicht so schnell an den Ort seines Traumas zurückkehren wollte.

So oder so: Ich musste mir etwas einfallen lassen, und zwar bald.

Zu Hause angekommen war ich nicht nur klatschnass, sondern auch von einer seltsamen Erschöpfung befallen.

Doch auf dem Sofa, zu dem es mich, nachdem ich die nasse Kleidung gegen trockene getauscht hatte, magisch hinzog, saß schon mein Sohn in überaus aufgekratzter Stimmung und war allzu bereit, mir ausgiebig von seiner Großtat zu berichten. Nachsichtig hörte ich ihm zu, während ich dagegen ankämpfte, dass mir die Augen zufielen.

»Natürlich war an der Stelle, die du mir beschrieben hast, kein Beutel mehr zu finden! Aber Pablo hatte die coole Idee, es etwas weiter flussabwärts zu versuchen! Er ist echt ein mega Hund!«

An dieser Stelle seiner Rede fing mein rechtes Augenlid an zu zucken. Davon unbeeindruckt redete Julian einfach weiter. Pablo hatte im Körbchen seinen Namen gehört, trottete heran und legte seine Schnauze auf mein Knie.

»Zum Glück ist das Wasser nicht so tief im Moment. Und das Ding hing echt in einem Ast fest. Der bescheuerte Bankspruch war gut lesbar, weil der Beutel aus dem Wasser rausschaute! Steine waren gar keine mehr ...«

»Und wo ist der Beutel jetzt?«, unterbrach ich ihn.

Mein Sohn machte ein überlegenes Gesicht. »Den habe ich natürlich nicht mit hierhergebracht, sondern gleich im Müllcontainer eines großen Wohnblocks entsorgt. Ich bin ja nicht bekloppt.«

»Sehr gut«, lobte ich. Ich sollte ihn überhaupt mehr bestätigen, vielleicht würde er daraus das nötige Selbstbewusstsein entwickeln, um seinen beruflichen Weg zu finden.

»Wenn du denkst, du kannst mich mit mehr Lob zum Erfolgstypen machen, irrst du dich«, durchschaute mich mein Sohn. »Meine Generation ist nicht so karriereversessen wie deine. Wir sind da viel gechillter.«

Hätte ich jetzt fast gar nicht gemerkt, wollte ich sagen, verkniff mir die Bemerkung aber gerade noch rechtzeitig.

»Und du bist sicher, dass dir niemand gefolgt ist?«, lenkte ich das Gespräch zurück zum eigentlichen Thema.

»Hundertpro! Ich habe so viele Haken geschlagen, dass jedem Verfolger übel geworden wäre.«

Ich musste lachen. Anschließend erzählte ich von meinem Erlebnis am Bahnhof, inklusive meiner vermeintlichen Sichtung eines blonden Hinterkopfzöpfchens. Die Möglichkeit, dass der Bankräuber wieder hier herumschlich, fand Julian im Gegensatz zu mir »cool«, und er versicherte mir gleich, dass er auf mich aufpassen würde.

Ich seufzte. »Und wo verstecken wir jetzt den Schlüssel vom Schließfach?«

Julian sah sich suchend im Wohnzimmer um. »Keine Ahnung. Vielleicht in einem Blumentopf?«

»Ich habe schlechte Erfahrungen mit Pflanzen gemacht«, lehnte ich seinen Vorschlag ab. Dann fiel mir wieder ein, dass ich ihn ja positiv verstärken wollte. »Aber ein Topf ist vielleicht gar keine schlechte Idee!«

»Es muss auf jeden Fall etwas Ekliges sein. Etwas, in das kein Polizist und schon gar keine Polizistin gern reinfasst«, meinte Julian grinsend. Er stand auf und ging in der Wohnung umher. Als er in der Küche angekommen war, öffnete er die Kühlschranktür und rief nach kurzer Inspektion des Inhalts: »Ich hab's!«

Dann tauchte er triumphierend mit einer Dose Hundefutter in der Hand wieder auf.

»Genial«, sagte ich, diesmal ehrlich begeistert. »Das ist das absolut sichere Versteck. Niemand will in stinkendem Hundefutter herumwühlen.«

»Schon gar nicht, wenn es die Sorte Schweineleber-Pansen ist«, amüsierte sich Julian.

Ich lachte ebenfalls, stand auf und holte den Schlüssel aus meiner Handtasche. Das Hineindrücken ins Nassfutter überließ ich sehr gerne meinem Sohn. Danach stellte er die Dose wieder in den Kühlschrank zurück und wusch sich mit angeekelter Miene die Finger unter dem Wasserhahn.

»Jetzt müssen wir nur aufpassen, dass Pablo nichts mehr aus dieser Dose bekommt«, meinte Julian.

»Und dass hin und wieder die Dose gewechselt wird«, meinte ich.

»Na klar, das mach ich doch«, versprach Julian.

Es war wirklich gut, dass ich nun meinen Sohn an meiner Seite hatte, der in seiner jugendlichen Unbekümmertheit die Dinge ganz anders bewertete als ich. Vermutlich wurde ich langsam hysterisch, denn ich glaubte ja, in jeder Menschenmenge gleich einen Bankräuber zu erblicken. Dabei war die Blitzbirne bestimmt längst über alle Berge und machte es sich in der südlichen Sonne bequem. Vielleicht hatte er auf dem Weg dahin eine weitere Bank überfallen und brauchte mein Geld gar nicht mehr.

Ich beschloss, mich aufs Sofa zu legen, zu entspannen und endlich mal wieder etwas zu lesen, was nichts mit meinem Beruf zu tun hatte.

In diesem Moment hörten wir ein klirrendes Geräusch aus dem Eingangsbereich.

»Was war das?« Alarmiert sah ich meinen Sohn an und wollte sofort aufspringen.

Julian drückte mich in den Sessel zurück. »Du bleibst hier, ich sehe alleine nach!«

Pablo hielt ich am Halsband fest, damit er nicht wieder auf die Idee kam, irgendjemanden zu beißen. Julian pirschte sich wie ein Jäger an den Wänden entlang zum Eingang, was ich allerdings etwas übertrieben fand. Jedoch nur so lange, bis er bleich und fahl, einen Gegenstand in der ausgestreckten Hand haltend, wieder zurückkam.

»Was ist das?«, fragte ich mit belegter Stimme. Mir war gleich klar, dass es sich um etwas Unangenehmes handelte.

»Irgendjemand hat damit das kleine Fenster im Flur eingeworfen.« Julian zeigte mir anklagend einen handtellergroßen Stein, der mit einem Stück Zeitungspapier umwickelt war. Wen er mit »irgendjemand« meinte, musste nicht extra ausgesprochen werden.

Ich nahm den Stein, der ziemlich schwer war, legte ihn auf den Tisch und wickelte ihn aus der Zeitungsseite.

Ratlos sah ich zu meinem Sohn. »Was soll das?«

»Keine Ahnung«, meinte Julian, zuckte mit den Schultern, sah sich aber die Seite, die aus unserer Tageszeitung stammte, genauer an.

»Da sind einzelne Worte unterstrichen!«, meinte er auf einmal elektrisiert. »Sonst«, »Gibt«, Kohlebergbau«.

»Kohlebergbau?«, wiederholte ich verblüfft.

»Ja«, bestätigte Julian. Und »Bistum«, »heraus«, »verstorben«.

»Wie bitte? Das ergibt doch überhaupt keinen Sinn!« Nun gab es keinerlei Zweifel mehr, dass diese merkwürdige

Botschaft von niemand anderem als der Blitzbirne persönlich stammen konnte.

»Sonst … gibt … Bistum … sofortige.«

»Zeig mal her!«, forderte ich und zog die Zeitung zu mir. Über die ganze Seite verteilt waren Worte mit einem Kugelschreiber unterstrichen worden. Genauer gesagt waren nur Wortteile markiert. Ich sprang auf, holte mir Zettel und Stift aus der Küche und notierte die Wortfragmente untereinander auf einem Blatt.

Sonst.
Gib.
Kohle.
Sofort.
Du.
Her.
Verstorben.
Bist.

»Gib … Kohle … her …«, rätselte ich.

»Sonst … du … bist …sofort … verstorben«, ergänzte mein Sohn.

»Sofort verstorben?«, wunderte ich mich.

»Gib sofort Kohle her, sonst bist du verstorben«, fasste Julian den Drohsatz richtig zusammen.

»Das Wort ›tot‹ gab es wahrscheinlich nicht«, mutmaßte ich. »Und auf korrekte Grammatik hat er wohl auch nicht viel Wert gelegt.«

Julian und ich sahen uns an. Geraume Zeit verging, während die Wohnzimmeruhr immer lauter zu ticken schien und eine verirrte Fliege vergeblich versuchte, den Rückweg aus dem Wohnzimmerfenster zu finden.

Julian fand als Erster seine Sprache wieder. »Du musst hier weg.«

Noch ehe ich ihm antworten konnte, schrillte mitten in die Stille hinein das Telefon. Ich zuckte zusammen und stieß vor Schreck einen kleinen Schrei aus, woraufhin Julian mich noch besorgter ansah.

»Die Kommissarin«, flüsterte ich, als ob sie mich sonst hören könnte.

»Ich geh ran«, entschied mein Sohn, während er bereits nach dem Telefon langte, das auf dem Wohnzimmertisch lag. Es war mir nur recht, denn ich hatte wenig Lust, mir die neuen Ideen von Frau Ritter anzuhören.

Die Person am anderen Ende redete auf Julian ein, sodass er nicht viel sagen musste, außer gelegentlich »okay«. Ich beobachte dies mit wachsender Sorge. Versuchte die Kommissarin, Julian schonend beizubringen, dass seine Mutter nun für einige Jahre im Gefängnis verschwinden würde?

Doch irgendwann reichte er mir mitten in einem Redestrom seines Gegenübers das Telefon, grinste und meinte: »Es ist Oma«, ohne sich von ihr zu verabschieden.

»Hallo Mama«, sagte ich erleichtert.

»Schatz, es ist so weit«, kündigte meine Mutter an.

Jetzt heiratet sie den Typen auch noch, schoss es mir durch den Kopf. Die Stimme meiner Mutter klang am Telefon genauso aufgekratzt wie bei meinem letzten Besuch. Es war aber auch kaum zu erwarten gewesen, das sie in der Zwischenzeit zur Vernunft gekommen war.

»Mama, das kannst du nicht machen! Denk an deine Witwenrente!«

Verdutzt unterbrach meine Mutter ihren Redefluss. »Wieso? Du bezahlst doch alles, oder hast du es dir etwa anders überlegt?«

»Ach, du meinst die Kreuzfahrt.« Ich stieß einen hörbaren Seufzer der Erleichterung aus. Gleich darauf dachte ich, dass man es durchaus als seltsam bezeichnen konnte, dass ich schon froh darüber war, etwas bezahlen zu müssen. »Ja, natürlich«, sagte ich also. »Schick mir einfach die Rechnung. Die Anzahlung ist schon raus.«

»Du bist ein Schatz«, flötete meine Mutter. »Ich muss jetzt auch auflegen, morgen geht's ja los, und ich habe immer noch nicht alles gepackt. Ich brauche von casual bis zur Abendgarderobe praktisch die ganze Palette. Schließlich ist es kein Nullachtfünfzehn-Schiff, was Hartmut ausgesucht hat.«

Warum hat er es dann nicht auch gleich bezahlt, wenn er solch einen exklusiven Geschmack hat?, schoss es mir durch den Kopf. Doch ich verkniff es mir, dies auszusprechen, schließlich hatte ich genug Probleme.

»Dann viel Spaß und sei vorsichtig mit deinem …«, wollte ich sie noch mal vor ihrem Zuhälter warnen, doch da hatte sie bereits aufgelegt.

»Oma lässt es echt krachen«, meinte Julian amüsiert. »Die weiß, wie man's macht!«

»Na ja, das würde ich nicht so sagen«, antwortete ich. Doch ich hatte keine Lust auf eine Diskussion über die richtige Lebensführung im Alter und im Allgemeinen und versagte mir ebenso den Hinweis darauf, dass das Amüsement schließlich auf meine Kosten ging.

»Wo waren wir stehen geblieben?«, lenkte ich das Gespräch lieber auf ein anderes Thema.

»Dabei, dass du hier wegmusst. Die Kommissarin, der Bankräuber … dir sind etwas zu viele Leute auf den Fersen. Am besten fährst du mit Oma auf der Kreuzfahrt mit.«

Vor meinem geistigen Auge entstand ein Bild von lauter

spaßbereiten Senioren auf einem überfüllten Vergnügungsdampfer, darunter ein ständig meine Mutter tätschelnder Greis, der mir zweideutig zuzwinkerte. Ich lehnte dankend ab.

»Aber ich glaube, ich habe eine andere Idee«, meinte ich, holte mein Handy und wählte die Nummer von Rosa, meiner Verbündeten aus dem Qigongkurs, der seit einer Woche beendet war. Leider hatte es bisher mit dem gemeinsamen Hundespaziergang nicht geklappt, doch ich hörte an ihrer Stimme, dass sie sich aufrichtig freute, von mir zu hören. Und sie fragte als Erstes, ob wir uns noch diese Woche zusammen mit den Hunden treffen wollten.

»An sich gern. Aber ich habe vorher noch eine Bitte«, antwortete ich. »Könntest du mir die Adresse der Alm geben, auf der du im Sommer immer aushilfst? Meinst du, die können vielleicht jetzt schon jemanden brauchen?«

»Klar, die freuen sich über jede helfende Hand. Ich fahre in zwei Wochen auch wieder hin. Wenn du willst, können wir zusammen fahren, falls sie noch eine zweite Person aufnehmen. Manchmal ist noch eine Frau aus Norwegen da. Ein älterer Mann aus der Pfalz ist früher ab und zu gekommen, aber der hat letztes Mal schon gesagt, dass es ihm langsam zu viel werde.«

Ich dachte kurz nach. Zwei weitere Wochen unter der Bedrohung von Bankräuber und Kommissarin erschienen mir extrem lang.

»Ich würde am liebsten sofort fahren. Ich muss mal für eine Weile von hier verschwinden«, erklärte ich, ohne weiter auf die Gründe einzugehen.

»Verstehe«, antwortete sie. Natürlich verstand sie gar nichts, doch ich rechnete es ihr hoch an, dass sie auch diesmal keine Fragen stellte und mir stattdessen die Kontaktadresse der Sennerin gab.

»Dann sehen wir uns dort in zwei Wochen«, meinte sie. »Falls es bei dir klappt. Aber ich warne dich: Der Job dort ist nicht zu unterschätzen. Vor allem, wenn man körperliche Arbeit nicht gewohnt ist.«

»Das schaffe ich schon«, widersprach ich zuversichtlich. Ein paar Wochen auf einer Alm zu verbringen, erschien mir im Gegensatz dazu, was mich hier erwartete, traumhaft einfach.

Wir verabschiedeten uns, und ich versprach, ihr am nächsten Tag Bescheid zu geben, ob es geklappt hatte.

»Du willst stinkende Kühe melken?«, prustete Julian los, kaum, dass ich aufgelegt hatte. »Du kannst doch noch nicht mal einen Schlüssel in Hundefutter drücken.«

»Warum nicht?«, verteidigte ich mich. »Vielleicht schlummern in mir Talente, von denen bisher noch niemand was geahnt hat? Außerdem gibt es für so was Maschinen.«

Da es inzwischen schon recht spät war und Bauern früh aufstehen, weil sie ihr Vieh melken müssen, beschloss ich, den Anruf in der Schweiz auf den nächsten Morgen zu verschieben.

Ich ging in die Küche, öffnete eine Flasche Weißburgunder, goss mir und Julian ein Glas ein und ging damit zurück ins Wohnzimmer. Auf dem Esstisch lag immer noch die Zeitungsseite der Blitzbirne.

Gib sofort Kohle her, sonst bist du verstorben.

Der Satz hörte sich schon viel weniger bedrohlich an, wenn man einen Plan hatte.

Am nächsten Morgen war ich bereits sehr früh wach, was ich dazu nutzte, im Garten ein paar Qigongübungen zu machen, zumal die Sonne bereits motivierend durch die hohen Baumwipfel hindurchblinzelte. Pablo schnüffelte aufgeregt im mit Morgentau bedeckten Gras und folgte wieder irgendwelchen neuen Geruchsspuren.

Hunde, so hatte mein Hundetrainer erzählt, können wohl nicht nur in die Tiefe schnüffeln, sondern auch eine Million verschiedene Gerüche unterscheiden. Ich hatte also keine Ahnung, ob er immer noch hinter den Duftmarken von Schostakowitsch her war oder ob er inzwischen eine andere Spur verfolgte, zum Beispiel die eines Eichhörnchens, das manchmal über den Rasen huschte, wenn es sich unbeobachtet fühlte.

Als ich zwei Mal alle Übungen absolviert hatte, die ich bei Meister Li gelernt hatte, ging ich ins Haus, machte mir einen Kaffee und setzte mich mit dem Telefon ans Fenster, mit Blick auf den japanischen Garten.

Ich wählte die Nummer, die Rosa mir gegeben hatte, und lauschte gespannt dem Klingeln, das irgendwo in den Schweizer Alpen seine Resonanz fand. Es dauerte sehr lange, bis die Bäuerin an den Apparat ging. Vermutlich war sie gerade im Stall beim Melken gewesen, was nicht gerade ein guter Einstieg für mich war.

»Stocker«, meldete sie sich entsprechend unwirsch, wobei sie das ck wie kch aussprach.

»Die Rosa … äh … hat mir ihre Nummer gegeben.« Tatsächlich hatte ich keine Ahnung, wie Rosa mit Nachnamen hieß. Das wurde ja immer besser. Ich selbst hätte mich schon jetzt auf keinen Fall eingestellt. Aber zum Glück war der Hilfsbedarf offenbar groß, und die Stimme der Bäuerin wurde sehr viel wohlwollender, als ich ihr eröffnete, dass ich einen Arbeitseinsatz bei ihr absolvieren wollte.

»Haben Sie schon einmal in der Landwirtschaft gearbeitet?«, wollte sie allerdings gleich in ihrem herrlichen schweizerdeutschen Singsang wissen.

»Ähm … ich habe einen Garten«, antwortete ich. Sie musste ja nicht wissen, dass es sich dabei um einen völlig überzüchteten Kunstgarten handelte.

»Wir haben zurzeit fünfundzwanzig Kühe hier auf der Alm«, erklärte mir die Bäuerin. »Und wir haben drei Kinder.«

Die Reihenfolge amüsierte mich, aber ich unterdrückte mein Glucksen gerade noch rechtzeitig.

»Kein Problem«, antwortete ich nur. Ich hatte mit Kühen keinerlei Erfahrung, außer, dass ich meine Milch manchmal auf einem Bauernhof einkaufte, doch waren die Kühe immer im Stall oder auf der Weide, wenn ich dort gewesen war.

»Wie lange haben Sie Zeit?«

Darüber hatte ich mir noch gar keine Gedanken gemacht. Ich vermutete, dass die Leute für den Arbeitseinsatz den ganzen Sommer über blieben, wollte mich aber nicht so weit im Voraus festlegen, falls mir die Arbeit womöglich doch nicht gefiel.

Also sagte ich aufs Geratewohl »Vier Wochen?«

»Oh, so lang?«, freute sich die Bäuerin. »Normalerweise bleiben die Leute nur eine oder zwei Wochen.«

Ich musste schlucken. Die Arbeit dort ist nicht ohne, hatte Rosa mich gewarnt. Aber alles war besser, als hierzubleiben und Däumchen drehend auf den Bankräuber zu warten. Also stimmte ich tapfer zu.

»Wann können Sie anfangen?«, hatte es Frau Stocker nun plötzlich eilig.

Ohne weiter nachzudenken, sagte ich: »Morgen.«

Sie schien sich nicht darüber zu wundern, dass ich sofort verfügbar war. Oder ihre Not war so groß, dass sie nach jedem Strohhalm griff, der sich ihr anbot.

»Gut, dann sagen Sie mir Bescheid, wann Sie in Reichenbach am Bahnhof sind, ich hole Sie dort ab. Uff Wiederluege.«

Ich verabschiedete mich und legte auf. Ich hatte einen Job! Ein wahres Triumphgefühl breitete sich in meiner Brust aus. Ich rannte die Treppe hinauf und klopfte an die Tür meines Sohnes.

»Was ist denn?«, kam es genervt von drinnen.

»Es hat geklappt!«, jubelte ich von draußen.

Keine zehn Sekunden später öffnete er die Tür und grinste mich verschlafen an. »Das mit den stinkenden Kühen?«

»Genau! Das mit den stinkenden Kühen«, bestätige ich euphorisch. »Alles Weitere erzähle ich dir unten beim Frühstück!«

Acht Uhr morgens war nicht gerade seine Zeit, aber angesteckt durch meine gute Laune schlurfte Julian bereitwillig hinter mir die Treppe hinunter. Während er versuchte, wach zu werden, machte ich uns Müsli und einen Kaffee und stellte alles vor ihn auf den Tisch.

»Stell dir vor, die gute Luft da oben und die Ruhe«, schwärmte ich. »Das wird bestimmt ganz toll. Ich werde mir jede Menge Bücher mitnehmen, morgens auf einem Berg Qigongübungen machen und abends endlich einmal Tagebuch schreiben. Vielleicht schreibe ich auch ein Buch, zu erzählen hätte ich ja genug.«

»Megacool!« Mein Sohn machte das Daumen-hoch-Zeichen, während er mit der anderen Hand einen Löffel Müsli in sich hineinschaufelte.

»Und du musst hier die Stellung halten«, sagte ich zu Julian. »Aber pass auf, dass der Bankräuber dich nicht erwischt.«

Plötzlich wurde mir bewusst, dass ich in den Bergen zwar in Sicherheit sein würde, aber Julian sozusagen als Pfand zurücklassen musste. Was, wenn der Bankräuber ihn gefangen nahm und mich mit der körperlichen Unversehrtheit meines Sohnes erpresste? Ein eiskalter Schauer lief mir den Rücken hinab.

Julian sah mich mit einem hintersinnigen Blick an, den ich aber nicht richtig deutete. »Ich könnte zu meinem Schutz ein paar Freunde einladen?«

Erleichtert atmete ich aus. »Ja, das ist sicher eine gute Idee. Ein paar junge Männer! Dann traut sich die Blitzbirne sicher nicht hier rein.«

Vor lauter Euphorie über meine baldige Abreise hielt ich dies für die perfekte Lösung.

»Und was ist mit dem Hund?«, wollte Julian dann wissen.

An Pablo hatte ich überhaupt nicht mehr gedacht. Als würde er etwas ahnen, kam er just aus dem Garten ins Haus getrottet, blieb vor mir stehen, legte mir seine Schnauze aufs Knie und sah mich mit herzzerreißenden Hundeaugen an.

»Dich nehme ich natürlich mit. Die Bauern haben sicher

nichts dagegen. Du kannst mir sogar beim Kühehüten helfen«, versicherte ich ihm schnell. Pablo entspannte sich bei meinen Worten sofort und schleckte mir die Hand ab.

Da fiel mir ein, dass noch eine andere Person Interesse am meinem Aufenthaltsort haben könnte. »Meinst du, ich sollte der Kommissarin Bescheid geben, dass ich wegfahre?«

Julian nickte kauend. »Auf jeden Fall. Sonst denkt sie noch, du bist auf der Flucht vor ihr.«

»Bin ich ja auch«, antwortete ich lächelnd. »Aber das braucht Frau Ritter ja nicht zu wissen.«

Allerdings musste ich zugeben, dass mir vor diesem Anruf graute. Das Verhalten der Kommissarin hatte schließlich ganz klar gezeigt, dass sie mich nun zum Kreis der Verdächtigen zählte und längst nicht mehr als reines Opfer sah.

Und wenn ich nun anrief und mich bei ihr abmeldete, war das nicht so etwas wie ein unnötiges Schuldeingeständnis, das mich erst recht verdächtig machen würde?

»Du könntest sagen, dass du für die nächsten Wochen keinen Polizeischutz mehr brauchst«, schien Julian meine Gedanken lesen zu können.

»Das ist genial!«, rief ich, sprang auf und knutschte meinen Sohn ab, dem meine Reaktion sichtlich unangenehm war. Seit er vierzehn war, mochte er es nicht mehr, von mir geküsst zu werden, schon gar nicht in der Öffentlichkeit. Wo war bloß mein lieber, anhänglicher Junge geblieben, mit dem ich gegen den Rest der Welt kämpfte?

Ich hoffte, dass dieser Junge noch irgendwo im Körper dieses obercoolen Burschen steckte und eines Tages wieder zum Vorschein kommen würde.

Um die Angelegenheit mit der Kommissarin gleich hinter

mich zu bringen, ging ich mit dem Telefon ins Wohnzimmer und wählte ihre Nummer.

»Angelina Ritter«, meldete sie sich mit der gewohnt eindringlichen Stimme. Der Vorname erschien mir für ihren herben Charakter deutlich zu weich und auch zu weiblich. Vielleicht hatten ihre Eltern auch einmal ein liebes kleines Mädchen gehabt und suchten immer noch vergeblich danach.

Ich atmete einmal tief durch und nahm meinen ganzen Mut zusammen. »Ich wollte Ihnen nur sagen, dass ich in den nächsten vier Wochen keinen Polizeischutz mehr brauche«, teilte ich ihr möglichst sachlich mit. »Ich gehe zum Arbeitseinsatz in die Berge.«

Letzteres ging sie zwar überhaupt nichts an, aber sie sollte ruhig wissen, dass ich nicht vorhatte, einen Luxusurlaub zu machen, in dem ich womöglich einen Teil der Beute verprassen wollte.

»In die Berge«, echote sie.

»Ja. Ich muss alles einmal hinter mir lassen. Die Geiselnahme macht mir doch mehr zu schaffen, als ich dachte.«

»Mhm«, machte Frau Ritter gleichgültig. Wenn da wirklich jemals ein liebes Mädchen gewesen war, versteckte sie es sehr tief in ihrem Inneren. Ich versuchte, mich von ihrer Wortkargheit nicht beirren zu lassen, was mir nur halbwegs gelang.

»Es wäre allerdings nett, wenn Sie gelegentlich doch mal eine Streife hier vorbeifahren lassen würden. Mein Sohn bleibt nämlich im Haus«, meinte ich.

»Ihr Sohn«, wiederholte sie schon wieder einen Teil meines Satzes. Wenn es ihre Absicht war, mich damit zu verunsichern, dann war ihr das allerdings jetzt schon gelungen. Doch das war noch nicht alles.

»Aber warum sollte es der Bankräuber jetzt auf Ihren Sohn abgesehen haben? Der hat ihn doch gar nicht gesehen und kann ihm daher auch nicht gefährlich werden?«, fragte sie, plötzlich gesprächig.

Jetzt wäre es mir doch lieber gewesen, die Kommissarin wäre mundfaul geblieben. Denn natürlich hatte sie damit wieder einmal die Schwachstelle meiner Argumentation aufgespürt. Warum sollte der Bankräuber überhaupt hinter mir her sein, wenn er nicht etwas von mir zurückhaben wollte? Geschweige denn, hinter meinem Sohn?

»Ich dachte nur«, sagte ich schwach. »Er weiß ja nicht, dass ich nicht da bin. Vielleicht sieht er abends das Licht.«

»Vielleicht«, fiel Frau Ritter in ihre vorige Einsilbigkeit zurück.

Ihre Methode, Leute geständig zu machen, funktionierte bei mir hervorragend. Ich war kurz davor, ihr alles anzuvertrauen, nur weil ich die Anspannung in den Gesprächspausen nicht mehr aushielt. Es wurde höchste Zeit, das Telefonat zu beenden, bevor ich mir meine Zukunft endgültig vermasselte.

»Aber vielen Dank, dass Sie mich bisher so gut beschützt haben. Ich melde mich, wenn ich zurück bin.«

Ich verabschiedete mich und legte auf, ohne ihre Antwort abzuwarten.

Julian stand im Türrahmen und verdrehte die Augen. »Mann, als Gangsterbraut bist du echt überhaupt nicht geeignet: Vielen Dank, dass Sie mich beschützt haben, voll peinlich!«

Ich zuckte müde mit den Schultern. »Lieber peinlich als verdächtig!«

Dann stand ich auf und ging nach oben, um meine Sachen zu packen. Beim Blick in meinen Kleiderschrank stellte ich jedoch fest, dass meine Kleidung für einen Almeinsatz vollkommen ungeeignet war.

Also fuhr ich zum nächstgelegenen Sportcenter und kaufte mir einen großen Wanderrucksack, zwei Jeans, ein paar knöchelhohe Bergschuhe, eine Fleecejacke und einen Fleecepulli, eine Trinkflasche sowie eine leichte wasser- und winddichte Jacke. Zusammen mit ein paar Shirts, Wäsche, vier Büchern und einigen lange haltbaren Müsliriegeln fühlte ich mich dann bestens ausgerüstet für meinen Arbeitseinsatz auf einer Schweizer Bergalm.

Je weiter ich mich von zu Hause entfernte, desto mehr verlor ich das Gefühl von Bedrohung, das mich dort in den letzten Wochen stets begleitet hatte. Es war ein strahlender Frühsommertag, und als mein Zug die Schweizer Grenze überquert hatte, fühlte ich mich endlich wieder einmal frei und unbeschwert.

Julian hatte mir auf der Fahrt zum Bahnhof hoch und heilig versprochen, alle zwei, spätestens drei Tage zum Schließfach am Bahnhof zu fahren, um Geld nachzuwerfen. Und sich ansonsten gut um Haus, Futterdose und Garten zu kümmern.

Pablo lag unter meinem Sitz und schnarchte leise. Ich hatte seine Lieblingsdecke und Hundefutter für mehrere Tage eingepackt, in der Hoffnung, dass es im Tal einen Supermarkt gab, der seine Lieblingssorte führte. Entsprechend schwer war mein Rucksack nun.

Frau Stocker hatte sich damit einverstanden erklärt, dass der Hund mitkam, auch wenn sie nicht unbedingt begeistert gewesen war. Ich hatte ihr jedoch versichert, dass Pablo ein lieber Hund sei, in der Hoffnung, dass Herr Stocker kein Unsympath war, auf den er sich stürzen würde. Vom Postboten hatte ich bisher nichts gehört und hoffte, dass er die Angelegenheit auf sich beruhen lassen würde.

So konnte ich mich entspannt zurücklehnen und durch das Zugfenster verfolgen, wie die Orte immer schmucker und die Berge immer höher wurden, bis die Gegend dem idealen Postkartenbild einer Schweizer Alpenlandschaft glich. Man konnte sich bei diesem Anblick einfach nicht vorstellen, dass es hier Verbrechen gab oder irgendwelche andere Unbill, und tatsächlich gilt die Schweiz als eines der sichersten Länder der Welt. Allerdings macht das eidgenössische Land mit seinen sechsundzwanzig Kantonen es Verbrechern auch recht leicht, da es keine nationale Polizei gibt und die kantonsübergreifende Verbrechensbekämpfung daher mühsame Kleinarbeit darstellt. Bis ein Polizeibeamter herausfindet, ob ein Einbrecher auch schon in anderen Kantonen sein Unwesen getrieben hat, ist dieser vielleicht schon sprichwörtlich über alle Berge.

Aber vielleicht fühlte ich mich auch gerade deshalb so sicher. Schließlich war ich in den letzten Monaten, auch wenn es mir schwerfiel, das einzugestehen, selbst in die Kategorie der Kriminellen gewechselt. Wenn ich jedoch daran dachte, wie aufreibend diese Zeit gewesen waren, freute ich mich umso mehr darauf, einen Monat in absoluter Ruhe und Abgeschiedenheit zu verbringen. Und die Arbeit an der frischen Luft würde mir sicher guttun. Zu sehr war ich durch die jahrelange Büro- und Galeriearbeit körperlich eingerostet und durch die giftigen Materialien der Kunstwerke belastet.

Als der Zug der Schweizerischen Bundesbahn schließlich im beschaulichen Reichenbach eintraf, war ich voller Überzeugung, das absolut Richtige getan zu haben.

Pablo und ich sprangen bester Laune aus dem Zug und sahen uns erwartungsvoll auf dem Bahnsteig um. Nur wenige Leute waren mit uns ausgestiegen, die meisten davon trugen einen Wanderrucksack. Kurz beneidete ich sie ein bisschen, dass sie einfach nur für einen Urlaub hierhergekommen waren und nicht für einen Arbeitseinsatz. Dann jedoch sagte ich mir, dass ich eine sinnvolle Tätigkeit ausüben würde, indem ich eine Bauernfamilie unterstützte, und ohnehin in einer privilegierten Lage war, da ich derzeit nicht arbeiten musste, während diese Menschen sicher alle aus anstrengenden Berufen kamen. Auch wenn ich mich manchmal leise fragte, ob die Galeriearbeit nicht vielleicht weniger anstrengend gewesen war als das, was ich in den letzten Wochen erlebt hatte, nervige Künstler hin oder her.

Aus unerfindlichen Gründen hatte ich am Bahnhof eine ältere Frau in traditioneller Tracht erwartet, doch natürlich befand sich niemand in solch einem Aufzug am Gleis. Genauer gesagt, es war überhaupt niemand zu sehen, der oder die auf mich zu warten schien. Der Zug setzte sich wieder in Bewegung, und allmählich leerte sich der Bahnsteig, ohne dass jemand freudig auf mich zukam.

»Haben wir vielleicht das falsche Reichenbach als Ziel gewählt«, wandte ich mich verunsichert an Pablo, der mich aber nur verzagt ansah. Die Stimmung schien sich tatsächlich von Menschen auf ihre Tiere zu übertragen. Ich sah auf das Schild über dem Bahnhofsausgang, holte einen Zettel aus meiner Jackentasche und glich die Notizen damit ab: Reichenbach im Kandertal. Nein, wir waren vollkommen richtig.

Vielleicht hatte die Bäuerin sich verspätet, weil eine Kuh gekalbt hatte oder ein Kind krank geworden war? Ich wurde noch nervöser, als mir klar wurde, dass ich mir weder die Telefonnummer von Familie Stocker noch die Adresse der Alm notiert hatte.

Womöglich gab es aber irgendwo eine Auskunft oder jemanden, der die Familie kannte und mir sagen konnte, wo ich hinmusste. In einem so kleinen Ort kannte doch sicherlich jeder jeden. Auf den naheliegenden Gedanken, dass Rosa die Telefonnummer der Stockers hatte, kam ich seltsamerweise nicht.

Seufzend schulterte ich meinen schweren Rucksack und ging mit Pablo durch den Bahnhof auf die Straße hinaus.

Vor dem Eingang stand eine jüngere Frau in einer weiten Latzhose aus Jeansstoff, die gerade telefonierte. Vielleicht konnte sie mir weiterhelfen. Bevor ich auf sie zugehen konnte, blickte sie jedoch auf, beendete das Gespräch und rief: »Grüezi, Frau van den Broek!«

»Frau Stocker?«, fragte ich ungläubig. Vor lauter Aufregung entschlüpfte mir ein kch in der Mitte des Namens. Rosa hatte mich gewarnt, dass die Schweizer es nicht mochten, wenn man ihren Dialekt nachahmte. Doch das schien die Frau nicht zu stören, denn sie strahlte mich nur erfreut an.

Anhand der Stimme am Telefon hatte ich mir nicht nur eine ältere Dame vorgestellt, sondern in gewisser Weise auch eine verhärmte, von der Arbeit gebeugte Landfrau. Diese Person aber sprühte vor Energie und Lebensfreude. Ein Widerspruch, der sich aber gleich darauf aufklärte.

»Frau Stocker hat mich gebeten, Sie abzuholen, weil ich eh auf dem Weg nach oben bin. Ich bin Sanne, die Käserin.« Die Frau streckte mir gut gelaunt ihre Hand entgegen.

Ich erwiderte ihren Händedruck, stellte mich mit dem Vornamen vor und zeigte dann auf meinen Hund: »Das ist Pablo.«

»Kommen Sie«, meinte Sanne. »Meine Schüssel parkiert da drüben.«

Wir gingen zu einem alten Renault, der so aussah, als ob er jederzeit in seine Einzelteile zerfallen könnte. Sanne verstaute meinen Rucksack im Kofferraum, versuchte drei Mal, die Tür zuzuschlagen, bis es endlich gelang, und ließ mich dann auf dem Beifahrersitz einsteigen. Pablo durfte sich hinter meinen Sitz legen.

»Zum Glück gibt es einen Fahrweg auf die Alp, sonst müssten Sie Ihren Rucksack hochschleppen«, meinte sie lachend. Ich nickte und machte ein Gesicht, von dem ich hoffte, dass es anerkennend aussah. Aber Sanne schien zu ihrem Glück ohnehin keinerlei Bestätigung von außen zu brauchen. Beneidenswert. Wenn das an der guten Bergluft lag, hatte ich die absolut richtige Entscheidung getroffen.

Die Käserin startete den Wagen und fuhr los. Die Fahrt ging durch den Ort, an schönen alten Holzhäusern vorbei, und ließ mir Zeit, meinen Gedanken nachzuhängen. Die Alm hieß also in der Schweiz Alp, und statt parken sagte man hier parkieren. Sicherlich würde ich in der nächsten Zeit noch einige neue Vokabeln hinzulernen.

Bald darauf hatte ich jedoch keine Muße mehr, über sprachliche Unterschiede nachzusinnen, denn die Käserin steuerte den Wagen in einem halsbrecherischen Tempo in die Höhe. Diese Rumpelpiste mit ihren zahlreichen Schlaglöchern und engen Kurven als Fahrweg zu bezeichnen war sehr optimistisch von ihr gewesen.

Verstohlen tastete ich nach dem Haltegriff über dem Fenster, doch dieser war auf der einen Seite abgerissen und baumelte lose neben mir. Vermutlich war ich nicht die Erste in diesem Wagen, die sich hier festklammern wollte.

Während ihrer tollkühnen Fahrt erzählte mir Sanne, dass hier vor ein paar Jahren ein schlimmes Hochwasser gewesen sei, das schwere Schäden angerichtet hatte. Ich nickte nur und kämpfte gegen aufsteigendes Unwohlsein. Leider hatte ich auf der Bahnfahrt ein Brötchen mit Avocadocreme gegessen, dessen Knoblauchbestandteil mir nun mehrfach aufstieß, was meine Übelkeit nicht gerade verbesserte.

Eine bewirtschaftete Alp wurde in der Ferne sichtbar, die, wie meine Fahrerin mir berichtete, an der steilsten Postautostrecke Europas liege. Und das eindrucksvolle Bergmassiv mit seinen weißen Gipfeln sei die Bluemlisalp, die sie natürlich schon einmal bestiegen habe.

Ich hatte keine Augen für die Schönheit der Gegend, sondern war hauptsächlich damit beschäftigt, mich in den gewagt angefahrenen Haarnadelkurven an irgendetwas festzuklammern und zugleich Pablo zu beruhigen, der hinter dem Sitz begonnen hatte, leise zu wimmern. Außerdem wollte ich die Aufmerksamkeit meiner furchtlosen Fahrerin auch nicht zu sehr auf die Umgebung lenken, da es neben dem schmaler werdenden Weg zuweilen steil bergab ging. Ich schloss ermattet die Augen und hoffte einfach nur, dass es schnell vorüberging, während ich gegen die immer stärker werdende Übelkeit ankämpfte.

So bemerkte ich auch nicht, dass wir uns nach einer Zeit des gefühlten Überlebenskampfes einem großen, dunklen Holzhaus näherten, vor dem Sanne den Wagen in einer rasanten Kurve auf einem Schotterplatz parkte. Pardon, parkierte.

»Da wären wir«, verkündete sie gut gelaunt.

Sollte die Höhenluft tatsächlich Quell ihrer guten Laune sein, freute ich mich darauf, bald selbst von diesem Naturereignis zu profitieren.

Jetzt allerdings verließ ich mit zitternden Knien den Wagen, verspürte einen stark aufsteigenden Brechreiz und übergab mich als Erstes auf den Schotter meiner zukünftigen Einsatzstätte.

Kein gutes Omen für einen gelungenen Arbeitseinsatz!

Nachsichtig reichte Sanne mir ein Taschentuch. »Das geht den meisten so. Aber mit der Zeit wird es besser.«

Ich nickte schwach, atmete ein paarmal tief durch und sah mir zur Ablenkung zunächst einmal das Haus etwas genauer an, um mich zu sammeln, bevor ich wie ein Häufchen Elend der Bauersfamilie entgegentrat.

Die Alp bestand genau genommen aus drei Häusern: einem großen, zweistöckigen Holzhaus mit Schieferdach, einem kleineren Steinhaus und einem vorgelagerten Holzhaus, auf das Sanne zeigte, während sie mit einem gewissen Stolz in der Stimme erklärte: »Das ist meine Käserei.«

Um das kleinere Haus herum gackerten ein paar Hühner, ansonsten war aber kein Lebewesen zu entdecken. Vor dem großen Wohnhaus plätscherte ein Brunnen, der offenbar von einer Bergquelle gespeist wurde. Dort spülte ich meinen Mund aus und trank ein paar Schlucke des herrlich frischen Wassers. Danach ging es mir deutlich besser.

Umgeben waren die Gebäude nur von struppigem Gewächs und karstigen Felsen, zumindest erschien mir die Landschaft geradezu kümmerlich, hatte ich doch von saftigen Almweiden geträumt. Aber vielleicht war dies auch nur meinem aktuellen Befinden zuzuschreiben. Ich brauchte jetzt dringend einen Kaffee.

Doch als wir ins Innere des großen Hauses kamen, war es dort vollkommen verlassen und still. Zwei Fliegen summten durch die Küche und suchten offenbar den Ausgang in die Freiheit. Eine nicht abgeräumte Müslischale auf dem Holztisch hatte sie wohl angelockt.

»Die sind alle grade im Stall«, meinte Sanne. »Ich gehe sie mal holen.«

Nachdem sie verschwunden war, legte ich meinen Rucksack auf einem Stuhl ab und sah mich neugierig um. Die gesamte Einrichtung war sehr einfach und bestand komplett aus Holz. In einer Ecke stand ein schwerer Emailleherd, der mit Brennholz beheizt wurde, außerdem gab es eine Spüle und einen einfachen Schrank für das wenige Geschirr, das die Bauersfamilie hier oben besaß. Ich hatte nicht erwartet, in einer Luxusunterkunft zu landen, doch die Kargheit dieser Behausung, in der immerhin Kinder aufwuchsen, gab mir einen Stich ins Herz. Ich tröstete mich damit, dass die Familie ja nur über den Sommer hier war und den Rest der Zeit unten im Ort sicher in einem viel schöneren Haus wohnte.

Ich öffnete ein Fenster und ließ zumindest die beiden Fliegen entkommen.

Gerade als ich mich fragte, wo hier wohl Bad und Toilette waren, kam der Senner Herr Stocker in die Stube. Beziehungsweise, er humpelte mühselig an zwei Krücken herein. Nun kannte ich also auch den Grund, warum seine Frau mich ohne weitere Umschweife eingestellt hatte.

Hinter ihm strömten drei Kinder im Alter zwischen fünf und zehn Jahren herein, gefolgt von Sanne und der Bauersfrau. Sie und ihr Mann waren tatsächlich viel jünger, als ich gedacht hatte, ich schätzte sie auf Mitte bis Ende dreißig. Man konnte beiden ansehen, dass sie zeit ihres Lebens schwer gearbeitet hatten und sich viel an der frischen Luft aufhielten.

Ich gab allen die Hand und stellte mich und Pablo vor. Die Kinder stürzten sich gleich auf den Hund und streichelten ihn, was dieser sich zum Glück großmütig gefallen ließ. Kaum zu glauben, dass er ein Problemhund sein sollte. Wir hatten aber bei unserem Hundetrainer eine Therapiestunde absolviert, in der es um Vertrauen zu fremden Menschen gegangen war. Und offenbar hatte diese gewirkt. Herr Stocker schien jedenfalls kein böser Mensch zu sein, denn Pablo begrüßte ihn ganz entspannt, wenn er auch vor seinen Krücken etwas Respekt hatte.

»Jetzt machen wir erst mal das Vesper«, meinte Frau Stocker dann. »Sicher sind Sie hungrig.« Sie ging zu einem alten Kühlschrank, den ich in der Ecke zunächst gar nicht bemerkt hatte, und holte Butter, Käse, Rettiche und eine Hartwurst heraus. Außerdem stellte sie Brot, Besteck und Teller auf den Tisch. Ich wagte es nicht, um einen Kaffee zu bitten, den ich eigentlich gebraucht hätte.

Alle halfen beim Decken und setzten sich dann auf die ungepolsterte Eckbank. Ich stand zunächst etwas ratlos herum und nahm dann auf einem der beiden Stühle Platz.

Herr Stocker schmierte der Kleinen ein Brot, die beiden älteren Jungen bedienten sich selbst.

Erst jetzt merkte ich, wie hungrig ich war, und langte entsprechend kräftig zu. Obwohl die Mahlzeit einfach war, schmeckte sie köstlich.

»Das ist unser eigener Käse«, verkündete Sanne. »Echter Alpkäse!«

»Und das Brot backen wir auch selbst«, ergänzte Frau Stocker.

Ich lobte alles ausgiebig und wollte dann wissen, was in den nächsten Tagen meine Aufgaben sein würden.

»Alles, was auf einer Alp so anfällt«, meinte der Senner. »Also den Stall misten, Stroh einstreuen, den Käse wenden und abwaschen, die Kühe putzen. Zu Ihren Aufgaben gehört natürlich auch das Einheizen und Kochen und mal auf die Kleinen aufzupassen.«

»Die Kühe putzen?«, fragte ich verwundert.

»Ja, die legen sich immer in ihre Kacke«, meinte der mittlere Junge grinsend.

Ich versuchte, mir nicht anmerken zu lassen, dass das nicht die Aufgabe war, auf die ich mich am allermeisten freute.

»Nur das Melken machen wir selbst«, erklärte Frau Stocker zu meiner Erleichterung. Ich hatte nämlich großen Respekt vor den Huftritten der Kühe.

»Und beim Käsen darfst du mir auch nur zuarbeiten«, sagte Sanne streng und duzte mich einfach. »Sonst wird die Milch sauer.«

Alle lachten. Bald vergaßen die Stockers, dass ich mit am Tisch saß, und verfielen in einen für mich sehr schwer verständlichen Dialekt. Ich ließ die Gespräche wie ein Hintergrundrauschen an mir vorbeiziehen und versuchte, an den richtigen Stellen zu lächeln.

Zwar fühlte ich mich wohl im Kreis der Familie, merkte aber bald, dass ich von der Reise und all den neuen Eindrücken müde geworden war. Nachdem das Geschirr gespült war und ich Pablo etwas zu fressen gegeben hatte, verabschiedete ich mich und ließ mir vom Ältesten, einem hoch aufgeschossenen, schweigsamen Jungen, meine Kammer zeigen.

Sie war unter dem Dach, nur über eine schmale Holzstiege erreichbar und wirklich sehr klein. Außer mir passten gerade noch ein Schrank, ein Bett, ein kleiner Tisch mit einer Waschschüssel und einer Kanne hinein, die netterweise jemand mit frischem Bergquellenwasser gefüllt hatte. Ich legte Pablos Decke unter den Tisch, schlüpfte in meinen Schlafanzug und setzte mich mit dem Handy auf das Holzbett. Wie erwartet gab es hier oben keinen Empfang.

Durch das geöffnete kleine Holzfenster waren entfernt die Glocken der Kühe auf der Weide zu hören. Frau Stocker hatte mir erzählt, dass die Tiere derzeit nur nachts auf der Weide waren, weil es ihnen tagsüber dort zu heiß war. Tatsächlich brannte hier oben die Sonne stärker als unten im Tal.

Das hier würde also in den nächsten Wochen mein Zuhause sein. Ich spürte eine tiefe Zufriedenheit, die sich nur durch eine jahrhundertealte, ahnenübergreifende Verbindung mit einem bäuerlichen Leben erklären ließ. Und natürlich auch damit, dass ich alle Sorgen hinter mir gelassen hatte. Oder es zumindest in diesem Moment glaubte. Mit leichtem Sinn legte ich mich in das knarrende Holzbett und schlief sofort ein.

Am nächsten Morgen wurde ich durch ein dumpfes, rhythmisches Klopfen aus dem Tiefschlaf gerissen. Zunächst begriff ich nicht, wo ich war und was das Geräusch bedeutete, doch es wurde mir klar, als ich die Augen öffnete und mich verwundert umsah. Ich befand mich auf einer Schweizer Alp, und jemand stieß von unten mit einem Besen gegen die Decke, um mich zur Arbeit zu rufen.

Auch Pablo stand bereits an meinem Bett und stupste mich an. Zwei voneinander unabhängige Lebewesen waren also davon überzeugt, dass ich jetzt sofort aufstehen sollte, auch wenn die Nacht sich gerade erst von den Almwiesen erhoben hatte und leise davonschlich. Es half aber nichts, mein Almeinsatz begann!

Ich schwang mich seufzend aus dem Bett, vollzog eine schnelle Katzenwäsche mit kaltem Bergquellwasser und schlüpfte in Jeans und Fleecepulli. Dann kletterten Pablo und ich die schmale Stiege herab. Unten ließ ich den winselnden Hund einfach aus dem Haus, was sehr praktisch war, und ging dann hungrig in die Küche. Doch dort war niemand zu sehen. Auf dem Holzofen stand ein halb voller Espressokocher, und auf dem Esstisch befanden sich ein paar Tassen, von denen die meisten schon benutzt waren.

Brot oder Müsli waren nicht zu sehen. Offenbar frühstückten die Senner später oder womöglich gar nicht, was ich nicht hoffte.

Ich nahm mir eine frische Tasse, goss Kaffee hinein, gab etwas Milch dazu und beschloss, gleich am ersten Tag einen tatkräftigen Eindruck zu machen. Also ging ich entschlossen durch eine Verbindungstür, durch die die Senner am Vorabend hereingekommen waren, in den Stall hinüber. Dort war bereits das frische Stroh eingestreut worden, also hatte die Bauersfamilie mich am ersten Tag etwas länger schlafen lassen, was sehr nett war. Nichts ahnend schritt ich zur offenen Stalltür, um zu sehen, was sich draußen abspielte.

In diesem Moment kam eine milchkaffeefarbene Kuh hereingeschossen. Vor Schreck sprang ich zur Seite, ließ dabei die Tasse aus der Hand fallen und presste mich an die Wand. Die Kuh schoss haarscharf an mir vorbei und preschte, ohne mich zu beachten, nach vorn zu ihrem Platz. Obwohl es an sich ein zierliches Tier war, kam sie mir riesig vor. Respektvoll hielt ich Abstand. Zum Glück war meine Tasse auf einem Fleckchen Stroh gelandet, sodass sie immerhin heil geblieben war.

»Mokka ist immer die Schnellste, wenn es darum geht, an ihren Platz zu kommen«, meinte Sanne lachend, die mit einer anderen Kuh hinterherkam, die größer und braunweiß gefleckt war.

Ich atmete tief durch und hob meine Tasse vom Stallboden auf. Sie war leer. Der schöne Kaffee versickerte kaum im festgetretenen Lehmboden. »Ich dachte, es wäre schwierig, die Kühe in den Stall zu bekommen.«

»Nicht, wenn es dort ihr Kraftfutter und ihr Salz gibt«, erklärte die Käserin grinsend, als sie mit der anderen Kuh gemächlich an mir vorbeiging. »Aber manchmal haben sie trotzdem keine Lust. Dann wird es schon lustig.«

Die Gefleckte, die der Einfachheit halber Flecki hieß, befestigte Sanne mit einem Seil an der Wand. »Du kannst Mokka schon mal anbinden. Da drüben ist ihr Platz.«

»Ich?«, rief ich erschrocken.

»Na klar, meinst du, du bist nur zum Kaffeetrinken hier?«, spottete Sanne freundlich.

Ich sah beschämt auf meine Tasse, stellte sie auf einen Balken und ging schnell zu Mokka, um mir vor der Käserin keine Blöße zu geben.

Freundlicherweise war die Kuh ja schon selbst zu ihrem Platz gegangen und wartete ungeduldig darauf, dass es Futter gab.

»Hallo Mokka«, sagte ich beruhigend, um vor allem mir selbst Mut zu machen. »Ich bin Vera, und ich binde dich jetzt fest, okay?«

»Das kennt sie schon, du brauchst sie nicht um Erlaubnis zu fragen«, amüsierte sich Sanne, die mich natürlich vom anderen Stallende aus beobachtete. Ich nickte verlegen, nahm das Seil von einem Ring, der an der Stallwand befestigt war, und schlang es um Mokkas Hals, wie ich es bei Sanne und ihrer Kuh gerade beobachtet hatte. Tatsächlich hielt das Tier vollkommen still, bis ich es geschafft hatte, sie anzubinden. Irgendetwas sagte mir, dass dieses kooperative Wesen in den nächsten Wochen meine Lieblingskuh werden würde.

»Warum werden die Kühe überhaupt angebunden?«, wollte ich wissen. »Ist das nicht Freiheitsberaubung?«

Sanne schüttelte den Kopf. »Nein, sie brauchen ihren festen Platz, damit sie untereinander nicht rumbocken. Auch Kühe haben ihre Hierarchie. Und du siehst: Unsere Kühe haben alle ihre Hörner, nicht wie in der industriellen Milchproduktion. Da können sie sich schon gegenseitig verletzen.«

Die Käserin klatschte unternehmungslustig in die Hände. »Komm, jetzt holen wir auch noch die anderen.«

Mit aberwitzigem Stolz, dass ich meine erste Aufgabe so gut gemeistert hatte, folgte ich ihr neugierig nach draußen. Mittlerweile war die Sonne hinter dem Bergrücken hervorgekommen und tauchte die Landschaft in ein samtiges Licht. Die Morgenluft war genauso kühl und frisch, wie ich sie mir gewünscht hatte. Pablo, der aufgeregt draußen herumschnüffelte, beachtete mich nicht weiter, daher ließ ich ihn gewähren.

Auf dem Weg zur Weide kam uns die Bäuerin mit drei Kühen entgegen, und gleich dahinter trieben die Jungen jeweils zwei Tiere mit einem Stöckchen vor sich her.

Der Bauer fiel bei dieser Arbeit naturgemäß aus und durfte wohl ausschlafen. Beneidenswert!

Die weiteren Kühe liefen schon aufgekratzt zum Stall und brauchten keinerlei Aufforderung, um hineinzugehen.

»Sie merken, dass es heute warm wird«, erklärte Sanne. Tatsächlich kletterte die Sonne gerade orangerot über einen Berg, doch ich hatte keinen Blick für das wunderschöne Naturschauspiel, da ich mich beeilen musste, der Käserin über das unwegsame Gelände zu folgen. Es lag ziemlich viel Geröll auf dem Weg, sodass ich immer wieder umknickte und froh war über meine neuen knöchelhohen Bergschuhe.

»Das mit den Kühen habe ich mir ja viel schwieriger vorgestellt«, rief ich keuchend.

»Wart erst mal ab, bis du unsere Dienstältesten Bianca und Stella kennenlernst«, antwortete Sanne verschmitzt.

Während uns immer wieder Kühe bereitwillig entgegentrabten, stiegen wir über eine Anhöhe, von der aus man eine weitere Weide überblicken konnte. Der Ausblick raubte mir fast den Atem. Endlich waren die Wiesen so grün und saftig, wie ich es mir in meiner Vorstellung ausgemalt hatte!

»Da sind sie«, meinte Sanne auf einmal und zeigte nach unten zu einem Gebüsch, unter dem zwei große, braun gefleckte Kühe lagen, die tatsächlich keinerlei Anstalten machten, sich zu erheben. »Sie machen jeden Morgen Theater!«

Ich sah nach unten zu den Kühen, die demonstrativ, so wirkte es zumindest, die Köpfe wegdrehten. »Wollen sie lieber draußen bleiben?«

»Ach was. Sie brauchen nur ihren Chefinnenauftritt, wenn sie in den Stall kommen. Du wirst schon sehen.« Die Käserin stapfte beherzt den Hang hinunter, zielstrebig auf die beiden renitenten Kühe zu.

Ich wunderte mich, dass jede Kuh anscheinend einen eigenen Charakter besaß. Bisher hatte ich sie eher als einförmige Milchlieferantinnen angesehen. Aber vielleicht hatten wir Menschen sie ja auch nur dazu gemacht?

Bianca und Stella hatten jedenfalls keinerlei Lust, sich zu Futterautomaten degradieren zu lassen. Sie ignorierten jegliches Werben und trotzten auch den süßesten Lockversuchen von Sanne, die wahrhaft mit Engelszungen auf sie einsprach.

»Mui, mui, mui, meine Täubchen, im Stall gibt es leckeres Futter für euch!«

Sanne stellte sich neben Bianca und versuchte, sie mit den Händen von der Stelle zu schieben. Vergebens. Sie schien nur noch mehr auf dem Grasboden zu haften.

Der gleiche Effekt stellte sich ein, als sie es bei Stella versuchte. Die Käserin zog und schob, stellte dabei sogar ihre Gummistiefel auf die Hinterteile der beiden Damen, doch es half nichts.

»Noch haben sie hier ein schattiges Plätzchen, aber in einer halben Stunde wird es ihnen auch zu warm«, brummte Sanne.

Ich stand nur ratlos daneben und sah zu, wagte es aber nicht, bei der Schieb- und Drückaktion direkt an der Kuh mitzuhelfen. Irgendwann gab selbst die geduldige Käserin auf.

»Gut, dann eben nicht. Bekommen eben Mokka und all die anderen lieben Kühe das leckere Salz.« Sanne zwinkerte mir zu und bedeute mir mit einem Kopfnicken, mitzukommen. Während wir uns entfernten, sang sie: »Saaalz, Saaalz, Saaalz …«

»Und das hilft?«, fragte ich skeptisch.

»Du wirst schon sehen«, meinte Sanne zuversichtlich und sang unbeirrt ihren Salzsong weiter, ohne sich noch einmal nach den widerspenstigen Kühen umzusehen.

Kaum waren wir die Anhöhe hochgestiegen, hörte ich von hinten ein dröhnendes Geräusch. Es klang wie eine Horde wild gewordener Stiere, die mit bimmelnden Glocken über die Almweiden galoppierten. Als ich mich umdrehte, sah ich, dass es doch nur die zwei Kühe waren, die allerdings sehr groß und imposant wirkten und genau auf uns zuhielten.

Ich sprang erschrocken zur Seite und riss Sanne mit mir. Wir fielen ins Gras und kugelten dort zwei Mal um uns selbst, während Stella und Bianca an uns vorbeipreschten, ohne uns eines Blickes zu würdigen.

Die Käserin rappelte sich auf, hielt sich vor Vergnügen den Bauch und rief: »Siehst du, ich hab's doch gesagt!«

Ich hingegen hatte das untrügliche Gefühl, gerade noch einmal dem Tod von der Schippe gesprungen zu sein. Mein Puls raste. Ich versuchte, mich durch tiefes Ein- und Ausatmen wieder zu beruhigen, was mir jedoch nur halbwegs gelang.

»Komm, wir schauen mal, wo sie sind.« Sanne streckte mir die Hand entgegen und half mir hoch.

Als wir zum Stall zurückkamen, warteten die beiden Kühe seelenruhig vor der Tür, während drinnen bereits alle anderen Kühe an ihren Plätzen standen und sich wohlig schmatzend und mit sanft bimmelnden Glocken ihr Kraftfutter und ihre Ration Salz schmecken ließen, die die Sennerin und ihre Söhne bereits an sie verteilt hatten.

Und nun folgte ein Schauspiel, das absolut bühnenreif war. Auf einmal nahmen Stella und Bianca Haltung an und schritten hintereinander wie zwei Königinnen durch die Stalltür. Alle anderen Kühe hörten sofort mit dem Fressen auf und hielten ehrfürchtig inne. Majestätisch marschierten die beiden Diven an ihnen vorbei, ohne nach rechts und links zu sehen, und ließen sich an ihren Plätzen von der Bäuerin gnädig den Salzbeutel reichen. Erst dann wagten es die anderen Kühe, weiterzufressen.

Eine wirklich faszinierende Demonstration animalischen Standesbewusstseins.

Ich sah Sanne an und nickte beeindruckt. Sie grinste und machte das Daumen-hoch-Zeichen.

»So, ich mache mich ans Melken, und für euch gibt es jetzt Frühstück«, verkündete die Bäuerin, und sofort knurrte mein Magen vernehmlich. Es hatte insgesamt mehr als eine Stunde gedauert, bis endlich alle Kühe an ihrem Platz waren.

Als wir in die Küche kamen, verstand ich, dass sich der Bauer keineswegs ausgeschlafen hatte, sondern in der Zwischenzeit das kleine Mädchen versorgt und das Frühstück zubereitet hatte.

Auf dem Tisch standen eine Kanne mit frischem Kaffee, ein goldglänzender Hefezopf, selbst gemachte Butter und Marmelade, Käse und ein halbes Vollkornbrot.

Ich setzte mich an die köstliche Tafel und langte hungrig zu. Sehr viel hatte ich ja nicht dazu beigetragen, dass die Kühe jetzt alle gesund und munter im Stall standen, aber ich war trotzdem froh, den ersten Teil meines Einsatzes unversehrt überstanden zu haben.

»Und was kann ich als Nächstes machen?«, fragte ich nach ein paar Schlucken Kaffee und einem Bissen von dem köstlichen Hefezopf.

»Der Käse muss gewaschen und umgedreht werden«, antwortete Sanne.

»Danach können Sie sich ums Vreneli kümmern«, meinte der Mann und zeigte auf die Kleine.

»Wir müssen zur Schule gebracht werden«, verkündete der jüngere der beiden Buben, Matteo.

»Ich auch«, forderte die Kleine.

»Quatsch, du gehst doch noch gar nicht zur Schule«, korrigierte sie ihr ältester Bruder Loris und zeigte ihr einen Vogel. Vreni revanchierte sich, indem sie ihm ihrerseits die Zunge herausstreckte.

»Ich habe jede Menge Wäsche und Stopfwäsche«, sagte die Bäuerin, die unbemerkt in die Küche gekommen war, um im Stehen einen Kaffee und ein Stück Butterzopf zu verzehren, bevor es wieder zurück in den Stall ging. »Und kochen muss dann auch noch jemand. Ich sollte mich später um die Zäune kümmern, da mein Mann das ja nicht machen kann.«

Täuschte ich mich, oder war da ein leichter Vorwurf in ihrer Stimme?

»Und die Kühe muss auch noch jemand putzen«, ergänzte Sanne.

Ich musste angesichts des sich immer höher auftürmenden Aufgabenbergs schlucken. Wenn ich nicht aufpasste, würde ich gestresster vom Aufenthalt auf der Alp zurückkommen, als ich es vorher gewesen war. Im Vergleich dazu war meine Arbeit als Galeristin der reinste Kuraufenthalt gewesen. Dann dachte ich aber wieder an die nervigen Künstler. Im Vergleich zu ihnen waren die Kühe wahre Zuckerschnuten. Außerdem hatte ich doch genau dieses echte, einfache Leben kennenlernen wollen, um zu mir zu kommen und wieder einen Sinn in meiner Arbeit zu finden.

Also sollte ich mich nicht gleich am ersten Tag über zu viel Arbeit beschweren.

»Okay, dann bringe ich zunächst die Jungs in die Schule. Vreni darf mitfahren, wenn sie Lust hat, dann komme ich in die Käserei, koche anschließend das Mittagessen, und heute Nachmittag kann ich mich um die Kühe und abends um die fertige Wäsche kümmern.« Ich ging in meiner grenzenlosen Naivität natürlich davon aus, dass es hier eine Waschmaschine gab.

»Und später am Abend lassen wir dann die Kühe wieder auf die Weide, und danach wird der Stall gemistet«, meinte der Senner.

Mir schwirrte der Kopf. Das war wirklich ein unglaubliches Programm für einen Tag. Und ich war mir sicher, dass noch viele kleine Aufgaben hinzukamen, an die jetzt noch keiner dachte.

Ich nahm schnell noch einen Schluck Kaffee und sprang dann einsatzbereit auf, um den Tisch abzuräumen. Die Bauersfamilie sollte gleich sehen, dass sie mit mir einen guten Fang gemacht hatte.

Danach zuckelte ich mit drei Kindern und meinem Hund im Familienkombi der Senner todesmutig die abenteuerliche Straße in den Ort hinunter, wo ich die beiden Jungs erleichtert vor der Schule ablud. Danach sammelte ich mit der Kleinen ein Päckchen bei der Post ein, das dort auf seine Abholung wartete. Verständlich, dass die Paketboten nicht die Serpentinen zur Alm hochfahren wollten! Da ich selbst wesentlich langsamer fuhr, war der Weg nach oben deutlich angenehmer als die rasante Fahrt am Tag zuvor mit der Käserin.

Nach unserer Rückkehr half ich Sanne, die beeindruckenden Laibe zu waschen und umzudrehen, die in der Käserei auf Schiebern in großen Holzregalen lagerten, was eine recht kräftezehrende Aufgabe war, da die Laibe sicher zehn Kilo wogen.

Ohne Pause machte ich mich dann daran, für sieben Personen ein Mittagessen zu kochen. Im Kühlschrank fand ich im Wesentlichen das vor, was der Hof und der heimische Garten im Tal hergaben: ein großes Stück Alpkäse, Butter, ein Kännchen Sahne, Eier, ein paar gekochte Kartoffeln, eine Hartwurst, eine Handvoll Tomaten und zwei Zucchini, die schon etwas schlapp aussahen. Daraus bereitete ich einen Kartoffel-Zucchini-Auflauf mit Tomatensalat und rührte nebenbei noch einen Schokokuchen zusammen. In der Zwischenzeit kümmerte sich der Senner um die Kleine, die allerdings vollkommen damit ausgelastet war, Pablo das Apportieren eines Balls beizubringen, was dieser bereitwillig mitmachte. Ich hatte für meinen Hund kaum Zeit, aber das störte ihn nicht weiter, da er ohnehin fast die ganze Zeit draußen war und seinen Pelz in die Sonne hielt.

Als die Sennerin die Kinder wieder von der Schule abgeholt hatte, konnte ich voller Stolz das brutzelnde Mittagessen auf den Tisch stellen und danach zur Freude der Kinder zum Nachtisch einen Schokokuchen präsentieren.

»Passen Sie auf, dass Sie sich nicht gleich am Anfang total übernehmen«, warnte mich die Sennerin. »In dem Tempo halten Sie das nicht durch!«

Ich hatte auf ein kleines Lob gehofft, aber Frau Stocker war wohl selbst ziemlich am Rand ihrer Reserven und hatte Angst, dass ich gleich wieder ausfallen würde. Aber die Gesichter der Kinder, die glücklich ihren Schokokuchen mampften, entschädigten mich dafür wieder.

»Das geht schon«, wehrte ich ab. Und tatsächlich machte mir die Arbeit zu meiner eigenen Verwunderung viel Freude. Es war wohltuend, Teil einer eingeschworenen Gemeinschaft zu sein, in der jede und jeder seinen Teil dazu beitrug, dass das Projekt Alp funktionierte. Kein einziges Mal stellte ich mir hier die Frage, ob meine Arbeit sinnvoll war, denn das erklärte sich von selbst.

Die nervenaufreibende Arbeit in der Galerie und der Banküberfall waren bereits in weite Ferne gerückt, auch das Geld aus der Beute interessierte mich gerade nicht im Geringsten. Und selbst an meinen Verfolger und die Kommissarin dachte ich an diesem Tag nicht ein einziges Mal.

Die Zeit auf der Alm verging wie im Flug. Alles, was sich gerade bei mir zu Hause abspielte, hatte seine Bedeutung verloren. Gelegentlich blitzten natürlich Gedanken an meinen Sohn in mir auf, der hoffentlich in Sicherheit war und sich auch an sein Versprechen hielt, das Geld im Schließfach am Bahnhof nachzulegen.

Letztlich hatte ich gar keine Zeit, mir Gedanken zu machen, denn die Arbeit auf der Alm war sehr fordernd. Kaum hatte ich eine Aufgabe beendet, winkten an jeder Ecke neue Herausforderungen. Die ersten Tage hatte ich üblen Muskelkater, weil ich die körperliche Arbeit nicht gewohnt war.

Doch die Sennerfamilie wuchs mir immer mehr ans Herz. Selbst die etwas mürrische Sennerin konnte ich gut leiden, da immer wieder ihr eigentlich gutmütiges Wesen und ihr versteckter Witz hervorblitzten, die durch die zusätzliche Belastung wohl etwas verschüttet worden waren.

Besonders eigenartig war meine Aufgabe, die Kühe am Nachmittag mit einer Spülbürste, Wasser und Geschirrspülmittel von ihren Exkrementen zu befreien. Ich konnte nicht gerade behaupten, dass das zu meinen Lieblingsaufgaben zählte, da die verkrusteten Schwänze der Kühe einem dabei um die Ohren flogen und man nicht genau wusste, ob es Lehm oder eben doch etwas anderes war.

Trotz der anstrengenden Arbeit vermisste ich nichts, außer vielleicht hin und wieder eine warme Dusche. Sich am ganzen Körper mit eiskaltem Quellwasser zu waschen, war schon etwas gewöhnungsbedürftig. Der Stallgeruch drang in alle Fasern der Kleidung ein, die im Lauf der Wochen ziemlich schmutzig wurde, denn eine Waschmaschine gab es natürlich nicht. Das störte aber niemanden, da letztlich alle so rochen. Ich zweifelte daran, ob ich diesen Geruch jemals wieder aus meiner Kleidung herausbekommen würde.

Und Sanne brachte mir bei, wie man Käse herstellt.

In einem großen, glänzenden Kupferkessel wurde die rohe Milch unter ständigem Rühren erhitzt, danach musste man die Milchsäurebakterienkulturen hinzugeben und die Milch mit Lab verdicken. Ich durfte die so entstandene Masse mit einer sogenannten Käseharfe in kleine Würfel schneiden.

Das war eine völlig andere Arbeit als in der Galerie, da es um ein konkretes Ergebnis ging. Hier gab es zum Glück nur Kühe, Arbeit und frische Luft, aber keinerlei Verbrechen. Ich fühlte mich sehr sicher.

»Je kleiner die Würfel sind, desto härter wird nachher der Käse«, unterbrach Sanne meine Gedanken.

Nachdem mir dies ganz passabel gelungen war, musste ich die Masse erneut rühren, während sie wieder erhitzt wurde. Meine Arme begannen zu schmerzen, doch ich wollte mir vor der Sennerin keine Blöße geben.

Und genau da passierte es natürlich: Der Holzlöffel glitt mir aus den Händen und ging in der blubbernden Masse unter. Betreten blickte ich in den Kessel.

Sanne lachte. »Jetzt musst du heute Abend zur Strafe vor allen ein Schweizer Lied jodeln. Das ist so Brauch bei uns. Wer den Käselöffel verliert, jodelt!«

Bei dem Gedanken, mich vor der ganzen Sennerfamilie zum Gespött zu machen, wollte ich am liebsten die Flucht ergreifen. Schon Singen war für mich ein Horror, wie schrecklich musste da erst Jodeln sein?

Sanne sah meinen entsetzten Blick und musste gleich noch mehr lachen. Sie ging vergnügt in den Nebenraum und kam mit einer langen Zange zurück, mit der sie im Kessel nach dem Holzlöffel fischte.

»Keine Sorge«, meinte sie, als sie ihn erfolgreich zutage gefördert hatte. »Diese Regel gilt nur beim Käsefondue, wenn man einen Brotwürfel im Caquelon verliert.«

An ihren Humor musste ich mich noch gewöhnen, aber Hauptsache, ich musste nicht jodeln. Während ich weiterrührte, fragte ich Sanne, was für ein Problem Herr Stocker mit seinem Bein habe.

Sie grinste verschwörerisch. »Er ist vor zwei Wochen nach dem Frühschoppen unten im Ort vom Weg abgekommen und hat sich den Mittelfuß gebrochen. Wird lange brauchen, um zu heilen.«

»Deshalb ist die Sennerin so sauer?«, vermutete ich.

Sanne nickte nur vielsagend und verdrehte dabei die Augen. »Normalerweise bin ich ja nicht im Stall, sondern mache nur Käse. Aber ich kann die Sennerin nicht hängen lassen.«

Nach dem Umrühren mit dem gereinigten Holzlöffel wurde die Käsemasse in eine Holzform gedrückt und zwei Tage beschwert, um die Molke herauszupressen. Diese kräftezehrende Aufgabe überließ ich doch lieber Sanne. Langsam bekam ich eine Ahnung davon, warum sie so eindrucksvolle Muskeln hatte, denn die Arbeit einer Käserin war wirklich sehr anstrengend.

Nach dem Pressen kam der Käse in eine Salzlake, dann mussten die Laibe für mindestens sieben Wochen an einem kühlen Ort reifen.

»Du wirst also deinen eigenen Käse leider nicht mehr probieren können«, meinte Sanne bedauernd.

»Ich komme bestimmt irgendwann wieder«, sagte ich überzeugt. Ja, ich konnte mir tatsächlich einen weiteren Almeinsatz vorstellen, vielleicht im nächsten Jahr.

Zum Tagebuchschreiben oder zum Qigong, wie ich es mir in meiner Naivität vorgestellt hatte, kam ich hier auf der Alp zwar nicht, da ich abends erledigt in meine Kammer kletterte und wie ein Felsbrocken ins Bett fiel, aber das störte mich auch nicht weiter.

Bald wurden mir alle anfallenden Aufgaben anvertraut, nur an das heilige Melken ließ die Sennerin mich nach wie vor nicht heran. Ich war keineswegs unglücklich darüber, denn ich hatte immer noch großen Respekt vor den Kühen. Schließlich wollte ich nicht, dass sie mir mit ihren sechshundert Kilogramm Gewicht auf einen Fuß stiegen.

Die gutmütige Mokka hatte sich tatsächlich zu meiner Lieblingskuh entwickelt. Ich liebte ihr milchkaffeefarbenes weiches Fell und ihre sanfte weiße Schnauze. Überhaupt waren Kühe Göttinnen der Entschleunigung. Sie konnten einen mit ihren großen braunen Augen minutenlang anstarren, ohne sich zu bewegen. Ich konnte viel von ihnen lernen.

Meine Lieblingsaufgabe war es, die Tiere am Abend auf die Weide zu lassen. Sie galoppierten dann wie Kälbchen aus dem Stall, machten kleine Bocksprünge und stürzten sich auf das frische Gras, als ob sie den ganzen Tag über nichts bekommen hätten.

»Habt ihr keine Angst, die Kühe die ganze Nacht alleine draußen zu lassen?«, fragte ich den Senner, als wir einmal zusammen das Mittagessen in der Küche zubereiteten.

Er schüttelte den Kopf. »Wölfe gibt es hier zum Glück

nicht, und wir zäunen die Weiden immer ein, damit das Vieh nicht irgendwo abstürzt und sich die Beine bricht.«

Beim Blick auf seine futuristische Beinorthese musste ich mir ein Grinsen verkneifen. Vermutlich wäre es auch besser gewesen, er hätte an jenem Morgen einen Zaun am Wegesrand gehabt.

Prompt bemerkte der Senner mein kleines Lächeln. »Das ist gar nicht lustig. Vor vier Jahren gab es nachts ein furchtbares Gewitter, und die Kühe sind vor Schreck durch den Zaun gebrochen. Drei davon haben sich so schlimm verletzt, dass wir sie einschläfern lassen mussten.«

Ich nickte ernst und nahm mir vor, besonders gut auf die Kühe aufzupassen, damit sich solch ein schreckliches Geschehen nicht wiederholte.

Schon bald waren die ersten beiden Wochen und damit die Hälfte meines Einsatzes vergangen. Von zu Hause hörte ich nicht viel, da es auf der Alm keine Netzverbindung gab. Nur wenn ich unten den Wocheneinkauf machte, konnte ich kurz telefonieren. Mein Sohn hatte mir versichert, dass bei ihm alles in Ordnung war, er regelmäßig zum Bahnhof fuhr und bisher kein Bankräuber am Haus aufgetaucht war.

Nur zu gern wollte ich glauben, dass die Blitzbirne tatsächlich aufgegeben hatte und sich inzwischen lieber irgendwo im Süden in der Sonne rekelte. Mit welchem Geld er dies tun sollte, fragte ich mich lieber nicht.

An diesem Tag freute ich mich besonders auf die Ankunft von Rosa, die ich mit dem Renault vom Bahnhof abholen durfte. Als ich nach getaner Arbeit die Serpentinen hinunterfuhr, konnte ich kaum glauben, dass ich selbst erst vor zwei Wochen am Bahnhof gestanden hatte, so sehr fühlte ich mich in der Schweizer Bergwelt schon zu Hause.

Ich war etwas verspätet, sodass Rosa bereits mit ihrem Zwergpinscher vor dem Bahnhofsgebäude stand und mir fröhlich zuwinkte. Pablo stürzte sich freudig auf ihre Hündin namens Mallory.

Auf der Autofahrt berichtete ich Rosa von meinen bisherigen Erlebnissen und meinen Eindrücken von der Sennerfamilie. Sie amüsierte sich sehr darüber, als ich die vorwurfsvolle Miene der Sennerin nachahmte, mit der sie ihren humpelnden Mann in Augenschein nahm.

»Übermorgen müssen sie für zwei Tage nach Zürich zu einem Spezialisten«, erzählte ich. »Scheint doch ein komplizierter Bruch zu sein, mal sehen.«

»Dann schmeißen wir den Laden allein?«, wollte sie wissen.

»Na ja, zusammen mit Sanne, aber die Kinder müssen wir natürlich auch versorgen.« Mit den letzten Worten hatte ich den Wagen schon auf dem Schotterplatz unterhalb der Alp geparkt. Rosa stieg aus und ließ Mallory von der Leine, die sofort losgaloppierte, was Pablo natürlich dazu verleitete, es ihr gleichzutun.

»Die beiden sind schon mal happy«, kommentierte Rosa zufrieden.

Wir gingen ins Haus, wo Rosa von der Familie wie eine alte Bekannte begrüßt wurde. Das versetzte mir einen kleinen Stich, was natürlich albern war, da sie ja fast zur Familie gehörte, so oft war sie hier im Einsatz gewesen. Aber es war deutlich zu spüren, wie froh die ganze Familie war, dass eine weitere und noch dazu so erfahrene Arbeitskraft hinzugekommen war. Und auch für die Kinder schien sie so etwas wie eine Ersatzoma zu sein, denn sie klebten den ganzen Abend an ihr und wollten Geschichten von Mallory und anderen Hunden hören.

Rosa bezog wie ich eine kleine Kammer unterm Dach und wurde am nächsten Morgen ebenfalls durch das Poltern mit dem Besenstiel geweckt. Es war sofort zu merken, wie gut sie sich auskannte, denn sie konnte ohne jede Einarbeitung sämtliche Tätigkeiten übernehmen. An diesem Tag waren alle deutlich entspannter und erlaubten sich sogar kleine Scherze.

Als ich am Abend behaglich im Bett lag und in den Sternenhimmel blickte, glaubte ich, dass eine Steigerung meines Glücks nicht mehr möglich war. Ich wusste nicht, dass ich tatsächlich auf einem Gipfel angekommen war, auf dessen Rückseite es steil bergab gehen würde.

Der nächste Morgen brach an, und ich empfand eine seltsame innere Unruhe. Der Gedanke, hier oben ohne Senner und Sennerin zu sein, bereitete mir Unbehagen, ohne dass ich genau benennen konnte, was mich daran wirklich störte. Schließlich waren mit Sanne, Rosa und mir immer noch drei Erwachsene auf der Alm. Doch auch das Verhalten von Pablo gab mir zu denken, der sich, kaum, dass Herr und Frau Stocker mit dem Familienkombi verschwunden waren, auf die Türschwelle der Alp legte, nicht von dort weichen wollte und knurrte, wann immer ich versuchte, ihn von der Stelle zu bewegen.

»Was hat er denn?«, fragte Sanne verwundert, als sie mit einer Kanne frischer Milch am Haus vorbeiging.

»Keine Ahnung, vielleicht denkt er, er muss jetzt auf uns aufpassen, weil wir Mädels nicht alleine klarkommen«, antwortete ich halb amüsiert, halb verwundert. Dabei kam ich nicht auf die Idee, dass Pablo womöglich etwas spürte, was ich selbst nicht erkennen konnte. Ich erklärte mir sein Verhalten mit der bloßen Abwesenheit der beiden Senner und schob die düsteren Ahnungen, die sich am Morgen in mir breitgemacht hatten, einfach beiseite.

Vielleicht spürten wir lediglich, dass das Wetter umschlug. Der Tag hatte wie die letzten mit strahlendem Sonnenschein begonnen, doch schon bald zogen über dem Kandertal dicke Gewitterwolken auf und türmten sich bedrohlich über den Bergen zu wahren Wolkenungetümen.

Die ansonsten so frische Bergluft stand schwül und drückend über dem ganzen Tal. Entsprechend lag eine gereizte Atmosphäre in der Luft – die Art von Missstimmung, in der sich ohne wirklichen Grund Streit entzündet.

Da sich zum Glück nur die Kinder aneinandergerieten, war der Streit leicht zu schlichten, indem Rosa und ich schon zum Znüni, dem Imbiss nach der Stallarbeit, Apfelpfannkuchen mit Zimt und Zucker servierten, die die drei zufrieden verspeisten, worüber sie ihre Zankereien vergaßen. Inzwischen hatten die Ferien angefangen, sodass niemand die beiden Großen zur Schule in den Ort hinunterbringen musste.

Ein weniger leicht zu lösendes Problem war, dass später in der Käserei die Milch in der schwülheißen Luft partout nicht gerinnen wollte, egal, was Sanne auch versuchte.

»Ich fürchte, wir haben sie zu lange stehen lassen«, meinte Rosa schuldbewusst.

Tatsächlich hatten wir die frisch gemolkene Milch über den Streitereien der Kinder etwas aus den Augen verloren. Die Senner würden enttäuscht sein, dass wir diese wichtige Arbeit so vernachlässigt hatten.

Sanne rührte und rührte, doch in der weißen Flüssigkeit tat sich nichts. »Ich fürchte, die Milchsäurebakterien haben sich zu schnell vermehrt.«

»Und jetzt?« Verzagt beugte ich mich über den Kessel und sah dort nur eine weiße Flüssigkeit.

»Beten oder wegkippen«, meinte Sanne schulterzuckend.

Zum Glück brachte sie nach einiger Zeit des Experimentierens mit Hitze und Lab doch noch eine geronnene Käsemasse zustande, doch es war absehbar, dass daraus kein guter Alpkäse werden würde.

»Wir haben's vermasselt«, meinte Rosa betreten, und zum ersten Mal überhaupt sah ich sie mit gereizter Miene. »Gleich am ersten Tag, wenn die Bauern weg sind. Wie unangenehm!«

Ich fühlte mich ein wenig schuldig, da der Vorschlag mit den Pfannkuchen von mir gekommen war. Der Misserfolg schlug uns auf die Stimmung, was dadurch verstärkt wurde, dass das Gewitter zwar wie ein schweres Tuch über den Bergen hing, sich aber bis zum Nachmittag partout nicht entladen wollte. Jede Bewegung in der feuchtschwülen Luft war um ein Vielfaches anstrengender als sonst, und selbst als wir am späten Abend Ausbesserungsarbeiten am Weidezaun vornahmen, lief uns der Schweiß in Rinnsalen die Stirn hinab.

Auch auf die Kühe schien sich die schlechte Stimmung zu übertragen, sodass wir Mühe hatten, einige von ihnen überhaupt aus dem Stall zu bekommen. Selbst meine Lieblingskuh Mokka hatte schlechte Laune, bockte herum und trat mir mit der hinteren Klaue schmerzhaft auf den Fuß, als ich sie hinausbugsieren wollte. Ich ignorierte meinen Schmerz und schaffte es schließlich doch, sie nach draußen zu bringen.

Als endlich alle Kühe auf der Weide waren und wir die weiteren Aufgaben erledigt hatten, war immer noch kein befreiender Wolkenbruch in Sicht. Pablo hatte seine Position an der Tür mittlerweile aufgegeben, wich mir dafür aber nicht von der Seite. Dies war zusätzlich frustrierend, da ich es als einen Rückfall in alte Zeiten wähnte und nicht wusste, wie ich dieses Verhalten ohne Hundetrainer abstellen sollte.

Zum allerersten Mal, seit ich auf der Alp war, fühlte ich mich unwohl und dachte sogar über eine vorzeitige Abreise nach. Am Abend verzichtete ich daher darauf, mit den anderen in der Stube zu sitzen, und ging unter Verweis auf meine Schmerzen im Fuß vorzeitig zu Bett. Die Luft in der Dachkammer war jedoch zum Schneiden dick, da das kleine Fenster keinen Windhauch ins Zimmer ließ. Entsprechend wälzte ich mich hin und her und kämpfte mit dem zu warmen Federbett, das auf mir lag wie ein Bleigürtel. Selbst als gegen Mitternacht endlich ein kleines Gewitter über den Bergen niederging, verbesserte sich die Luft in der Kammer nur geringfügig, und von der erhofften Abkühlung war nicht viel zu spüren. Dennoch fiel ich irgendwann in einen leichten, wenig erholsamen Schlaf und hatte einen gräßlichen Albtraum von grellen Blitzen, die auf die Kuhweide niedergingen und dort meine Lieblingskuh Mokka erschlugen.

Mitten in diesem unschönen Film erwachte ich und starrte mit klopfendem Herzen und bangem Gemüt in die Dunkelheit. Was war geschehen? War ich durch einen Donnerschlag wach geworden?

Allmählich gewöhnten sich meine Augen an das Dunkel, und ich bemerkte, dass Pablo am Fenster stand und wie gebannt nach draußen blickte. Als er bemerkte, dass ich wach war, blickte er auffordernd zu mir und fing an zu winseln.

»Nein, nicht jetzt«, wehrte ich ab, denn ich fühlte mich wie zerschlagen. Normalerweise musste er nicht noch so spät nach draußen, doch in dieser Nacht war wohl wirklich alles anders. Pablo begann regelrecht zu jaulen, wobei er Töne produzierte, die ich noch nie von ihm gehört hatte. An Schlaf war nun wirklich nicht mehr zu denken.

Seufzend kletterte ich aus dem Bett, schlüpfte in meine Filzclogs und ließ Pablo aus der Kammer, woraufhin er wie ein Pfeil die steile Treppe hinabschoss.

»Nun warte doch mal«, schimpfte ich und stolperte hinterher. Mein Fuß schmerzte von der Begegnung mit Mokka noch immer. Kurz bevor ich unten angekommen war, rutschte ich auch noch aus und fiel polternd die letzten beiden Stufen hinunter. Als ich auf der untersten Stufenkante auftraf, schoss mir der Schmerz in den Rücken. Unwillkürlich schrie ich auf und lauschte sofort, ob etwa jemand wach geworden war.

Doch offenbar hatte niemand den Lärm gehört, denn im Haus blieb es so still wie zuvor. Mühsam hievte ich mich hoch und ließ Pablo hinaus, der winselnd an der Tür stand. Er schlüpfte sofort ins Dunkel hinaus und verschwand in Richtung Kuhweide.

»Pablo! Komm sofort zurück!«, rief ich, doch er hörte nicht. Es blieb mir nichts anderes übrig, als ihm hinterherzugehen. Schimpfend und humpelnd folgte ich ihm in Filzclogs und kurzem Nachthemd über die dunkle Almwiese, die im kalten Schein des Mondes fremd und unheimlich wirkte. Ich musste aufpassen, dass ich auf dem Weg nicht auch noch über einen Felsbrocken stolperte.

»Dich lasse ich bestimmt nicht noch einmal nachts heraus«, schimpfte ich gegen die übermächtige Stille an. Es war mir nun klar, dass mein Hund nur so getan hatte, als ob er Gassi gehen musste. Denn ich sah aus der Entfernung, wie er mit gesenkter Nase über die Weiden lief und ganz offensichtlich eine interessante Geruchsspur verfolgte. Vermutlich die eines der Murmeltiere, die sich dort manchmal im Licht der untergehenden Sonne balgten. Oder hatte mein Hund möglicherweise gespürt, dass den Kühen etwas zugestoßen war, und wollte mich darauf hinweisen?

Erst kurz vor unserer Kuhweide erkannte ich, was Pablo so sehr beunruhigte. Im Nachhinein muss ich sagen, dass es mir deutlich lieber gewesen wäre, er hätte eine Murmeltierspur verfolgt. Denn am Rand der Weide, neben ein paar Kühen, die irritiert und wie angewurzelt dort verharrten, stand ein Mann. Pablo war ein Stück entfernt stehen geblieben und knurrte ihn wütend an, allzu bereit, sich auf ihn zu stürzen. Ein paar Meter hinter dem Mann ging es steil einen Abhang hinunter.

Ohne zu zögern, stürmte ich zu Pablo, packte ihn am Halsband und herrschte den Mann an: »Was tun Sie hier mitten in der Nacht?«

Der Mann drehte sein Gesicht zu mir, und ich erkannte ihn sofort, obwohl er tatsächlich seine Frisur verändert hatte. »Hallo Zitronenfalter«, sagte er grinsend. »Man trifft sich immer zwei Mal im Leben.«

Vor mir stand der Bankräuber, der mit ziemlicher Sicherheit nicht zu einem Arbeitseinsatz auf der Alp weilte.

»Woher wissen Sie, dass ich hier bin?«, fragte ich und wusste die Antwort bereits, bevor meine Worte in der Welt waren.

»Dein Sohn war sehr kooperativ, nachdem ich ihm ein bisschen leckeres Gras unter die Nase gehalten habe.« Der Bankräuber lachte dreckig. »So ein junger Bursche und schon so bestechlich.« Ich dachte an die Krümel auf dem Wohnzimmertisch, die vermutlich nicht nur Tabak gewesen waren.

Vor Zorn hätte ich dem Bankräuber am liebsten ins Gesicht geschlagen. Gleichzeitig wuchs in mir die Wut darüber, dass Julian mich offenbar verraten hatte. Wir hatten einige Tage nicht miteinander telefoniert, da ich nur kurz im Dorf unten gewesen war, um Rosa abzuholen. Aber ich versuchte, mir nichts anmerken zu lassen, um der Blitzbirne nicht den Triumph zu gönnen, ins Schwarze getroffen zu haben.

»Also, wo ist die Kohle?«, wollte mein Verfolger nun wissen.

»Welche Kohle?«, tat ich ahnungslos.

»Du weißt genau, was ich meine!«, schnaubte er. »Mein Anteil, mein Eigentum, meine Beute!«

An seinem wutverzerrten Gesicht konnte ich erkennen, dass er ziemlich aufgebracht war. Das beunruhigte mich, da ich mitten in der Nacht mit ihm allein war, und ich versuchte, ihn mit logischen Überlegungen etwas herunterzukühlen.

»Meinen Sie wirklich, ich würde hier arbeiten, wenn ich das Geld hätte? Da würde ich es mir doch lieber auf einer Karibikinsel bequem machen.«

In seiner Welt war das eine absolut logische Erklärung. Die Blitzbirne sah mich tatsächlich für einen Moment verunsichert an. »Das hat mich allerdings auch gewundert. Aber in deiner ach so coolen Kunstszene macht man das vielleicht so. Mal spüren, wie die normalen Leute so leben, und danach dann wieder ins alte Schampusleben zurück.«

Ich fühlte mich ertappt und schwieg.

»Niemand sonst kann das Geld haben, ich habe die Beutel schließlich in deinem Auto vertauscht!« Er trat einen Schritt näher, woraufhin Pablo wieder bedrohlich zu knurren begann.

»Nimm deine Töle da weg!«, verlangte der Bankräuber.

In diesem Moment war es ein überaus beruhigendes Gefühl, einen Hund zu haben, der unangenehme Männer nicht leiden konnte. Ich schwor mir, ihn nie wieder zur Problemhundtherapie zu schleppen.

»Vielleicht hat ja auch ein kleiner Polizeibeamter das Geld mitgenommen, um seine karge Pension aufzubessern«, schlug ich vor. »Mein Auto war schließlich lang genug in Polizeigewahrsam. Ich habe es jedenfalls nicht.«

Ich las in seinem nachdenklichen Gesicht, dass er nun tatsächlich ins Grübeln kam, und ich begann, fast selbst ein wenig an meine Theorie zu glauben. Doch plötzlich kippte seine Überzeugung wieder, und er langte nach hinten, zerrte einen Revolver aus seinem Hosenbund und fuchtelte damit herum.

Ich hatte weniger Angst um mich als davor, dass sich aus Versehen ein Schuss lösen könnte, der Pablo oder eine der Kühe treffen würde. Auch meine Lieblingskuh Mokka stand bei der kleinen Gruppe, die sich bisher kaum gerührt hatte, nun aber unruhig herumscharrte.

»Wo ist die Kohle?«, schrie der Bankräuber. Er hob den Arm und gab tatsächlich einen Schuss in die Luft ab, der in der nächtlichen Stille wie ein Störenfried wirkte. Der Knall wurde tausendfach von den Bergen zurückgegeben. Ich glaubte, noch nie so einen lauten Donnerschlag gehört zu haben. Die Kühe stoben erschrocken davon und liefen in wildem Galopp den Hang hinauf. Sicherlich waren nun auch Rosa, Sanne und die Kinder alarmiert und würden bald hierherkommen. Das musste ich unbedingt verhindern, um sie nicht ebenfalls in Gefahr zu bringen. Ich hätte der Blitzbirne nun natürlich verraten können, dass ich das Geld hatte und wo es war, doch ich war mir nicht sicher, ob er mich dann nicht einfach erschießen würde.

Was hatte der Hundetrainer noch auf meine Frage geantwortet, woher Pablo wisse, dass ich ihn Gefahr sei und er eingreifen müsse? Im Zweifelsfall versteht jeder Hund, der es geübt hat, ein einfaches: Fass!

Also sagte ich: »Pablo, fass!«, und ließ zugleich sein Halsband los.

Der Hund gehorchte sofort und stürzte sich ohne Umschweife auf den Bankräuber. Diesem fiel vor Schreck die Waffe aus der Hand, er stolperte verdattert nach hinten, verlor das Gleichgewicht, ruderte zu seiner Rettung noch mit den Armen in der Luft umher, konnte den Sturz aber nicht mehr abwenden und rollte ein paar Meter den Hang hinab, direkt auf den Abgrund zu.

Ich rannte schnell zu seiner Waffe, die etwas entfernt ins Gras gefallen war, und warf sie in hohem Bogen so weit weg, wie ich nur konnte. Der Bankräuber war bis zum Abhang gerollt, klammerte sich mit einer Hand panisch an einem mickrigen Büschchen fest und war eindeutig im Begriff abzustürzen.

»Hilf mir!«, jammerte er. Sein Blick flackerte.

Ich wusste nicht, wie tief es hinter ihm hinabging. Aber ich wusste, dass die Kühe, die immer noch in Panik über die Weide galoppierten, sich ernsthaft verletzen konnten. Ich dachte an die Miene des Senners, als er mir erzählt hatte, dass sie vor ein paar Jahren drei Kühe einschläfern lassen mussten. Und die Familie hatte mit meinen Problemen absolut nichts zu tun.

Sollte ich meinem Verfolger helfen, würde er bestimmt versuchen, mich mit sich hinabzuziehen. Oder er würde sich direkt auf mich stürzen, wenn er wieder auf zwei Beinen stand.

Wen sollte ich also retten? Mein Herz klopfte bis zum Hals. Wenn ich jetzt ging, hatte ich womöglich einen Menschen auf dem Gewissen. Ich entschied mich für meine geliebten Kühe und rannte los.

»He, bleib hier, du dumme Nuss!«, brüllte der Bankräuber, doch ich drehte mich nicht einmal mehr um, sondern hetzte den Hang hinauf hinter den Tieren her. Sie hatten vor Schreck die Weidezäune durchbrochen, und es war nicht ganz einfach, sie zu finden. Doch mein Hund half mir dabei. Hin und wieder glaubte ich, den Bankräuber rufen zu hören, doch ich versuchte, mich taub zu stellen.

Irgendwann war es still.

Als ich die Kühe endlich eingefangen und einigermaßen beruhigt hatte und somit die Verletzungsgefahr gebannt war, kehrte ich zurück zu der Stelle, an der die Blitzbirne sich festgeklammert hatte. Sie war leer. Den jämmerlichen Busch hatte er mit sich in die Tiefe gerissen.

Vorsichtig lugte ich über den Abgrund und stellte fest, dass es dort viel tiefer hinabging, als ich gedacht hatte. Unten auf einer Felsplatte meinte ich, im Dunkel einen seltsam verdrehten Körper auszumachen. Aber ich war mir nicht sicher.

Ich drehte mich um und übergab mich ins Gras. Danach versagten meine Beine, und ich ließ mich zitternd auf den Boden fallen.

Jemand hatte sein Leben verloren, und ich war dafür verantwortlich. Egal, wie bedrohlich mein Verfolger auch gewesen war, er war immer noch ein Mensch.

Ein Mensch, der nun mit gebrochenen Gliedern da unten in der Tiefe lag.

Ich saß noch immer auf der Weide, neben mir Pablo, und starrte dumpf in die Nacht, als Rosa keuchend angelaufen kam. Sie hatte wohl als Einzige den Schuss gehört und war vermutlich mit Mallory losgelaufen, nachdem sie meine Kammer leer vorgefunden hatte.

»Was ist passiert?«, fragte sie erschrocken, als sie mich in diesem Zustand sah.

Ich warf mich an ihren Hals, begann hemmungslos zu schluchzen, und dann brach alles aus mir heraus, angefangen vom Bankraub bis hin zu meinem großen Fehler, das Geld an mich genommen zu haben. Und dass ich seitdem verfolgt wurde und der Bankräuber nun mit gebrochenen Knochen unten in der Senke lag.

Rosa hörte sich alles ruhig an und tätschelte dabei beruhigend meinen Rücken, während Mallory ihren Kopf in meinen Schoß legte.

»Pass auf«, sagte sie dann. »Du gehst zurück zur Alm und legst dich ins Bett. Ich melde dich krank und regle das hier.«

Ich sah mit tränenüberströmtem Gesicht auf. »Warum tust du das für mich? Du kennst mich doch kaum?«

Rosa zögerte und sah mich ernst an. »Ich hatte mal eine Tochter, die unverschuldet in Not geraten ist. Ich wünschte, jemand hätte ihr damals geholfen.«

»Ist sie tot?«, fragte ich beklommen.

Rosa nickte nur.

»Das tut mir leid.«

Eine Weile saßen wir nur im Gras und sprachen nicht. Irgendwann raffte Rosa sich auf und zog mich hoch. »Außerdem brauche ich jemanden, der sich beim Qigong noch doofer anstellt als ich.« Sie lachte. »Du musst los. Bald wird es hell, und dann stehen die anderen auf.«

»Danke, vielen Dank!« Ich umarmte Rosa und machte mich mit Pablo, der die ganze Zeit beschützend neben mir gesessen hatte, auf den Weg. Als ich mich noch einmal umdrehte, sah ich, dass Rosa vorsichtig an den Abgrund robbte und hinunterspähte.

Der Rückweg schien sich endlos hinzuziehen. Meine Beine fühlten sich an, als ob sie eine unglaubliche Last tragen müssten. Pablo war durch die Geschehnisse ebenfalls durcheinander und tänzelte aufgebracht um mich herum. Es gelang mir kaum, ihn zu beruhigen.

Als ich endlich am Haus ankam, fing es schon langsam an zu dämmern. Schnell schlüpfte ich in meine Kammer, ohne jemandem zu begegnen, und legte mich zitternd ins Bett. An Schlaf war nach dieser Nacht nicht mehr zu denken. Ich wälzte mich umher und versuchte, das Bild zu verscheuchen, das immer wieder vor meinem inneren Auge auftauchte: der Bankräuber mit zerschmetterten Gliedern am Grund des Abhangs.

Irgendwann glaubte ich, die Rotoren eines Hubschraubers zu hören, aber ich war mir nicht sicher. Zwei quälend lange Stunden versuchte ich, wieder einzuschlafen, dann gab ich auf und kletterte aus dem Bett. Ich schüttete mir das eiskalte Bergwasser ins Gesicht, um wenigstens ein bisschen frisch auszusehen, schlüpfte in Jeans und Fleecepulli und humpelte hinunter in den Stall. Mein Fuß und mein Rücken schmerzten immer noch, aber das war im Moment mein geringstes Problem.

Die Kühe standen alle schon an ihrem Platz, knabberten Heu oder schleckten Salz, und Sanne war gerade dabei, mit dem Melken anzufangen.

»Guetä Morgä, ich hab gedacht, du bist krank«, rief sie erstaunt.

»Dachte ich auch«, antwortete ich. »Hab's aber trotzdem nicht im Bett ausgehalten.«

Sanne nickte wissend und machte sich an die Arbeit. Ich ging ins Wohnhaus hinüber, bereitete das Znüni für alle vor, weckte die Kinder und setzte mich an den Tisch. Das muntere Plappern der Kleinen lenkte mich ein wenig von den düsteren Erlebnissen der letzten Nacht ab.

Rosa kam in die Küche, nickte mir aber nur bedeutungsvoll zu. Reden konnten wir nicht, da Sanne und die Kinder die ganze Zeit über anwesend waren.

»Alles in Ordnung, Vera?«, fragte Sanne irgendwann.

Ich schreckte auf. »Was hast du gesagt?«

»Ich wollte wissen, ob du dich doch lieber wieder hinlegen willst. Man sieht doch, dass es dir nicht gut geht.«

Ich schüttelte den Kopf. Es war mir lieber, mich in die Arbeit zu stürzen, als den ganzen Tag im Bett herumzugrübeln. Nachdem sich die Wut über Julians Verrat etwas gelegt hatte, war die neue Sorge aufgetaucht, ob der Bankräuber ihm vielleicht etwas angetan hatte. Ich musste baldmöglichst in den Ort hinunterfahren, um ihn anzurufen.

Schnell stand ich auf und räumte den Tisch ab, um Sanne nicht weiter Anlass zur Sorge zu geben.

Den ganzen Vormittag über gab es allerdings keinerlei Möglichkeit, allein mit Rosa zu sprechen. Es brannte mir natürlich unter den Nägeln, zu erfahren, wie es mit dem Bankräuber weitergegangen war. Zur Ablenkung half ich

Sanne beim Käsen, was dieses Mal problemlos gelang, kümmerte mich um Haus und Kinder, ließ die Hunde draußen herumtollen, backte einen Kuchen und wartete auf den Moment, an dem ich mit Rosa endlich alleine war. Die ganze Zeit über spukte ein Satz in meinem Kopf herum: Ich habe einen Menschen auf dem Gewissen.

Dieser Mensch war zwar nicht gerade nett zu mir gewesen, aber er war sicherlich von irgendjemandem auf der Welt geliebt worden. Und diese Person, vielleicht seine Mutter, musste ihren Sohn nun schmerzlich vermissen, weil ich ihn nicht gerettet hatte.

Unterlassene Hilfeleistung war wohl der juristische Tatbestand dafür. Oder war es sogar Totschlag, weil ich Pablo zu seinem Sprung animiert hatte?

Die Gelegenheit, mit Rosa zu sprechen, ergab sich erst am Nachmittag, als alle mit Kaffee, Kakao und Kuchen versorgt waren und danach wieder ihrer normalen Beschäftigung nachgingen. Rosa half mir, den Tisch abzuräumen, und berichtete unterdessen, wie es in der Nacht weitergegangen war.

»Ich hab gleich die 1414 angerufen und die Alpine Rettung verständigt«, raunte sie, damit uns die Kinder nebenan nicht hören konnten. »Die haben den Typen dann eingesammelt und ins Spital nach Frutigen gebracht.«

»Er lebt noch?« Vor Erleichterung fiel mir gleich ein ganzes Schweizer Gebirgsmassiv vom Herzen.

Rosa nickte. »Aber er hatte einige Knochenbrüche, wie du dir vorstellen kannst.«

»Hast du ihnen gesagt, wer er ist?«, wollte ich wissen.

Zu meiner weiteren Erleichterung schüttelte Rosa erneut den Kopf und lächelte sogar ein wenig. »Sie haben sich nur darüber aufgeregt, dass die Touristen jetzt sogar schon Nachtwanderungen in den Alpen machen.«

Ich atmete auf. Das Wichtigste war erst mal, dass ich nicht für den Tod eines Menschen verantwortlich war. Noch war folglich nicht alles verloren. So lange zumindest, bis mein Verfolger wieder genesen war oder die Kommissarin mir doch noch auf die Schliche kam.

»Ich will mich ja nicht in dein Leben einmischen«, begann Rosa vorsichtig. »Aber ich würde dir dringend raten, deine Angelegenheiten zu klären.«

»Du hast ja recht«, gab ich zu. »Aber ins Gefängnis will ich eben auch nicht.«

»Das musst du auch nicht«, meinte Rosa mit leisem Triumph in der Stimme. »Ich hatte heute Nacht auf der Weide viel Zeit nachzudenken, bis die Rettung gekommen ist, und ich habe einen Plan entworfen. Und wenn du willst, erkläre ich ihn dir, während wir die Kühe rausbringen.«

Mein Herz machte einen kleinen freudvollen Hüpfer. Natürlich wollte ich unbedingt diesen verheißungsvollen Plan kennenlernen! Und während wir Flecki, Mokka, Stella und all die anderen Kühe ins Freie ließen und diese vor Freude wie immer kleine Bocksprünge vollführten, erzählte Rosa, was sie sich in der Nacht ausgedacht hatte.

Ich war sofort damit einverstanden. Zur Durchführung des Plans musste ich mir allerdings einen Tag freinehmen. Das war nicht ganz einfach, zumal Frau Stocker am Abend mit schlechten Nachrichten aus der Stadt zurückkam. Das Krankenhaus hatte ihren Mann gleich dabehalten, da sein Bruch operiert werden musste, was bedeutete, dass er die ganze restliche Saison ausfallen würde. Dementsprechend miserabel war die Laune meiner Gastgeberin.

Daher wartete ich bis zum nächsten Tag, um ihr mein

Anliegen vorzutragen. Da ich ein Problem mit meinem Sohn vorschützte, was ja nicht ganz erfunden war, und meine Arbeit ohnehin freiwillig war, konnte Frau Stocker meine Bitte um einen Urlaubstag nicht abschlagen. Aber ich spürte, dass die Bürde der vielen Arbeit schwer auf ihr lastete. Daher versprach ich ihr, auf jeden Fall am gleichen Abend wieder zurück auf der Alp zu sein.

Am nächsten Morgen stand ich in aller Frühe auf, schmierte mir zwei Käsebrote und fuhr, noch bevor die anderen wach waren, mit dem klapprigen Renault zum Bahnhof hinunter. Pablo hatte ich auf dem Hof zurückgelassen, was er sehr ungern, aber unter gutem Zureden schließlich doch akzeptiert hatte.

Mit dem Zug brauchte ich dreieinhalb Stunden, bis ich nach mehrmaligem Umsteigen zu Hause angekommen war. Unterwegs checkte ich mein Handy und fand eine Nachricht von meiner Mutter vor, der es auf ihrer Kreuzfahrt hervorragend zu gehen schien. Außerdem hatte Julian vor drei Tagen versucht, mich anzurufen, aber keine Nachricht hinterlassen. Ich probierte gleich, ihn zu erreichen, doch er ging nicht ans Telefon. Das war zu dieser frühen Stunde jedoch nichts Ungewöhnliches. Sollte er wirklich so leichtfertig meine Adresse verraten haben, oder war der Bankräuber mir in Wahrheit einfach die ganze Zeit gefolgt?

Auf der Website der *Berner Zeitung* las ich eine kurze Notiz zum nächtlichen Absturz eines Wanderers im Kandertal, dessen Identität bislang unbekannt sei. Hoffentlich blieb das noch eine Weile so.

Für mein Vorhaben wollte ich einen Trenchcoat von meinem Ex-Mann, den er bei seinem Auszug vergessen hatte, und eine dazugehörige Kappe aus der Garage zu meiner Tarnung verwenden.

Zu Hause angekommen schloss ich mit bangem Gefühl die Haustür auf, doch es war niemand da. Dem Zustand der Räume nach konnte ich entnehmen, dass mein Sohn morgens da gewesen war. Auf dem Tisch stand das Frühstücksgeschirr, das noch recht frisch wirkte. Und die Zeitung von heute lag auch noch dort. Also schien es ihm gut zu gehen.

Ich ging zum Kühlschrank und pulte unerschrocken den Schließfachschlüssel aus dem Hundefutter. Kaum zu glauben, dass mich dies vor gut drei Wochen noch angeekelt hatte! Schnell wusch ich den Schlüssel ab und befestigte ihn an meiner Halskette. Dann ging ich in die Garage, holte den Trenchcoat von Bart und seine Kappe und stopfte sie in eine Plastiktüte. Danach nahm ich ein Paar alte Handschuhe aus der Kommode im Flur und zwei Paar Latexhandschuhe aus dem Bad und verließ mein Haus wieder, ohne eine Nachricht zu hinterlassen. Schließlich fuhr ich mit der Straßenbahn zurück zum Bahnhof.

Dort ging ich ohne Umwege zum Schließfach, öffnete es mit dem Schlüssel, der immer noch ein wenig nach Hundefutter roch, und nahm den Altkleidersack heraus. Ich zog die Tüte mit dem Geld hervor und steckte sie möglichst unauffällig in meine Handtasche. Die restlichen Altkleider stopfte ich in einen Mülleimer und kehrte zum Bahnsteig zurück. Tatsächlich hatte Julian es geschafft, die Gebühr fürs Schließfach rechtzeitig nachzuzahlen. Aber wo steckte er bloß?

Ich stieg in den ICE nach Basel. Unterwegs schrieb ich Julian eine Nachricht und fragte, wie es ihm ging, ohne zu verraten, dass ich zu Hause gewesen war. In Basel stieg ich um und fuhr über Bern nach Frutigen, dem Ort, in dessen

Spital die Blitzbirne eingeliefert worden war. Auf der Zugtoilette streifte ich Handschuhe über, füllte das Geld in einen frischen Beutel, zählte es dabei nach und musste zu meinem Ärger feststellen, dass weitere tausend Euro fehlten. Mein Sohn hatte sich offenbar noch einmal an dem Geld bedient.

Noch im Zug zog ich den Trenchcoat an, schließlich konnte auch so ein kleiner Ort Beobacher haben, steckte mir die Haare unter die Kappe und stieg aus.

Das Spital lag nicht weit vom Bahnhof entfernt im Grünen. Es mutete eher wie ein Hotel an denn wie ein Krankenhaus. Ich fragte mich, wie ich den Bankräuber finden sollte. Sicherlich war er auf der Unfallstation untergebracht oder womöglich sogar auf der Intensivstation. Aber ich kannte weder seinen Namen noch konnte ich einfach nach ihm fragen, ohne Aufsehen zu erregen. Also entschied ich mich für die Unfallchirurgie, stopfte in der Herrentoilette meine Tarnkleidung in eine Tasche, griff mir vor der Stationstür einen Kittel von einem Wäschewagen, zog die Latexhandschuhe an und schlüpfte mitsamt dem Wagen hinein.

Auf der Station war es vollkommen ruhig. Vermutlich saß das Pflegepersonal gerade im Stationszimmer und machte die Übergabe an die nächste Schicht. Ich beschloss, die Gelegenheit zu nutzen, und fuhr hektisch mit dem Wagen von Zimmer zu Zimmer, um wie selbstverständlich die Bettwäsche in den Schränken nachzufüllen. Zum Glück hörten die Patienten nicht, wie laut mein Herz dabei klopfte.

In den ersten beiden Zimmern lagen jeweils zwei Frauen, in den nächsten beiden drei Männer verschiedenen Alters.

Ich sagte freundlich »Grüezi«, zeigte auf den Schrank und füllte Wäsche nach, wo noch Platz war.

Die meisten Patienten waren in einem zu schwachen Zustand, um überhaupt Notiz von mir zu nehmen. Manche waren an Schläuche und Apparate angeschlossen, einer wurde sogar beatmet. Es war bedrückend, das zu sehen. Was hatten sie bloß erlebt, um auf dieser Station zu landen? Ich musste eine Welle von Mitleid unterdrücken, um überhaupt in das nächste Zimmer gehen zu können.

Dort merkte eine Frau an, dass heute doch schon einmal Wäsche aufgefüllt worden sei, was ich schwitzend mit »Nachlieferung« kommentierte, um schnell das Zimmer wieder zu verlassen.

Im fünften Zimmer lagen erneut zwei Männer, die stark bandagiert waren, aber dem Alter nach zu meiner Suche passten. Ich beugte mich über den, der näher bei der Tür lag. Plötzlich riss er die Augen auf und verlangte nach Wasser. Ich erschrak fast zu Tode, füllte aber, nachdem ich mich gefangen hatte, sein Glas nach und gab ihm einen Schluck.

Als ich mich dem Mann am Fenster näherte, erkannte ich trotz der zahlreichen Verbände sofort, dass es die Blitzbirne war. Sein Arm lugte halb unter der Bettdecke hervor, die genau jene Stelle freigab, an der sich das alberne Krabben-Tattoo befand. Er war es, daran bestand kein Zweifel. Von ihm ging jedoch keinerlei Gefahr aus, denn sein anderer Arm und ein Bein waren eingegipst und das Bein an der Decke aufgehängt.

Plötzlich merkte ich, dass er mich beobachtete. Ich blickte ihm in die Augen und konnte die Angst darin erkennen. Meine Güte! Er dachte offenbar, dass ich hier war, um ihn umzubringen. Bevor er anfing zu schreien, zog ich den Beutel mit dem Geld unter meinem Kittel hervor, zeigte ihn dem Bankräuber und ging an seinen Schrank. Er verfolgte mich genau mit seinem Blick, hatte aber offenbar verstanden, dass ich ihm seinen Anteil der Beute zurückbrachte. Im Schrank befand sich ein Rucksack, den er vermutlich mit sich geführt hatte. Ich stopfte den Beutel so nachlässig in den Rucksack, dass jeder, der ihn öffnete, sofort das Geld darin entdecken musste.

Dann schloss ich den Schrank wieder, wünschte dem Bankräuber leise: »Viel Spaß im Gefängnis« und verließ rasch das Zimmer. Draußen musste ich mich erst einmal an die Wand lehnen und tief Luft holen. Meinem Verfolger so nahe zu kommen, löste in mir immer noch ein Gefühl der Beklemmung aus. Immerhin wusste ich jetzt, dass er nicht in Lebensgefahr war. Und ich auch nicht.

Auf dem Flur hatte die Mittagsschicht damit begonnen, den Nachmittagskaffee zu verteilen. Ich musste möglichst schnell von hier verschwinden, ohne dabei Aufsehen zu erregen. Also nahm ich meinen ganzen Mut zusammen, schob den Wäschewagen vor mir her, ging wie selbstverständlich an zwei jungen Schwesternschülerinnen vorbei, grüßte freundlich und zwang mich, langsam auf die rettende Stationstür zuzugehen.

Die beiden Schülerinnen waren zum Glück vollauf damit beschäftigt, den Kaffee auszuschenken, und beachteten mich nicht weiter. Als ich jedoch gerade am Stationszimmer vorbeigelaufen war, steckte ein Pfleger den Kopf aus der Tür und rief mir »Stopp!« hinterher.

Mein strapaziertes Herz begann heftig zu rasen. Ich blieb wie angewurzelt stehen und wagte es nicht einmal, mich umzudrehen.

Der Pfleger kam rasch näher. Ich tat so, als ob ich dringend die Wäsche sortieren musste.

»Hast du noch Einmalwaschlappen? Die sind uns grade ausgegangen.«

Ich atmete tief durch und fragte mich, was er wohl meinen könnte. Doch außer Bettwäsche und Handtüchern konnte ich auf dem Wagen partout nichts entdecken, was einem Waschlappen ähnelte.

Da bückte sich der Pfleger schon selbst, griff eine Etage tiefer nach einem Paket blauer Tücher, bedankte sich mit »Merci vielmal!« und ging pfeifend mit seiner Beute davon.

Erst kurz vor dem Bahnhof bemerkte ich, dass ich immer noch den Schwesternkittel trug. Ich war wirklich eine miserable Verbrecherin. Schnell streifte ich ihn ab und stopfte ihn im nahen Stadtpark in einen Mülleimer. Dann zog ich wieder meine alte Tarnkleidung über, schüttelte den Kopf über so viel Dilettantismus und ging schnell zum Bahnhof.

Dort musste ich mich zunächst orientieren, wo der Zug nach Reichenbach abfuhr, stieg in den richtigen Zug, entledigte mich in einem leeren Waggon meiner Tarnung und war eine gute halbe Stunde später wieder im Tal angekommen.

Unterwegs erreichte mich eine SMS von meinem Sohn: *Alles cool. Gruß, Julian.*

Diese Nachricht war sehr erleichternd. Beim Gedanken daran, dass er schon bald am Schließfach stehen und bemerken würde, dass nicht mehr alles »cool« war, musste ich jedoch ein wenig grinsen. Allerdings machte es mich auch wütend, dass er nicht einmal jetzt auf den Gedanken kam, mich vor meinem Verfolger zu warnen.

Ich war heilfroh, als ich am Abend endlich wieder auf meiner geliebten Alm angekommen war.

Wenn ich frühmorgens aus dem einfachen Holzbett kletterte, um auf die Weide zu gehen und die Kühe zu holen, fühlte ich einen tiefen inneren Frieden. Wie selbstverständlich mistete ich inzwischen den Stall aus, streute frisches Stroh ein, fütterte und reinigte die Kühe, kümmerte mich um Kinder und Haushalt, half Sanne beim Waschen der Käselaibe und ließ am Abend die Tiere wieder auf die Weide. In den zwanzig Jahren meiner Galeriearbeit hatte ich nie eine solche Erfüllung empfunden. Verstärkt wurde das Gefühl natürlich dadurch, dass ich die Beute und damit auch die Bedrohung durch den Bankräuber losgeworden war. Ich schlief wie ein Murmeltier und hätte den ganzen Tag über singen und tanzen können. Auch auf Pablo übertrug sich mein Glückszustand, er war viel ausgeglichener und entspannter als zu Hause.

Wie dumm war ich bloß gewesen, zu glauben, dass Geld meine Probleme lösen würde? Stattdessen hatte es mir eine Menge neuer Schwierigkeiten beschert. Leider konnte ich auf der Alp nicht herausfinden, ob die Beute im Spital inzwischen entdeckt und der Bankräuber somit enttarnt worden war, da es nach wie vor keinen Handyempfang gab.

Also meldete ich mich freiwillig, als es eines Morgens wieder darum ging, wer den nächsten Wocheneinkauf und das Abholen der Post unten im Ort übernehmen würde. Rosa zwinkerte mir am Küchentisch zu, denn sie ahnte natürlich, warum ich unbedingt ins Tal hinunterwollte.

Ich bretterte also mit dem Familienkombi die Bergstraße hinab, erledigte in Windeseile die Einkäufe, holte die Post und setzte mich dann in ein Café, um meine Nachrichten und die Onlinezeitungen zu checken.

Als Erstes ploppte eine Nachricht meines Sohnes auf.

B. ist verschwunden! Fucking Shit! Bitte SOFORT melden!!!!!

Die Nachricht war vom Vortag. Ich freute mich, dass er in der Zwischenzeit etwas geschmort hatte, schließlich hatte er sich heimlich an dem Geld bedient. Dann schrieb ich zurück: *B. ist dort, wo sie sein soll. Stay cool!*

In einer zweiten SMS fragte ich: *Hast du wirklich meinen Aufenthaltsort verraten?*

Und in einer dritten schrieb ich: *Übrigens war B. nicht mehr vollständig.*

Die erste Antwort erfolgte prompt: *Puh, Glück gehabt!*

Dann die zweite: *What??? Verraten? Ich?*

Das waren jedoch nur die Reaktionen auf meine ersten beiden SMS. Die dritte ließ, wenig verwunderlich, auf sich warten.

Ich bestellte mir bei einer freundlichen Bedienung einen Kaffee und genoss den Blick auf die vorbeiflanierenden Menschen. So lieb mir die Kühe als Gesellschaft waren, war es doch auch schön, wieder einmal andere Gesichter als die meiner Alpkolleginnen und der Kinder zu sehen.

Während ich eine Ewigkeit auf meine Tasse Kaffee warten musste, durchforstete ich im Internet die infrage kommenden Zeitungen mithilfe der Suchworte »Bankräuber«, »Beute« und »Spital« und »Frutigen«. Doch ich wurde nicht fündig. Enttäuscht ließ ich das Smartphone sinken. Hatte Rosas Plan etwa nicht funktioniert? Oder war ein kleiner deutscher Bankräuber den Schweizer Medien einfach keine Meldung wert?

Ich nahm einen Schluck von meinem endlich servierten Kaffee, der unverschämt teuer war, dafür aber herrlich schmeckte. Dann versuchte ich es noch einmal mit der Lokalzeitung meines Heimatorts.

Und tatsächlich! »Bankräuber in der Schweiz mit Beute gefasst!«, stand dort gleich auf der Startseite. Es hatte also ein paar Tage gedauert, bis das Geld im Schrank entdeckt worden war.

Fieberhaft las ich die kurze Notiz.

Bankräuber Béla F., der vor einem knappen halben Jahr mit einem Komplizen die örtliche Filiale der Genossenschaftsbank überfallen und dabei eine Geisel genommen hat, wurde überraschend in einem Schweizer Krankenhaus festgenommen, wo er nach einem Bergsturz mit schweren Verletzungen lag. Er stritt bei einer ersten Vernehmung durch die Schweizer Polizei jedoch jegliche Tatbeteiligung ab und behauptete, zum Wandern im Kandertal gewesen zu sein. Doch alle Indizien sprechen gegen ihn. Sobald der Mann transportfähig ist, wird er in ein deutsches Gefängniskrankenhaus verlegt, wo weitere Befragungen stattfinden werden.

Ich legte das Smartphone zur Seite. Obwohl das an sich eine gute Nachricht war, störte ich mich etwas an dem Wort Kandertal. Genau das war nämlich der Schwachpunkt an Rosas Plan: die örtliche Verbindung zwischen dem Bankräuber und mir, die auch die Kommissarin ganz leicht würde herstellen können.

Irritiert nahm ich einen Schluck meines Kaffees und dachte nach. Die Kommissarin wusste zwar nicht, dass ich mich im Kandertal aufhielt, doch sie würde problemlos feststellen können, wo ich gerade war, zumal meine Bergkollegin Rosa die Alpine Rettung gerufen hatte.

Die Sonne kletterte über die gegenüberliegende Bergwand und gemahnte mich, dass ich auf der Alp gebraucht wurde. Doch vorher wollte ich lieber selbst die Initiative ergreifen. Also wählte ich die Nummer des Kommissariats und ließ mich verbinden.

Frau Ritter meldete sich mit ihrer durchdringenden Stimme, die in mir bekanntlich den Wunsch weckte, alles zu gestehen, selbst Dinge, die ich gar nicht getan hatte. Umso wichtiger war es, dass ich gleich die Gesprächsführung übernahm.

»Sie haben den Bankräuber«, begann ich ohne weitere Gesprächseinleitung.

»Richtig«, antwortete die Kommissarin gedehnt. »Ich wollte Sie auch noch anrufen deswegen.«

»Er war in meiner Nähe, auf der Alp«, gestand ich, bevor sie selbst es feststellen konnte.

»Das dachte ich mir«, meinte Frau Ritter nur. Also hatte sie die Verbindung bereits hergestellt.

Ich versuchte, auch die Deutungshoheit für die Anwesenheit des Bankräubers zu besetzen, bevor sie es selbst tun konnte. »Das heißt, er war tatsächlich hinter mir her.«

»Das kann man so ausdrücken«, bestätigte Frau Ritter. »Die Frage ist nur nach wie vor: warum?«

»Was glauben Sie?«, versuchte ich, den Spieß umzudrehen.

Die Kommissarin räusperte sich. »Ich denke mittlerweile, er wollte seine Beute holen.«

Das war ein ziemlich direkter Angriff auf mich. Jetzt durfte ich bloß keinen Fehler machen.

»Aber ich habe diese Beute nicht«, antwortete ich wahrheitsgemäß. Das Wort »Beute« spuckte ich aus, als ob es ein zu saures Bonbon wäre.

Frau Ritter lachte höhnisch auf. »Das stimmt. Wir haben sie ja auch im Krankenhaus bei Herrn Fabanyi gefunden.«

Dass sie versehentlich den Nachnamen des Täters nannte, verriet mir, dass sie keineswegs so cool war, wie sie es vorgab zu sein.

»Dann ist doch alles gut«, meinte ich gespielt fröhlich, doch Frau Ritter ließ sich von meiner guten Laune nicht anstecken.

Für den Rest des Gesprächs lieferten wir uns einen absurden Schlagabtausch, jede in der Hoffnung, dass die andere endlich einen Fehler machen würde.

»Wir fragen uns nur, wie das Geld ins Krankenhaus gekommen ist«, begann die Kommissarin.

»Der Bankräuber hatte es vermutlich bei sich«, war meine Antwort.

»Um damit in die Berge zu fahren und mitten in der Nacht bei Ihnen aufzutauchen. Das ergibt keinen Sinn!«

»Vieles, was Menschen tun, ergibt keinen Sinn.«

»Der Bankräuber meinte, er habe keine Ahnung, wie das Geld ins Krankenhaus gekommen ist.«

»Das würde ich in seiner Lage auch behaupten.«

»Er wirkte dabei allerdings sehr glaubwürdig.«

»So glaubwürdig, wie es ein Gelegenheitsverbrecher eben sein kann.«

»Verbrechen gibt es in allen Gesellschaftsschichten.«

»Nur lässt man die Großen eben laufen.«

»Zählen Sie sich zu den Großen oder zu den Kleinen?«

»Weder noch. Ich bin überhaupt keine Verbrecherin.«

»Das habe ich ja auch nicht behauptet.«

»Indirekt schon.«

»Der Bankräuber meinte allerdings auch, Ihr Hund hätte ihn den Abhang hinuntergestoßen.«

Ich lachte spöttisch auf. »Pablo war im Hundetraining. Er würde nur Leute angreifen, die ihn wirklich bedrohen.«

Pablo konnte sie ja schlecht verhaften lassen.

Die Kommissarin schwieg. Sie wusste, dass sie mir nur schwerlich etwas nachweisen konnte. Offenbar hatte sich niemand am Bahnhof und in der Klinik an mich erinnert, ansonsten wäre sie ganz anders aufgetreten. Ich war mir sicher, dass sie das bereits überprüft hatte.

»Wir kriegen Sie noch«, schnaubte sie und legte erbost auf.

Erstaunlicherweise war mein Puls die ganze Zeit über vollkommen ruhig geblieben, und auch jetzt war ich weitgehend entspannt. Vor Gericht würde die Blitzbirne vermutlich aussagen, dass er seinen Beutel im Auto mit meinem verwechselt hatte. Denn er hatte seinen Fauxpas wohl kaum seinem Komplizen gebeichtet, der ihn ohnehin für komplett unfähig hielt, sondern hatte beschlossen, sich seinen Anteil unauffällig zurückzuholen.

Außer mir und meinem Sohn hatte niemand das Geld gesehen. Und letztlich war die Beute ja beim Bankräuber gefunden worden. Also, wem würde ein Richter glauben?

Julian! Ich beschloss, meinen Sohn auf den aktuellen Stand zu bringen, und wählte seine Nummer, doch er ging nicht ran. So ein Feigling!

Da ich ohnehin nur noch ein paar Tage auf der Alp war, konnte ich das Gespräch auch auf später verschieben. Jetzt musste ich zurück, damit meine Kolleginnen nicht die ganze Arbeit allein machen mussten. Ich bezahlte den Kaffee, kaufte in einer Bäckerei noch ein paar Obstwähen auf eigene Rechnung und fuhr dann mit der Familienkutsche zurück auf den Berg. Dort kam ich gerade noch rechtzeitig zum Mittagessen an. Es gab mal wieder mit Alpkäse überbackenes Kartoffelgratin. Wenn ich wieder zu Hause war, würde ich erst mal keinen Käse anrühren, so viel war sicher.

Ich warf Rosa einen verschwörerischen Blick zu, verstaute die Einkäufe und setzte mich zu allen an den Tisch. Gespannt warteten sie auf die neuesten Neuigkeiten aus dem Ort, doch zu ihrer Enttäuschung hatte ich gar nichts zu berichten, da ich möglichst schnell durch den Supermarkt gerauscht war. Immerhin konnte ich sie nach dem Essen mit den Obstwähen ein wenig für die entgangenen Nachrichten versöhnen.

Die Sennerin teilte uns beim Verzehren des Kuchens mit betrübter Miene mit, dass ihr Mann zwar erfolgreich operiert worden war, danach aber mindestens für drei Wochen zur Reha müsse und in dieser Saison nicht mehr einsatzfähig sei. Aber ihre Botschaft erreichte mich nicht richtig, da ich immer noch über das Gespräch mit der Kommissarin nachdachte und mir erst jetzt richtig bewusst wurde, in welch gefährlicher Lage ich mich gerade befunden hatte.

Meine letzten Tage auf der Alp rasten geradezu dahin. Fast mechanisch erledigte ich meine Pflichten und verdrängte den Gedanken daran, dass ich bald wieder zu Hause sein würde, wo die bekannten Probleme auf mich warteten. Wie würde mein Leben dort weitergehen? Hatte mein Sohn inzwischen irgendwelche Schritte unternommen, die seine berufliche Zukunft betrafen? Und wie konnte ich meine Mutter aus den Fängen ihres Liebhabers befreien?

An meinem vorletzten Abend saß ich mit Rosa vor dem Haus, genoss den fantastischen Sonnenuntergang und ein Glas Rotwein und verspürte eine seltsam melancholische

Stimmung. Wir hatten beschlossen, zusammen zurückfahren, da auch Rosas Einsatz beendet war. Sie würde nach ihrer Rückkehr wieder als Köchin arbeiten.

»Und wer kommt dann auf die Alm?« Gedankenverloren blickte ich auf die gegenüberliegenden Berggipfel, die gerade in ein rosaorangenes Licht getaucht wurden. Das war wohl das, was man gemeinhin Alpenglühen nannte.

»Bis jetzt hat sich noch niemand gemeldet«, meinte Rosa. »Mein Chef hat sich ja, wie du weißt, leider nicht erweichen lassen, mir noch eine Woche Urlaub zu geben.«

»Ziemlich blöd für die Sennerin«, antwortete ich, aber ich war nicht richtig bei der Sache.

Meine Zuversicht, dass ich mit einem blauen Auge davonkommen würde, war der Sorge gewichen, dass ich letztlich doch auffliegen würde. Eventuell hatte mich jemand im Krankenhaus enttarnt, zum Beispiel der Pfleger, der mich nach den Waschlappen gefragt hatte. Oder gab es am Bahnhof von Frutigen vielleicht Überwachungskameras? Womöglich, und das war mir erst in der letzten, entsprechend schlaflosen Nacht eingefallen, war das Geld aus der Bank registriert, und mein Sohn war beim Bezahlen damit in die Falle getappt. Vielleicht hatte ich deshalb nichts mehr von ihm gehört. Dann war mir wieder eingefallen, dass ich hier oben ja gar keinen Empfang hatte und daher nichts von Julian hatte hören können.

Rosa schien Gedanken lesen zu können. »Machst du dir Sorgen, wie es mit deinem Fall weitergeht?«, fragte sie.

Ich nickte. »Ich war so blöd! All das hier«, ich zeigte auf die fantastische Bergwelt, »hätte ich auch ohne die Beute haben können.«

Rosa lachte. »Nimm es als Lektion fürs Leben. Und das mit der Beute war eben eine Kurzschlusshandlung.«

Das war sehr nett von ihr, aber ich wusste, dass es nicht ganz zutraf. Wenn ich ehrlich war, hatte auch mich der Reiz des Geldes in seinen Bann gezogen.

»Notfalls kannst du dich auf den Schock wegen der Geiselnahme herausreden«, fuhr Rosa fort.

»Dann hätte der Schock aber ziemlich lange angehalten«, meinte ich und seufzte niedergeschlagen.

»Du kannst es eh nicht mehr ändern.« Rosa nahm ihr Weinglas, leerte es in einem Zug und stand auf. »Jetzt komm. Morgen früh ist die Nacht rum.«

Wir pfiffen die beiden Hunde zu uns und kletterten schwerfällig die engen Stufen zu unseren Dachkammern empor.

Der letzte Tag auf der Alp begann besonders schön, ganz so, als hätte sich das Kandertal vorgenommen, uns den Abschied außergewöhnlich schwer zu machen. Das Firmament leuchtete enzianblau, die Luft war frisch und klar, und die Sonne brannte nicht ganz so erbarmungslos vom Himmel herab wie die Tage zuvor. Die Almwiesen und Berge strahlten in satten Farben wie in einem Werbefilm über die Großartigkeit der Schweizer Alpen. Doch mein Herz war beklommen, und so hatte ich keinen rechten Blick für diese Schönheit.

Jede Arbeit, die ich auf der Alp erledigte, erinnerte mich an den bevorstehenden Abschied. Ich holte zum letzten Mal die Kühe von der Weide. Ich bürstete ein letztes Mal das Hinterteil meiner Lieblingskuh Mokka. Ich bereitete nur noch dieses eine Mal das Mittagessen für die Familie zu. Ich wusch die letzten Käselaibe ab. Ich mistete ein letztes Mal den Stall. Ich ließ zu guter Letzt die Kühe auf die Weide und freute mich nur noch ein Mal über ihre lustigen Bocksprünge.

Obwohl all das Aufgaben waren, die für einen Außenstehenden wenig verlockend klingen mochten, hatten sie mich doch mit tiefer Befriedigung erfüllt.

Als am Abend die Sennerin auch noch angesichts unserer Abreise und der Aussicht auf die nicht zu bewältigende Arbeit in Tränen ausbrach, fühlte ich mich so elend, dass ich beinahe selbst mitgeheult hätte.

»Ich frage im Bekanntenkreis, ob jemand Zeit hat«, versprach Rosa. Ich nickte ebenfalls. Allerdings konnte ich mir nicht vorstellen, dass meine verwöhnten Freundinnen dazu bereit waren, einen Stall auszumisten und Käselaibe abzubürsten.

»Ich helfe neben der Käserei so viel es geht«, meinte Sanne, wobei sie versuchte, Zuversicht auszustrahlen. Aber ihr sorgenvoller Blick sprach eine andere Sprache. Sie wusste genau, dass die Stallarbeit neben Haushalt, Kinderbetreuung und Käserei kaum zu bewältigen war.

»Und ich pflücke jeden Tag einen Blumenstrauß«, verkündete die Kleine strahlend.

Alle lachten. Solange Blumen auf dem Tisch standen, war alles gut. So einfach konnte es aus Kindersicht manchmal sein.

Dennoch waren meine Beine schwer wie Blei, als ich an meinem letzten Abend die Treppe zu meiner Dachkammer hinaufstieg. In der Nacht schlief ich schlecht und wachte am Morgen nach wenigen Stunden Schlaf wie zerschlagen auf.

Meine wenigen Habseligkeiten hatte ich schon am Abend gepackt und konnte zum Frühstück gleich meinen Rucksack mit nach unten nehmen. Natürlich ließen Rosa und ich es uns nicht nehmen, noch einmal den Stall vorzubereiten und die Kühe von der Weide zu holen. Mehr konnten wir nicht mehr tun.

Ich streichelte wehmütig Mokkas weiche Schnauze und versprach ihr, im nächsten Sommer ganz bestimmt wiederzukommen. Falls ich dazu überhaupt in der Lage sein würde und nicht stattdessen hinter Gittern saß.

Frau Stocker verabschiedete uns mit einem knappen Händedruck und ebenso kurzem Dank, was, wie ich mittlerweile wusste, weniger ihrer mangelnden Herzlichkeit, sondern vielmehr ihrer Überlastung geschuldet war. Die Kinder hingegen klebten wie Kletten an uns, bis wir und die Hunde zu Sanne ins Auto gestiegen und traurig winkend davongebraust waren.

Während der Fahrt nach unten hingen Rosa und ich schweigend unseren Gedanken nach. Am Bahnhof nahm Sanne uns in den Arm, sah uns ernst an und meinte: »Schickt uns jede Arbeitskraft, die ihr kriegen könnt. Die Sennerin klappt mir irgendwann noch zusammen.«

Wir nickten betreten und fühlten uns wie Matrosen, die das sinkende Schiff zuerst verlassen.

»Ich gehe gleich noch im Ort rum und frage, ob jemand Zeit hat«, meinte Sanne und versuchte, Zuversicht auszustrahlen. »Aber viel Hoffnung habe ich nicht, die haben alle selbst genug Arbeit.«

Dann drehte sie sich ohne ein weiteres Wort um und ging in Richtung Bäckerei davon.

In diesem Moment fuhr der Zug ein. Erst als wir auf unseren Plätzen saßen, hatten wir Gelegenheit, uns auszutauschen.

»Ich komme mir richtig schlecht vor, weil wir jetzt wegfahren«, gestand ich.

»Aber wir haben doch beide unser eigenes Leben«, meinte Rosa. »Ich habe keinen Urlaub mehr, und du musst jetzt erst mal deine Angelegenheiten klären.«

Mein eigenes Leben – was war das bloß? Wollte ich wirklich nach Abschluss meiner Auszeit in die Galerie zurückkehren und so weitermachen wie bisher? Es würde sehr viel zu klären geben die nächsten Tage und Wochen.

Den ersten Teil der Fahrt verbrachten wir weitgehend schweigend und sahen aus dem Fenster, um noch einmal die Schönheit der Gegend in uns aufzusaugen. Irgendwann lehnte ich mich ins Sitzpolster zurück, schloss die Augen und ließ mich vom Schaukeln des Zuges in den Schlaf wiegen. Die letzten Nächte waren nicht gerade erholsam gewesen. Kurz vor Basel weckte mich Rosa, da wir dort umsteigen mussten.

Den Rest der Strecke sprachen wir über unverfängliche Dinge, aßen unsere letzten Käsebrote von der Alp, die nun schon wie Relikte aus einer längst vergangenen Zeit wirkten, und stiegen schließlich gemeinsam an unserem Heimatbahnhof aus.

»Melde dich mal wieder«, sagte Rosa, umarmte mich kurz und machte sich ohne großes Pathos davon. Ich sah ihr nach, wie sie und Mallory im Strom der Reisenden verschwanden.

»Wir treffen uns mal zum gemeinsamen Spaziergang«, rief ich ihr hinterher. »Und danke noch mal für alles!« Rosa winkte nur freundlich, ohne sich noch einmal nach uns umzudrehen.

Ich wartete kurz, bis die beide wirklich nicht mehr zu sehen waren. Dann ging ich mit Pablo, der den Trubel am Bahnhof nach der Ruhe in den Bergen sichtlich anstrengend fand, zum Taxistand und ließ mich nach Hause bringen. Ich hatte Julian nichts von meiner Ankunft mitgeteilt, daher erwartete ich auch kein Empfangskomitee, und meine Mutter war nach wie vor auf dem Schiff.

Zu Hause angekommen bezahlte ich den Taxifahrer, ließ Pablo in den Garten und schloss mit einem unguten Gefühl die Tür zu meinem Haus auf. Dass dieses Gefühl nicht unbegründet war, bemerkte ich schon beim ersten Blick in den Hausflur.

Dort stapelten sich fremde Schuhe und Jacken, alles lag

wild durcheinander. Der Zustand des Fußbodens ließ darauf schließen, dass hier lange nicht geputzt worden war.

Ich atmete tief durch, schob das Durcheinander mit dem Fuß beiseite und ging weiter in Richtung Wohnzimmer. Schon von Weitem konnte ich durch die Glastür sehen, dass es dort nicht viel anders aussah. Mit angehaltenem Atem öffnete ich die Tür.

Hier hatte offensichtlich eine Party stattgefunden, deren Teilnehmer wie achtlos verstreute Gegenstände in meinem Wohnzimmer drapiert waren. Ein Mädchen schlief mit dem Gesicht nach unten, ein Junge hing halb auf ihr drauf, ein weiterer lag mit dem Oberkörper auf dem Boden und den Schuhen auf dem Sofa. Ein anderes Mädchen ruhte unter dem Couchtisch. Alle waren in einen beneidenswert tiefen Schlaf verfallen. Insgesamt zählte ich sieben Gäste, meinen Sohn hatte ich noch nirgends entdeckt. Eine kleine, aber offenbar sehr effektive Party.

Jemand hatte sich in den Ficus erbrochen, überall standen leere Champagnerflaschen, und in Kartons auf dem Couchtisch lagen halb aufgegessene Pizzastücke, von Fruchtfliegen umschwirrt. Julian entdeckte ich schließlich mit einer Wolldecke über dem Kopf auf einem umgedrehten Sessel. Tabakkrümel und kleine Pfeifchen auf dem Tisch verschafften mir eine Ahnung davon, dass hier noch andere Substanzen im Spiel gewesen waren, die ich indirekt mitfinanziert hatte. Ein Wutballon stieg in mir auf.

»Wenn ihr freundlicherweise aus meinem Wohnzimmer verschwinden könntet? Die Party ist vorbei!«

Ich zog Julian die Decke vom Körper und rüttelte ihn wach. Er öffnete mühsam seine verklebten Augen: »Hi Mom, du bist schon wieder da?«

»Ja, allerdings. Und du sorgst bitte dafür, dass hier wieder alles in Ordnung kommt!« Mit angehaltener Luft ging ich zur Terrassentür und riss sie auf. »Was für ein Mief!«

Pablo nutzte die Gelegenheit, um wieder ins Haus zu schlüpfen, und schnupperte aufgeregt um das Sofa herum. Er wollte gleich nach einem angebissenen Pizzastück schnappen, doch ich zog ihn am Halsband in die Küche und füllte ihm lieber seinen Napf. Dann kehrte ich ins Wohnzimmer zurück. In der Zwischenzeit war etwas Bewegung in die besinnungslose Feiergesellschaft gekommen.

»Was ist denn los?«, fragte das Mädchen, das mit dem Gesicht im Sofapolster lag. Da sie ihren Kopf nur halb gedreht hatte, klang es dumpf.

»Meine Mom«, erklärte Julian knapp.

»O Mann«, stöhnte der Junge, der auf dem Mädchen gelegen hatte und sich nun mühsam aufsetzte. Er sah aus wie ein Geist. »Du hast gesagt, sie ist weg.«

»Nein, ihr seid weg«, korrigierte ich schon etwas weniger gereizt. »Aber vorher wird das Wohnzimmer noch in seinen Urzustand gebracht, verstanden?«

Ein tiefes Stöhnen war die Antwort.

Ich schüttelte entnervt den Kopf und stapfte mit meinem Rucksack die Treppe hinauf, streifte mir die Kleider vom Leib, deren Stallgeruch ich nun deutlich wahrnahm, und stellte mich eine Viertelstunde lang unter die Dusche. Das einzig Gute an der Zivilisation, seit ich wieder zurückgekommen war.

Von unten hörte ich das Klirren von Flaschen und dumpfes Türenschlagen. Ich schlüpfte in einen Bademantel, der Julian gehörte und mir entsprechend zu groß war, stopfte die Kleidung aus meinem Rucksack in die Waschmaschine und stellte sie an. Danach ging ich ins Schlafzimmer, um mir etwas Frisches zum Anziehen zu holen.

Unten schleppte sich das Mädchen, das mit dem Gesicht im Sofapolster gelegen hatte, gerade in Richtung Ausgang.

»Tschüss, Frau van den Broek, und schöne Grüße von meiner Mutter!«

Ich blieb wie angewurzelt stehen, sah mir das Mädchen nun endlich genauer an und erkannte, dass es die Tochter von der Zahnärztin aus der Nachbarschaft war. Die würde sich die Gelegenheit für neuen Tratsch natürlich nicht entgehen lassen.

»Tschüss, Saskia«, antwortete ich seufzend, doch das Mädchen war bereits verschwunden.

In den folgenden Tagen ergriff eine seltsame innere Unruhe von mir Besitz, die es mir schier unmöglich machte, einen klaren Gedanken zu fassen. Ich tigerte rastlos durch das Haus und wusste nichts mit mir anzufangen. Wenn ich aus dem Fenster sah, fiel mein Blick auf den japanischen Ziergarten, der keine andere Funktion hatte, als zu gefallen. Dagegen erschien mir das karstige Gelände rund um die Schweizer Alm wie das reinste Paradies. Ich würde alles herausreißen und stattdessen einen nützlichen Gemüsegarten anlegen.

Doch selbst diese Aussicht stimmte mich nicht froher. Denn auch das Haus in seiner großspurigen Modernität wirkte auf mich kalt und abweisend. Alles darin war auf Wirkung bedacht, nicht darauf, wie sich seine Bewohner darin fühlten. Nein, es war meinem Ex-Mann hauptsächlich darum gegangen, dass Besucher beim Anblick seines Hauses in Bewunderung verfielen. Warum hatte ich das nicht schon früher bemerkt? Oder besser gesagt: Warum hatte ich nichts dagegen unternommen?

Einzig die Spaziergänge mit Pablo, die wir nicht im nahen Stadtpark, sondern in weiter entfernten Wäldern und Wiesen unternahmen, verschafften mir ein wenig Ruhe und Befriedigung. Währenddessen dachte ich allerdings oft daran, wie es jetzt wohl auf der Alp zugehen mochte, und sah stets das verzweifelte Gesicht der Sennerin vor mir, was meine Stimmung nicht unbedingt verbesserte.

Julian war mir seit dem Vorfall mit der Party weitgehend aus dem Weg gegangen, und ich wartete auf eine gute Gelegenheit, mit ihm zu sprechen. Die bot sich, als er eines Mittags aus seinem Zimmer nach unten geschlurft kam und nach einem Blick in den Kühlschrank monierte, dass keine Milch da sei.

»Dann geh in den Supermarkt, und kauf dir welche«, antwortete ich unfreundlich. »Die wächst nämlich nicht im Kühlschrank.« Sondern in wunderschönen Kühen, die dafür harte Arbeit leisten, dachte ich.

»Boah, du bist ja schon wieder drauf«, stöhnte mein Sohn.

»Ich bin nicht schon wieder drauf, sondern immer noch«, korrigierte ich ihn spitz.

Julian sah mich überrascht an. »Du bist immer noch sauer wegen der Party?«

»Nicht wegen der Party.«

Julian wandte sich schnell ab, wie immer, wenn es schwierig wurde, holte sich eine Tasse aus dem Schrank und machte sich einen Kaffee – ohne Milch. Ich dachte an den blubbernden Espressokocher auf dem Holzofen und glaubte fast, den wunderbaren Geruch des dortigen Kaffees zu riechen.

Mein Sohn setzte sich an den Tisch und sah mich mit seinem Dackelblick an, von dem er immer noch glaubte, dass er unwiderstehlich war. Mich machte dieser Blick jedoch nur noch wütender.

»Du hast mich in Lebensgefahr gebracht, als du meinen Aufenthaltsort preisgegeben hast«, warf ich ihm vor. »Für ein bisschen Gras …«

Verwundert sah Julian von seiner Tasse auf, in die er sich inzwischen versenkt hatte. »Lebensgefahr?«

Er hatte tatsächlich nicht das geringste Schuldbewusstsein.

»Mitten in der Nacht stand die Blitzbirne auf der Almweide und hat mich mit einer Pistole bedroht.«

Julian sah ehrlich entsetzt aus. »Die Blitzbirne? Ich verstehe nicht …«

Plötzlich schlug er sich die Hand vor die Stirn.

»Ich Trottel! Der Typ hat sich als Künstler ausgegeben und wollte dringend wegen einer Ausstellung mit dir sprechen. Er sagte, es gehe um sehr viel Geld!«

»Und außerdem hatte er so guten Stoff dabei, dass es dir letztlich egal war, ob er ein Künstler war oder nicht«, merkte ich bitter an. »Mal davon abgesehen, dass ich gar nicht mehr in der Galerie arbeite.«

Julian überhörte die Anspielung auf seine Bestechlichkeit und verteidigte sich grimmig: »Du hast gesagt, die Blitzbirne hätte ein Zöpfchen! Der Mann, der hier war, hatte aber kaum Haare auf dem Kopf.«

»Das Zöpfchen hat er sich natürlich abgeschnitten, damit man ihn nicht erkennt.«

Ertappt blickte Julian auf seine Füße. »Shit«, sagte er dann.

Seine echte Zerknirschtheit stimmte mich gleich etwas milder. Letzten Endes war ich einfach froh, dass Julian mich nicht absichtlich verraten hatte. Mit so wenig war ich schon zufrieden.

»Und was ist passiert?«, fragte mein Sohn kleinlaut.

»Pablo hat sich auf ihn gestürzt, woraufhin der Bankräuber den Hang hinuntergerutscht ist. Jetzt liegt er in der Schweiz im Krankenhaus.«

Julian riss die Augen auf. »Wirklich? Das hat Pablo gemacht?«

»Ja. Und ich habe dem Bankräuber seinen Anteil an der Beute zurückgegeben. Das Geld wurde im Krankenhaus gefunden, und der Mann kommt jetzt ins Gefängnis.«

Julian kniff wissend die Augen zusammen. »Das habe ich mir irgendwie schon gedacht, als das Geld nicht mehr da war. Aber … dann ist ja alles cool, oder?«

Ich seufzte. »Leider nicht. Die Kommissarin verdächtigt mich trotzdem. Wahrscheinlich werde ich nie zur Ruhe kommen.« Ich konnte nicht verhindern, dass mir bei diesen Worten Tränen in die Augen schossen.

Julian sah mich betroffen an. »Was willst du jetzt machen?«

Ich atmete tief ein und langsam wieder aus, wie ich es im Qigong gelernt hatte. Dann formulierte ich einen Entschluss, der mich in seiner Klarheit selbst am meisten überraschte. »Ich werde mich stellen.«

Plötzlich wusste ich, dass es die einzige Möglichkeit war, um jemals wieder Frieden zu finden. Ansonsten würde Frau Ritter mich nie in Ruhe lassen. Bis jetzt hatte ich zwar noch nichts von ihr gehört, aber das machte mich eher misstrauisch, als dass es mich beruhigte. Rosas Rettungsplan war zwar gut gemeint gewesen, doch letztlich musste ich mir eingestehen, dass ich vor allem fliehen konnte, nur nicht vor mir selbst.

Julian nickte, stand auf, ging nach oben in sein Zimmer und kam drei Minuten später wieder mit einem Häufchen Geld zurück. Seinem Anteil. Beziehungsweise dem Rest davon.

»Mir hat das Geld auch nicht so viel Spaß gemacht, wie ich geglaubt habe«, meinte er und reichte mir das Geld. »Ich besuche dich auch im Gefängnis.«

Erschrocken zuckte ich zusammen. An die Möglichkeit,

dass ich im Gefängnis landen würde, hatte ich bisher nicht ernsthaft geglaubt. Meine Vorstellung hatte bisher damit geendet, dass ich mich vor einem Gericht für meine Tat verantworten musste.

Julian bemerkte, was er angerichtet hatte, doch seine Versuche, mich zu trösten, machten es auch nicht viel besser. »Eventuell wirst du als Ersttäterin ja auch nur auf Bewährung verurteilt. Vielleicht sollte ich Jura studieren und dich da raushauen.«

Ich lachte bitter. »So lange kann ich nicht warten. Aber du wirst dir einen Job suchen müssen.«

Dann erhob ich mich von meinem Stuhl.

»Wo willst du hin?«, fragte Julian irritiert.

Ich klaubte die Restbeute vom Tisch und steckte sie in meine Handtasche. »Ich bringe es lieber gleich hinter mich, bevor ich es mir wieder anders überlege. Und kein Wort zu irgendjemandem, schon gar nicht zu Saskia.«

»Geht klar. Ich kümmere mich solange um Pablo, versprochen.« Julian stand auf und nahm mich in den Arm.

Seine Fürsorge und die Tatsache, dass ich meinen Hund zurücklassen musste, trieben mir schon wieder die Tränen in die Augen. Julian konnte mich ja immerhin besuchen. Ich löste mich von meinem Sohn und ging in den Flur, um mir eine Jacke anzuziehen. Pablo verstand dies natürlich als Aufforderung zum Spaziergang und tänzelte freudig um mich herum.

»Du musst leider hierbleiben«, sagte ich, während ich gegen ein aufsteigendes Panikgefühl ankämpfte. Schnell schlüpfte ich in meine Jacke, streichelte Pablo noch ein letztes Mal über seine weiche Nase und verließ rasch das Haus, bevor ich es mir wieder anders überlegen konnte.

Frau Ritter sah mich überrascht an, als ich ohne Ankündigung ihr Büro im Kommissariat betrat und mit zitternden Knien und trockenem Mund vor ihr stehen blieb – wild entschlossen, alles zu gestehen und mein ganzes weiteres Schicksal in ihre Hände zu legen.

»Frau van den Broek! Das ist ja ein Zufall! Ich wollte sie heute auch noch anrufen. Setzen Sie sich doch!«

Ihre plötzliche Freundlichkeit irritierte mich, und so blieb ich lieber stehen.

»Möchten Sie einen Kaffee?«

Ich sah die Thermoskanne auf ihrem Schreibtisch und lehnte dankend ab. Ich wollte mich jetzt durch nichts mehr aufhalten lassen, schon gar nicht durch einen abgestandenen Maschinenkaffee.

»Ich muss mich bei Ihnen entschuldigen«, sagte Frau Ritter zu meiner Überraschung.

Verdattert setzte ich mich nun doch hin. »Warum?«

»Wir haben noch einmal die These überprüft, dass Sie Komplizin waren oder einen Teil der Beute an sich genommen haben.«

Ich schluckte. »Und?«

»Dazu haben wir die Aufnahmen der Überwachungskamera hier am Bahnhof überprüft. Der zweite Bankräuber hatte auf seiner Flucht eindeutig einen Stoffbeutel bei sich. Auch der andere Bankräuber hat auf erneute Befragung ausgesagt, den Beutel mit dem Geld noch bei ihm im Zug gesehen zu haben.«

Verdutzt starrte ich Frau Ritter an. Vermutlich konnte man auf den Aufnahmen nicht erkennen, ob der Stoffbeutel den neuen Aufdruck der Bank »Mit uns werden Träume wahr« trug oder nicht. Oder die Kommissarin wusste gar nicht, dass es ein neues Modell gab.

Anscheinend hatte der Bankräuber seinem Komplizen tatsächlich nicht gestanden, dass er den falschen Beutel mitgenommen hatte, um vor ihm nicht als totaler Volltrottel dazustehen.

Ich holte tief Luft. »Und was bedeutet das jetzt?«

»Das bedeutet, dass ich mich in Ihnen offenbar getäuscht habe. Der zweite Bankräuber war erstaunlicherweise wohl doch hinter ihnen her, weil er sie als Zeugin ausschalten wollte. Es tut mir aufrichtig leid. Aber wir können bei unserer Arbeit oft keine Rücksicht auf die Befindlichkeiten Einzelner nehmen, das verstehen Sie doch?«

Ich suchte im Gesicht der Kommissarin nach Anzeichen der Durchtriebenheit, fand aber nur ein leichtes Bedauern gemischt mit professioneller Gleichgültigkeit.

»Schon … schon gut.«

»Damit ist der Fall für uns abgeschlossen«, fügte Frau Ritter zufrieden hinzu.

Ihre Bereitschaft, den Fall ad acta zu legen, verblüffte mich. Schließlich hatte ich sie immer als besonders hartnäckig erlebt. Doch ihre folgenden Sätze erklärten einiges.

»Ohnehin wartet auf mich schon wieder neue Arbeit. Haben Sie von dem Mord im Bahnhofsviertel gehört?« Sie wies auf eine Akte, die aufgeschlagen auf ihrem Schreibtisch lag. »Der Fall führt in ganz hohe Kreise!«

Ich schüttelte mechanisch den Kopf. Meine Handtasche mit der Restbeute schien plötzlich zentnerschwer.

»Gut, ich muss dann auch weitermachen. Wir haben reichlich Druck vom Polizeipräsidenten bekommen. Der Tote ist ein bekannter … Aber das führt jetzt zu weit. Auf Wiedersehen, Frau van den Broek, alles Gute!«

Ich stand wie ferngesteuert auf, umklammerte meine Handtasche und ging mit steifen Beinen zur Tür. So lief das also bei der Polizei. Wenn es um jemand Wichtigen ging, rückten andere Fälle schnell in den Hintergrund. Was mir allerdings nur recht war.

Als ich die Tür fast erreicht hatte, rief die Kommissarin mich noch einmal zurück.

»Frau van den Broek?«

Ich blieb wie vom Blitz getroffen stehen und drehte mich in Zeitlupe um. War die plötzliche Freundlichkeit der Kommissarin doch nur ein Trick gewesen, der mich in Sicherheit wiegen sollte, damit sie anschließend umso leichter ein Geständnis aus mir herauspressen konnte?

»Ja?«, sagte ich mit trockenem Mund.

»Was wollten Sie eigentlich bei mir?« Da war schon wieder dieser Blick, der selbst schwere Kaliber zu geständigen kleinen Jungs machen konnte. Ich dachte noch einmal kurz darüber nach, warum ich wirklich gekommen war und wie es sein würde, im Gefängnis zu sitzen, keine frische Luft mehr atmen und meinen Hund nicht mehr sehen zu können. Dann entschloss ich mich, die irrwitzige Chance zu nutzen, die das Schicksal mir in letzter Minute geboten hatte.

»Ich ... äh ... wollte mich nur zurückmelden. Ich bin wieder runter von der Alm.«

Frau Ritter sah mich zweifelnd an, beschloss aber wohl, dass sie auch ohne mich genug Arbeit hatte.

»Schön, das freut mich«, sagte sie also und versenkte sich wieder in die Akte mit dem nächsten dringenden Fall. »Und lassen Sie sich nicht so schnell wieder als Geisel nehmen.«

Ich nickte ihr mit verkrampftem Lächeln zu und verließ das Büro.

Erst im Auto merkte ich, dass ich vor lauter Anspannung

klatschnass geworden war. Meine Tasche mit dem Restgeld lag auf meinem Schoß und erinnerte mich daran, dass ich soeben ganz knapp einem unangenehmen Schicksal entronnen war. Das Beste war, möglichst schnell von hier zu verschwinden, bevor Frau Ritter die Aufnahmen aus der Überwachungskamera doch noch einmal genauer prüfen ließ.

Ich startete den Motor, lenkte den Wagen zurück auf den Stadtring und dachte nach. Offenbar vermutete die Polizei, dass die Blitzbirne das fehlende Geld im Bordell verprasst hatte, und vermisste es daher nicht. Ich aber wollte mit dem Restgeld nichts mehr zu tun haben, mein Sohn sollte es aus pädagogischen Gründen allerdings auch nicht zurückbekommen.

Ich konnte es natürlich verbrennen oder in einen Mülleimer im Stadtpark stopfen, in der Hoffnung, dass es jemand fand, der es brauchen konnte. Doch vielleicht gab es noch eine andere Möglichkeit, das Geld sinnvoll auf die Reise zu schicken?

Auf die Reise schicken. Plötzlich wusste ich, was zu tun war. Ich wendete den Wagen und fuhr in die Nähe meiner Galerie, wo ich in einer Seitenstraße parkte, um nicht von Konstanze gesehen zu werden. Dann schnappte ich mir meine Handtasche und ging noch einmal den Weg, den ich in jener kalten Januarnacht gegangen war, in der ich meine Galeriekarriere in bester Absicht zerstört hatte.

Die Hafenkneipe ohne Meer war bereits geöffnet, und wieder stieg mir der seltsame Geruch aus abgestandenem Rauch, Bier und Schuhcreme in die Nase, als ich die Tür nach innen aufstieß. Es dauerte eine Weile, bis ich durch den dichten Qualm überhaupt etwas erkennen konnte. Tatsächlich saßen Locke, Adam und Francesco genauso an der Theke, als wären sie nie woanders gewesen. Vielleicht waren sie das auch nicht, sondern gingen überhaupt nie nach Hause. Weitere Gäste waren nicht zugegen, was mir ganz recht war.

Locke drehte sich neugierig um und begrüßte mich erfreut: »Ah, hoher Besuch!«

Vermutlich hoffte er, dass ich wieder ähnlich spendabel sein würde wie beim letzten Mal. Doch nach einem Trinkgelage war mir heute absolut nicht zumute.

Die anderen beiden sahen ebenfalls auf und musterten mich gespannt, als ich mich zu ihnen an die Theke stellte.

»Manchmal werden Träume eben doch wahr«, verkündete ich. Dann drehte ich meine Tasche um und kippte das ganze Geld auf die abgewetzte Oberfläche der Theke.

Ungläubig starrten die drei Männer und der Wirt auf die vielen Scheine.

»Versprecht mir, dass ihr davon wirklich auf die letzte große Fahrt geht und nicht alles für Alkohol ausgebt«, sagte ich mit gespielter Strenge, denn mir war klar, dass die drei zumindest einen Teil des Geldes verflüssigen würden.

»Hast du eine Bank überfallen?«, wollte Adam wissen, der als Erster die Sprache wiederfand.

»So was Ähnliches«, antwortete ich.

Dann winkte ich kurz zum Abschied, drehte mich um und verließ die Kneipe so schnell wieder, wie ich gekommen war, bevor die drei womöglich noch auf die Idee kamen, mir für irgendetwas dankbar sein zu müssen.

Konstanze hatte nicht erwartet, dass ich ohne Anmeldung in der Galerie erscheinen würde. Wir hatten seit meiner Rückkehr einmal telefoniert, doch ich hatte mich nur über den aktuellen Stand in der Galerie informieren und nichts über meine weiteren Pläne verlauten lassen. Je mehr ich darüber nachdachte, desto klarer wurde mir, dass ich nach meiner Auszeit nicht mehr in mein altes Leben zurückkehren wollte.

Meine frühere Assistentin saß an dem teuren Bauhaus-Schreibtisch, telefonierte, kaute dabei gedankenverloren auf einem Bleistift herum und sah überrascht auf, als ich hereinkam. Alles an ihr, vom blassgrünen Chanelkostüm über die Perlenkette bis zu den gepflegten Händen, strahlte aus, dass sie hier zweifellos am richtigen Platz war. Normalerweise hätte dieser Habitus bei mir Brechreiz hervorgerufen, doch heute würde mir ihre überhebliche Attitüde sehr nützlich sein.

Konstanze beendete schnell das Telefongespräch, das offenbar privater Natur gewesen war, und wandte sich mir zu.

»Vera van den Broek!«, rief sie mit gespielter Freude. »Wie schön, Sie zu sehen.«

Sie stürmte auf mich zu, wollte mir auf beide Wangen ein Luftküsschen geben, doch ich streckte ihr schnell meine Hand entgegen und sagte: »Linke.«

Irritiert zuckte sie zurück. »Was?«

»Linke. Ich habe meinen Geburtsnamen wieder angenommen«, erklärte ich. »Ich heiße nun wieder Vera Linke.«

Zwar würde ich erst am Nachmittag zum Standesamt gehen und den Namen meines Ex-Mannes wieder gegen meinen schlichten alten Namen eintauschen, aber Konstanze konnte ruhig schon davon erfahren.

Meine ehemalige Assistentin kräuselte abschätzig ihre Lippen. »Na, Sie müssen wissen, was Sie tun.«

»Genau. Übrigens war mein Name nie adlig, sondern nur ein ... Aber lassen wir das.« Es war sinnlos, sich jetzt noch auf Statusdiskussionen einzulassen.

Konstanze setzte sich wieder auf ihren Chefsessel und wies mir den Platz gegenüber zu. Ein Affront, den ich aber eher amüsiert als verärgert zur Kenntnis nahm.

»Aber Sie sind doch sicher nicht hier, weil Sie mir das mitteilen wollten«, meinte meine frühere Assistentin. Sie hatte wieder den Bleistift in die Hand genommen und spielte ungeduldig damit herum. Ich wunderte mich zunächst über ihre Nervosität, begriff dann aber, dass sie meine sofortige Rückkehr in die Galerie befürchtete.

»Nein, es geht um unseren Vertrag«, antwortete ich daher rätselhaft. »Aber zunächst wollte ich Ihnen sagen: Die Frau am Nebentisch im thailändischen Restaurant vor ein paar Wochen, das war ich.«

»Was meinen Sie?«, fragte sie ehrlich überrascht. Sie hatte mich wohl tatsächlich nicht gesehen.

»Als Sie mit Esposito geheime Deals an mir vorbei einfädeln wollten«, half ich ihr weiter.

Konstanze legte den Bleistift ab und lehnte sich zurück.

»Aber das habe ich schon selbst geklärt. Schöne Grüße von Herrn Laiss übrigens.«

Meine frühere Assistentin wurde leichenblass. Sie

schluckte und sah mir ernst in die Augen. »Was wollen Sie?«

»Ich will Ihnen die Galerie verpachten«, antwortete ich und lächelte süffisant.

Damit hatte sie nicht gerechnet. In ihrer Welt gab es nur Sieg oder Niederlage, oben oder unten, und sie hatte eindeutig erwartet, dass ich sie für ihren Verrat hinauswerfen würde. Normalerweise hätte ich das auch getan, denn die ohnehin dünne Schicht des Vertrauens zu ihr war inzwischen vollkommen abgeschmolzen. Aber da ich nicht vorhatte, noch einmal in die Galerie zurückzukehren, war es kaum von Bedeutung, wie gut Konstanzes Verhältnis zu mir war. Ich nutzte ihren Zustand der Verwirrung und zog einen vorbereiteten Vertrag aus der Tasche, der wenig Rechte, aber dafür eine unverschämte Pachthöhe beinhaltete, die dauerhaft die Seniorenresidenz meiner Mutter und mir ein kleines Einkommen sichern würde.

Konstanze unterschrieb unter Schock, ohne auch nur zu versuchen, den Preis zu drücken.

Nach diesem für mich äußerst günstigen Abschluss verließ ich gut gelaunt die Galerie und verspürte nicht das geringste Bedauern über den Verlust meiner beruflichen Existenz. Ich lenkte den Wagen zum Zuhause meiner Freundin Nike, die ich zuletzt vor meinem Almaufenthalt gesehen hatte. Damals hatte sie mich für komplett verrückt erklärt und mir prophezeit, dass ich bald reumütig zurückkehren würde.

Sie öffnete die Tür ihrer Penthousewohnung mit einem strahlenden Lächeln. »Vera! Du kommst genau richtig! Ich habe neu dekoriert!«

Das ließ Schlimmes erahnen. Nike ließ mich herein und schob mich regelrecht durch den geräumigen Flur bis in ihr

Wohnzimmer. Wie immer war ich beeindruckt, als ich den offenen Raum betrat, der auf der einen Seite aus einer drei Meter hohen Fensterfront bestand. Beim letzten Mal war die Wand hinter der Wohnlandschaft noch komplett mit einem psychedelischen Sechzigerjahremuster tapeziert gewesen. Doch was ich nun sah, verschlug mir wirklich den Atem.

»Ist es nicht wunderschön?«, rief Nike entzückt. »Du selbst hast mich zu meinem neuesten Entwurf inspiriert.«

Die komplette Wand war mit dem riesigen Foto einer Schweizer Berglandschaft bedeckt. Vor einer schicken Alp weideten friedlich ein paar Kühe, während eine attraktive Sennerin mit einer sehr sauberen Milchkanne glücklich lächelnd aus dem Stall trat.

Ich musste schlucken und ließ mich auf das Sofa fallen.

»Da verschlägt es dir die Sprache, was?« Meine Freundin lachte. »Das ist mein neuer Verkaufsschlager. Die Leute wollen nicht mehr das Artifizielle, sondern zurück zur Natur, zur Einfachheit. Das ist der neue Trend!«

Ich sah mich in ihrer exklusiven Wohnung um, in der nichts einfach oder natürlich war. Dann blickte ich wieder auf die Wand mit der Berglandschaft und wurde augenblicklich von einer seltsamen Melancholie befallen.

»Wie findest du es?«, wollte Nike wissen. »Aber warte, ich hole uns erst mal einen Prosecco und zwei Gläser.« Mit diesen Worten war sie schon in der Küche verschwunden.

Während sie dort geschäftig herumhantierte, saß ich auf dem riesigen Sofa, starrte auf das Bild und fühlte mich verloren. Zum Glück kehrte Nike keine zwei Minuten später wieder zurück, sodass ich nicht gänzlich in Depressionen versinken konnte.

»Ich hab noch ein paar Sushi gefunden.« Auf den Designer-Couchtisch vor mir stellte sie zwei mit einer perlenden rosa Flüssigkeit gefüllte Gläser und einen Teller mit japanischen Reishappen. »Jetzt lass uns erst mal darauf trinken! Und dann musst du mir unbedingt sagen, was du davon hältst.«

Sie drückte mir ein Sektglas in die Hand, und wir stießen an. Während sie einen beherzten Schluck von dem Prosecco nahm, nippte ich nur achtlos daran.

»Also?«, forderte sie mich lächelnd auf und schob sich ein Sushi-Häppchen in den Mund.

Ich zögerte. »Wenn alle zurück zur Natur wollen, warum gehen sie dann nicht einfach hin?«

Nikes Lächeln gefror, und sie hatte sichtlich Mühe, ihren Sushi-Happen herunterzuschlucken. »Nun, es hat nicht jeder die Möglichkeit dazu … Außerdem würde ich dann ja keine Tapeten verkaufen!«

Anscheinend lebten die Leute ein Leben, das ihnen nicht guttat, und kauften sich zum Ausgleich eine teure Tapete mit einer Berglandschaft darauf, um sich besser zu fühlen. Genau wie ich also.

»Zurück zur Natur ist nicht so wie deine Tapete«, sagte ich.

»Wie ist es dann?«, fragte Nike irritiert.

»Dreckiger, rauer und …« Ich stockte. »Wunderbarer, ja, viel wunderbarer als dieses Bild.«

Nike verzog bei meinen Worten das Gesicht, doch sie fing sich schnell wieder. »Genau, du musst unbedingt von deinem Almaufenthalt erzählen. Wie war es denn da oben?« Sie war sichtlich erleichtert, dass wir das Thema wechseln konnten.

Ich berichtete ihr von den Sennern, die vor lauter Arbeit nicht ein noch aus wussten, der kargen Landschaft, die keineswegs dem Bilderbuchidyll an ihrer Wand entsprach, von der Käserei mit den schweren Laiben und meinen geliebten Kühen, die immer schmutzig waren.

Nike hörte sich alles mit Interesse an, doch ich merkte, dass sie nicht verstand, was mir daran so gut gefallen hatte.

Bevor sie noch auf die Idee kam, eine weitere Fototapete mit einer Käserei zu entwerfen, verließ ich ihre Wohnung unter dem Vorwand, noch einen wichtigen Termin zu haben, was ja auch stimmte, nur dass dieser viel später stattfand. Den Prosecco und die Sushi hatte ich nicht weiter angerührt.

Ich fand mein Haus komplett verlassen vor. Nur der Hund war da und begrüßte mich frenetisch. Er mochte es einfach nicht, wenn er bei meinen Unternehmungen nicht dabei war. Doch bald spürte Pablo meine dumpfe Unzufriedenheit und verkroch sich lieber wieder in seinen Hundekorb. Eigentlich hätte ich doch glücklich sein können. Ich hatte meinen Kopf gerade noch aus der Schlinge gezogen und einen wichtigen Entschluss für meine Zukunft gefasst. Und trotzdem stellte sich bei mir einfach kein Gefühl des inneren Friedens ein.

Ich wandelte lustlos durch das leere Haus, ging von Zimmer zu Zimmer und ärgerte mich, dass ich nicht doch noch bei Nike geblieben war, um ihr von der Aufgabe meiner Galerie zu berichten. Sie war bei all ihrer Luxusverblendung doch ein netter und einfühlsamer Mensch.

Was sollte ich hier? Das Haus mitsamt einem Großteil der Einrichtung hatte ja mein Ex-Mann geplant, der sich ohnehin immer für den besseren Gestalter gehalten hatte. Kaum ein Gegenstand hier drinnen erzählte etwas über mich. Ganz zu schweigen von dem Garten, dessen Rodung ich ja bereits beschlossen hatte. Doch selbst wenn ich alles nach meinen Wünschen umgestalten würde, wäre es unmöglich, gegen die schroffe Kantigkeit dieser Architektur anzukommen.

Zudem lastete noch ein Schuldenberg auf dem Objekt, das zur Hälfte meinem Verflossenen gehörte, denn er hatte es mit einer Hypothek belastet, um mit seiner neuen Familie in einer geschmackvollen Altbauwohnung leben zu können.

Mein Blick fiel auf das Sofa und die Sessel im Wohnzimmer, die mir immer schon besonders verhasst gewesen waren. Sie sahen weder besonders gut aus noch waren sie bequem. Da sie von einem der führenden Möbeldesigner stammten, hatten sie damals ein Vermögen gekostet. An sich waren sie aber ein Demütigungsmöbel, denn wenn man darauf saß, sank man so weit nach unten, dass man danach große Mühe hatte, wieder aufzustehen.

Ich nahm eines der Sofakissen und warf es mit voller Wucht gegen die Wand hinter dem Polstermöbel. Es platzte an einer Naht auf, und die Entenfedern verteilten sich auf das halbe Sofa. Auf einmal bekam ich Lust, ein Messer zu holen und das schreckliche Möbelstück der Länge nach aufzuschlitzen. Doch zum Glück fiel mir rechtzeitig ein, dass ich meine Auszeit auch mit dem Ziel begonnen hatte, neue Wege zu finden, um meine Probleme zu bewältigen. Ich schüttelte über mich selbst den Kopf, lachte und ging in den Garten, der immer noch sanft von der Sonne beschienen wurde.

Dort begab ich mich in Grundstellung, verband mich mit Himmel und Erde und absolvierte der Reihe nach alle Übungen, die ich bei Herrn Li gelernt hatte. Mit jedem Ein- und Ausatmen wurde ich ruhiger. Kurz vor Beendigung der letzten Übung klingelte das Telefon. Ich seufzte auf und nahm drinnen den Anruf entgegen.

»Hallo Liebes, ich bin wieder da.« Die Stimme meiner Mutter klang bedrückt und gar nicht mehr so euphorisch wie vor ihrer Abfahrt.

»Schon? Wie war deine Reise?«, bemühte ich mich, Interesse zu zeigen.

»Dieser Hartmut ist ein Hornochse«, stieß meine Mutter hervor.

Ich prustete los, verkniff mir aber geflissentlich den Hinweis, dass ich dies schon vor ihrer Kreuzfahrt festgestellt hatte, und ließ sie einfach reden.

»Stell dir vor, er saß den ganzen Tag in der Bar herum und ließ sich volllaufen, und das auf meine Kosten.«

Also auf meine Kosten, korrigierte ich lächelnd in Gedanken.

»Und dann hat er auch noch mit so einer ordinären Person angebandelt, du glaubst es nicht! Ständig hat er an ihr rumgefingert. Ich habe ihn nicht wiedererkannt!«

Ich schon, dachte ich nur.

»Ich habe ihn selbstverständlich sofort aus der Kabine geworfen und ihm seinen Koffer vor die Tür gestellt. Der Rest der Reise war der reinste Horror für mich. Überall bin ich auf dieses Turtelpärchen gestoßen. Ich bin dann in Puerto Rico vorzeitig ausgestiegen und zurückgeflogen. Du glaubst nicht, wie froh ich bin, wieder zu Hause zu sein.«

Mühsam versuchte ich zu verbergen, wie froh ich war, dass ihre Liaison mit dem Zuhälter beendet war. Dafür stimmte ich ihr in allen Punkten zu und ließ sie noch ein bisschen über ihren verflossenen Liebhaber schimpfen.

»Und was machst du Schönes?«, wollte meine Mutter schließlich wissen.

»Ach, nichts Besonderes, ich bin gerade knapp dem Gefängnis entronnen.«

»Na, dann ist ja alles in Ordnung. Und die Arbeit?« Es war einfach bewundernswert, wie gut meine Mutter zwischen wichtigen und unwichtigen Dingen unterscheiden konnte.

»Ich habe die Galerie jetzt dauerhaft an Konstanze verpachtet.«

Meine Mutter schnappte nach Luft. »Was? Die schöne Galerie? Was soll ich dann in Zukunft sagen, wenn mich jemand in der Stadt fragt, was du beruflich machst?«

Wie immer war es ihr am wichtigsten, wie etwas nach außen wirkte, und nicht, wie jemand sich dabei fühlte. Kein Wunder, dass ich jahrelang einen Job gemacht hatte, der zwar Ansehen hatte, den ich aber eigentlich nicht ausstehen konnte. Doch ich war nicht zornig auf meine Mutter wie sonst, sondern verspürte eine tiefe Nachsicht ihren Schwächen gegenüber.

»Mach dir keine Sorgen, mir wird schon etwas einfallen. Aber jetzt muss ich auflegen, ich muss noch den Garten umpflügen.«

»Okay, dann viel Spaß«, antwortete meine Mutter völlig ungerührt und legte auf.

Erstaunlicherweise hatte sie mir mit ihrem unbedachten Geplapper die Augen geöffnet, dass ich radikale Schritte unternehmen musste, um nicht mehr in die alte Falle vom falschen Leben zu tappen. Ich wusste jetzt endlich, was zu tun war.

Als Erstes rief ich meinen Ex-Mann an und eröffnete ihm, dass ich seine Zustimmung zum Verkauf des Hauses brauchte. Als er Anstalten machte, diese zu verweigern, atmete ich tief durch und erinnerte ihn mit sanfter Stimme daran, dass er die Hypothek auf das Haus ebenfalls ohne meine Zustimmung aufgenommen hatte und mir die Unterschrift dafür quasi in betrügerischer Absicht entlockt hatte, ohne mich über sein Vorhaben zu informieren. Und ob dies vor Gericht nicht als Betrug gewertet würde?

Gleichmütig lächelnd nahm ich seine zähneknirschende Zustimmung entgegen. Es war schon erstaunlich, wie viel man mit der Kraft der Gelassenheit erreichen konnte.

Anschließend machte ich Nägel mit Köpfen, rief bei einigen Maklern an und entschied mich für den, der versprach, sofort vorbeizukommen.

Als dieser das Anwesen besichtigt hatte, vereinbarte ich mit ihm, das Haus möbliert zu verkaufen oder, wie er mit irritiertem Blick auf das federbedeckte Sofa korrigierte, teilmöbliert, und vereinbarte eine Verkaufssumme mit ihm, bei der nach Abzug der Hypothek nicht mehr viel übrig bleiben würde. Ich wollte meinen Ex für seine Mauscheleien auf keinen Fall auch noch belohnen. Dann gab ich dem Makler einen Zweitschlüssel, damit er jederzeit mit Interessenten das Haus betreten konnte. Eine unglaubliche Last fiel von mir ab, als die Tür hinter dem Mann ins Schloss fiel.

Nichts war wertvoller als der eigene Seelenfrieden.

Wie befreit fuhr ich danach zu meinem Termin ins Bürgeramt und trennte mich leichten Herzens von meinem ungeliebten Nachnamen van den Broek.

Als Julian nach Hause kam und erfreut feststellte, dass er mich in der nächsten Zeit nicht im Gefängnis würde besuchen müssen, teilte ich ihm mit, dass er sich bald ein Zimmer suchen müsse und, um dies zu bezahlen, auch einen Job, da ich sein Leben leider nicht mehr finanzieren könne.